Lebe deine Göttlichkeit!

ADAMUS
SAINT-GERMAIN

Lebe deine Göttlichkeit!

Spirituelle Impulse
für das neue Bewusstsein

*Empfangen
von Geoffrey und Linda Hoppe*

Aus dem Amerikanischen übersetzt
von Wulfing von Rohr

Ansata

Lesehinweise: Alle Fußnoten sind vom Übersetzer zur besseren Verständlichkeit hinzugefügt.
Das englische »you«, das sowohl »du« als auch »Sie« bzw. »ihr« bedeuten kann, wurde je nach Bedeutung und in Absprache mit den Autoren mal als »du«, mal als »ihr« übersetzt. So versucht der Text, sowohl dem allgemeingültigen Anspruch einer spirituellen Botschaft gerecht zu werden als auch die Leserin bzw. den Leser immer wieder ganz persönlich anzusprechen.

FSC
www.fsc.org
MIX
Papier aus verantwortungsvollen Quellen
FSC® C017859

Verlagsgruppe Random House FSC-DEU-0100
Das für dieses Buch verwendete FSC-zertifizierte Papier *EOS* liefert Salzer, St. Pölten.

Ansata Verlag
Ansata ist ein Verlag der Verlagsgruppe Random House GmbH.

ISBN 978-3-7787-7443-4

Zweite Auflage 2011

Einbandgestaltung: Guter Punkt, München, unter Verwendung von Motiven von Shutterstock
Gesetzt aus der Sabon von te•ha grafik, draenn@gmail.com
Druck und Bindung: CPI, Moravia Books s.r.o., Pohořelice

Inhalt

Einführung

Adamus Saint-Germain ist der Professor, Meister und Lehrer des Crimson Council aus der Engelebene, der Botschaften durch Geoffrey und Linda Hoppe übermittelt.

Über diese faszinierende und etwas rätselhafte Gestalt der Geschichte wurden im Lauf der Jahre viele Berichte geschrieben.

Adamus hat sich in vielen Lebenszeiten manifestiert und in unterschiedlichen Gestalten und Identitäten zahlreiche Abenteuer auf dem Planeten Erde erfahren. In seinem Leben als Saint-Germain wurde er in Spanien, als Sohn eines Portugiesen und Juden und einer Mutter aus königlichem Geblüt, geboren. Es war üblich, ihn Adamus zu nennen, doch während seiner Reisen durch Europa nannte er sich Graf Saint-Germain. Er war Ratgeber für Könige und andere Herrscher und wurde als bedeutender Alchemist, als »Beweger von Energien« bekannt.

Adamus Saint-Germain ist jetzt hier in unserer modernen Zeit, um uns Neues Bewusstsein und Neue Energie nahezubringen und uns darüber zu belehren. Er erinnert uns daran, dass die wahre Natur der Bewegung von Energie auf einfacher Physik beruht. Er ist hier, um der Menschheit beim Übergang aus der »alten Energie« zu helfen, die von Gewaltanwendung, Schwingung und Dualität bestimmt wird, hin zu einer Neuen Energie, die offen ist, sich ausdehnt und leicht zugänglich ist. Mehr als seine vielen Titel und Identitäten bringt Adamus die Weisheit, Leidenschaft und schöpferische Kraft eines wahren Lehrers mit.

Die Texte in diesem Buch sind Auszüge von Botschaften von Adamus, die er live vor Publikum in aller Welt übermittelt hat. Wenn du Adamus' Worte liest, stell dir vor, dass du auch im Publikum sitzt, und fühle dieselben Energien wie die ursprüngliche Gruppe von Menschen, die sie hörten. Stell dir vor, dass Adamus durch den Raum spaziert, etwas auf eine Tafel schreibt, und die Zuhörer auffordert und gelegentlich auch provoziert, ihre alten Verhaltensweisen und Glaubensmuster zu überprüfen, damit sie ihr Bewusstsein in neue Bereiche ausdehnen können. Stell dir vor, dass Adamus dich direkt anspricht – denn wenn du dieses Buch in den Händen hältst, tut er genau das.

Den Prozess der Übermittlung von Informationen von einer Wesenheit durch einen menschlichen »Übersetzer« nennt man »Channeling«. Wenn Geoffrey und Linda Adamus channeln, stellen sie eine energetische Verbindung mit Adamus her und sie erhalten dann Informationen, ähnlich wie bei einem Computer-»Download«. Die Übermittlung erfolgt in Form von Energiepaketen, nicht als einzelne Worte oder ganze Sätze. Geoffrey übersetzt diese Informationspakete in Worte und übermittelt den Zuhörern die gesprochenen Worte. Er bemüht sich darum, das ganze Spektrum der Gefühle, Bewegungen und Ausdrücke von Adamus während des Channels zu vermitteln, und Adamus ist während dieses Vorgangs immer sehr stark präsent im Raum.

Für dieses Buch hat Geoffrey sich die Freiheit erlaubt, die Botschaften von Adamus für eine bessere Verständlichkeit und Lesbarkeit als geschriebenes Wort leicht zu redigieren. Dabei hat er sehr darauf geachtet, die ursprüngliche Bedeutung und Absicht der Worte nicht zu verändern. Während der Überarbeitung hat er Adamus dicht bei sich gespürt, und etliche Male hat Adamus ihn gestoppt, bestimmte Textveränderungen vorzunehmen, weil Adamus die ursprüngliche Ausdrucksweise auch dann beibehalten wollte, wenn sie grammatisch nicht korrekt war.

Geoffrey und Linda Hoppe verbreiten die Botschaften von Adamus in Workshops und Lehrgängen (die auch »Schools« genannt werden) in vielen Ländern der Erde mithilfe der Organisation des Crimson Circle. Sie haben seit ihrer Vollzeitarbeit für den Crimson Circle, im Jahr 2001, über 30 Länder besucht. Anfangs haben sie einen wunderbaren Engel namens Tobias gechannelt. Nach dessen Reinkarnation im Juli 2009 hat Adamus Saint-Germain die Führung übernommen und seitdem Botschaften an Zehntausende von Menschen überall auf der Erde gegeben.

Tobias war eine sehr sanfte Persönlichkeit, fast wie ein Großvater. Wie er es den Zuhörern in zahlreichen Botschaften übermittelte, bestand seine Aufgabe darin, zu helfen, uns an unseren göttlichen Ursprung zu erinnern. Er gab uns Werkzeuge (die sogenannten »Schools« oder Lehrgänge), damit wir mit dem Prozess des Erwachens und dessen Symptomen zurechtkommen. Und er bot einzigartige Einsichten in die Reise der Engel von der Zeit an, als wir unser Zuhause verlassen hatten bis hin zu unserer jetzigen Lebenszeit. Geoffrey channelte Tobias im Sitzen und mit geschlossenen Augen.

Adamus' Charakter hingegen ist ein ganz anderer. Sehr bald, nachdem er die Verantwortung von Tobias übernommen hatte, bestand er darauf, dass Geoffrey seine Augen beim Channeln offen ließ. Er geht durch den Raum und wendet sich direkt an das Publikum, beteiligt es und stellt manchen Zuhörern Fragen. Er kann charmant sein, beunruhigend, liebevoll und nervig. Er sagt und tut absichtlich Dinge, die uns aus der Reserve locken, damit wir erkennen, wer wir wirklich sind: Spirit in einem menschlichen Zustand. Bringt Adamus das Publikum einmal vielleicht zu lautem Lachen, so kann er es im nächsten Augenblick mit seinen Worten sichtbar herausfordern. Die Zuhörer mögen ihn lieben, ihn zurückweisen, er mag sie verwirren, oder sie bewundern ihn: Aber praktisch noch jeder, der ihm zuhört oder seine Botschaften liest, hat etwas sehr Wertvolles, etwas Spirituelles oder Göttliches von ihm gelernt.

Eine Botschaft von Adamus Saint-Germain

Ich bin, was ich bin, Adamus in eigener Souveränität, aus dem Engelorden des Crimson Council.*

Warum bist du jetzt hier und liest diese Seiten? Es gibt da nichts, was du erst noch lernen müsstest. Du weißt schon all das, was in diesem Buch enthalten ist – mit einer Ausnahme vielleicht. Du liest diese Worte ja auch nicht aus reiner Neugier. Dieses Buch wäre auch nicht in deinen Händen, wenn du nur ein mildes Interesse an Esoterik hättest.

Du bist hier, weil du bereit bist für eine Erfahrung, für eine geisterfüllte spirituelle Erfahrung auf der Seelenebene. Das passiert, wenn der Schüler aufhört zu suchen. Dann beginnt man zu erfahren. Gott liebt es zu erfahren – und du bist auch Gott.

Die Erfahrung oder die Erfahrungen, die du in der Zeit machst, während du in die Seiten dieses Buches eintauchst, hängen ganz von dir selbst ab. Du kannst schnell oder langsam vorangehen. Es kann intensiv oder

* Eine exakte Übertragung der Vorlage ins Deutsche ist nicht möglich. Da dieser Satz jedoch die zentrale Eröffnung vieler Botschaften von Adamus ist, soll das englische Original an dieser Stelle wörtlich zitiert werden: *I am that I am, Adamus of sovereign domain, from the angelic Order of the Crimson Council.*

mild sein. Du selbst, lieber Freund, sitzt am Steuerrad und kontrollierst Gas- und Bremspedal. Ich bin lediglich ein Passagier bei deiner Erfahrung. Ich biete dir entlang des Weges Rat und Tipps an, von denen du manche vielleicht magst und andere wiederum nicht. Ich werde die leise Stimme sein, die dich daran erinnert, auf dich selbst zu hören. Ich werde dir einige meiner Erlebnisse erzählen, damit du nicht vergisst, dass deine Geschichten mehr als nur Storys sind. Und wir werden gemeinsam lachen und gemeinsam weinen.

Von der ersten bis zur letzten Seite, die du liest (was nicht unbedingt die letzte Seite in diesem Buch sein muss), werde ich bei jedem Schritt bei dir sein. Tag und Nacht, in deinem Tagesablauf und in deinen Träumen. Mein Job ist, dich wieder zu dir selbst zurückzubringen, besonders dann, wenn du dich in deinen Gedanken oder in anderen Ebenen verlierst. Ich werde eine laufende Erinnerung daran sein, dass alles einfach ist und dass es schon in dir ist. Bei all dem gibt es kein Mysterium – außer natürlich, dass du eins haben möchtest.

Wenn du mit diesem Buch fertig bist, reiche es bitte an jemanden anderen weiter. Wenn du keinen kennst, der von einer solchen Erfahrung profitieren würde, dann lege das Buch auf eine Bank im Park, einen Sitz im Zug oder einen anderen öffentlichen Platz. Du brauchst es nicht mehr, und ich möchte nicht, dass du darauf zurückgreifst, um irgendetwas »zu studieren«. Wenn du das Buch wieder freigibst, wird es seinen Weg zur rechten Zeit zur richtigen Person finden. So wirkt Energie in dieser wundervollen Welt von Spirit.

Wenn du möchtest, werde ich mich jetzt zu dir gesellen, damit wir die Erfahrung beginnen können. Wir werden auf verschiedenen Ebenen gleichzeitig arbeiten. Auf einer Ebene wirst du die Worte aus manchen meiner Vorträge vor Menschen aus aller Welt lesen. Du kennst die Weisheit bereits, die in diesen Worten enthalten ist, aber vielleicht macht es dir Freude zu lesen, wie ich diese Weisheit den Zuhörern nahebringe.

Auf anderen Ebenen wirst du einigen deiner Aspekte begegnen, sowohl aus früheren Leben als auch aus der Gegenwart. Du wirst deinem Bewusstseinskörper entgegentreten; du wirst die Gelegenheit haben, dich deinem Licht und deinem Schatten zu stellen; du wirst einige der Spiele verstehen, die du spielst; du wirst Makyo und Ahmyo erfahren. Und schließlich würde es mir eine Ehre sein, mit dir eine Sache zu teilen, die du vermutlich noch nicht gewusst hast.

Garantie

Ich werde dir dein Glück und deine Erfüllung garantieren. Wenn du dir selbst vertraust, wirst du das haben, was dir eine lange Zeit entflohen ist – Glück, Friedfertigkeit, Erfüllung. Meisterschaft, während du dich an der physikalischen Realität auf Erden erfreust. Wenn du dir selbst bedingungslos vertraust, kann ich dir garantieren, dass du diese Dinge erlangen wirst.

Du fragst nun aber vielleicht: »Werde ich Auras sehen können?« Oder: »Werde ich Steine in Gold verwandeln können?« Das ist Kinderkram. Wirst du fähig sein, anderen Menschen Wunderheilung zu verschaffen? Himmel, nein! Lass sie ihre Leiden haben, bis sie wirklich bereit sind, sie loszulassen. Dahinter steckt mehr Wahrheit, als sich die meisten Menschen vorstellen können. Das ist doch solch eine egoistische Angelegenheit. Ich habe einige von euch beobachtet. Ihr bemüht euch um Wunderheilung für andere. Schande über euch. Das meine ich wirklich so, denn ihr tut das ja in Wahrheit für euch. Ich habe ja manche von euch gesehen. Ihr tut es, um zu beweisen, dass ihr wie Jesus seid.

Wir gehen die Sache ganz anders an. Ich fordere dich heraus, die Dinge neu zu betrachten, und werde dabei eine Menge alter Glaubensmuster zum Fenster hinauswerfen. Ich sehe, wie sich manche von euch an bestimmte Konzepte klammern. »Wie soll ich denn Sachen überhaupt loslassen können?«, fragst du vielleicht. Na ja, du wirst das früher oder später ohnehin tun. Und dabei entweder wild um dich schlagen und schreien, oder es ganz einfach und leicht geschehen lassen.

Das ist Neue Energie. Sie funktioniert nicht wie die alte. In dieser Zeit sind einige deiner intuitiven Gefühle dabei, sich zu öffnen. Du spürst eine Energie, die anders ist – und man kann sie nur sehr schwer definieren. Ein Teil von dir schiebt sie weg, ein anderer Teil von dir wird davon angezogen. Das ist Neue Energie, die jetzt zumindest ein bisschen hereinkommt. Wir werden mit ihr arbeiten.

Ich weiß nicht, wie viele Monate oder Jahre oder Jahrzehnte wir gemeinsam vor uns haben, aber ich werde bei jedem Schritt mit dir arbeiten. Ich verpflichte mich dir, dass du dein Glück finden wirst – dein Glück, deine Erfüllung oder wie immer du es auch nennen willst. Gerade bevor du das findest, wirst du mich verfluchen. Gerade bevor du es gefunden hast, sieht es für dich so aus, als ob alles in totalem Chaos und Verwirrung versinken würde.

Das kann ich sagen, weil ich weiß, wer du bist. Wir haben solche Erfahrungen in der Vergangenheit nicht nur gemeinsam erlebt, sondern ich weiß auch, dass du dich ganz tief für deinen spirituellen Weg entschieden hast. Du bist entschlossen, obwohl du meinst, schon zahlreiche Rückschläge auf dem Weg erfahren zu haben. Ich habe deine Gebete und Bitten gehört. Deshalb bin ich ja jetzt hier.

Wir wollen es nicht zu esoterisch kompliziert machen. Du warst schon hier, du hast schon alles Mögliche unternommen und das hat dich nur verbogen. Ich werde auch nicht sehr philosophisch mit dir umgehen. Es wird Tage geben, wenn wir zusammen sind und du denkst, dass sich nichts getan hätte, nur um später zu entdecken, dass etwas Großartiges geschehen ist. So wirkt die Neue Energie. Es wird Zeiten geben, wenn du meinst, dass du gar keine Fortschritte machst, und dann stellst du plötzlich fest, dass Fortschritt eine Illusion war und du recht gut vorangekommen bist.

Ich werde jeden Augenblick, ob am Tag oder in der Nacht, bei dir sein, bei jedem Schritt auf dem Weg. Das ist mein Versprechen. Ich werde immer für dich da sein.

In Illusion leben

Viele, viele Male habe ich auf der Erde gelebt. Mit vielen von euch war ich in der Endzeit von Atlantis zusammen, in den Tempeln von Tien. Ich gab mir selbst die Erfahrung, über hunderttausend Jahre lang in einem energetischen Kristall gefangen zu sein. Der Kristall war real, und zugleich ist er eine Metapher für mein eigenes Gefängnis, das ich aus meinen Glaubensmustern gebaut hatte. Als ich mich aus dem Kristallgefängnis befreit hatte, schwor ich, dass ich immer offen und frei leben würde. Ich leistete mir selbst einen Eid, dass ich auf der Erde in einen physischen Körper geboren werden könnte und dabei jede beliebige Rolle würde annehmen können, ohne jemals wieder gefangen zu werden.

Ich führte ein Leben in Israel in der Zeit von Yeshua* und war ein rebellischer Rabbi. Es war kein Zufall, dass ich in jenem Leben mit Yeshua zusammentraf und mit ihm sowie gelegentlich auch mit Maria Magdalena arbeitete. Ich gab meine Stellung als Rabbi auf, sehr zum Ärger und zur Sorge anderer Rabbis, um mit Yeshua zu wirken. Er war ein Heiler. Er transformierte Energie; er war ein echter Alchemist. Ich lernte von ihm, und er

* Yeshua = Jesus

lernte von mir. Meine Geschichte steht nicht in der Bibel, doch das ist wahrscheinlich gut so, denn so geriet ich in keine Falle, wie es Tobias erging und wie es Yeshua noch heute ergeht.

Viele andere Leben wurden von mir gelebt, und dazu gehört auch jenes, mit dem ihr am vertrautesten seid, als ich Saint-Germain war, Graf Saint-Germain. Ich verbrachte ein Leben als jener Mann, den ihr als Mark Twain kennt bzw. als Samuel Clemens. Ich hatte viele, viele weitere Leben vor, während und nach Atlantis. Ich bin genau wie du, mit einer Ausnahme: Ich habe mich selbst befreit. Ich habe mich selbst von den Begrenzungen der menschlichen Realität befreit, oder richtiger, von der menschlichen Illusion.

Der Unterschied zwischen dir und mir ist nicht mehr als eine sehr dünne Linie, eine Illusion. Du stehst auf einer Seite der Illusion, ich auf der anderen. Alles andere an uns ist das Gleiche. Wir haben als Engel begonnen. Wir haben lange bevor die Erde existierte gekämpft und gespielt. Wir kamen auf die Erde. Wir erlebten, was es bedeutet, in einen physischen Körper geboren zu werden und durch zahlreiche Inkarnationen zu gehen. Wir erfuhren dabei viele unterschiedliche Aspekte unserer selbst; wir erschufen eine Vielzahl verschiedener Lebenszeiten, verschiedener Persönlichkeiten und Identitäten.

Der Unterschied – wirklich der einzige Unterschied – zwischen dir und mir ist diese illusionäre Linie oder Begrenzung. Ich nenne sie illusionär, weil ich an einem bestimmten Punkt erkannte, dass alles ein Spiel war, eine Illusion. Ich war nicht Saint-Germain, ich war kein jüdischer Rabbi, ich war nicht Samuel Clemens. Ich *war* alles, was ich bin. Es handelte sich einfach nur um Rollen, die ich gespielt habe, so wie ein Schauspieler auf der Bühne unterschiedliche Charaktere spielt. Der Unterschied zwischen dir und mir ist, dass du die Rolle, die du gerade spielst, so unglaublich ernst nimmst.

Du meinst, dass du – diese menschliche Identität – der Anfang und das Ende sei; ich meine, dass du nichts als eine vorübergehende Rolle bist. Ich liebe dich, ich ehre dich und ich achte dich, aber deine menschliche Identität ist nichts. Sie wird vergehen. Diese Rolle, die du gerade spielst, in der du so tust, als ob du ein bestimmter Mensch bist, an einem bestimmten Ort wohnst und einen bestimmten Beruf ausübst, wird vergehen. Was übrig bleibt, ist die Süße der Erfahrung. Einer Erfahrung, die natürlich ein Teil deiner Seele ist, ein Teil der Ganzheit dessen, wer du bist, ein Teil deines »Ich Bin« – aber das bist nicht du.

Du gibst vor, Schmerzen, Bedürfnisse und Wünsche zu haben. Du tust so, als ob du nicht genug Geld, Liebe, Unterstützung oder Chancen hättest. Du gibst vor, dass du den Weg nicht kennst, und das ist für mich am traurigsten. Du tust so, als ob du keine Antworten weißt. Aber der Maßstab – der Maßstab, der ich bin und der Maßstab, zu dem du werden kannst – erkennt, dass alles ein Spiel ist.

Du wirst jetzt vielleicht ärgerlich und denkst, dass ich dein Leben nicht ernst genug nehme, dass ich nicht genügend Mitleid mit dir habe. Gib dieses Spiel auf. Dabei geht es nur darum, Energie abzuzapfen. Und noch mehr:

Damit hältst du dich selbst in dieser Realität gefangen. Siehst du nicht, dass es so viele andere Wirklichkeiten rundherum gibt? Du hast dich auf diese eine Dimension fokussiert, aber um dich herum gibt es Dimensionen und Wirklichkeiten und Möglichkeiten, die du vorgibst, nicht zu sehen.

Dann rufst du nach Gott oder den Engeln: »Zeigt mir den Weg.« Ich sage, dass der Weg schon in dir vorhanden ist. Es gibt ihn bereits. Wann bist du bereit, den Weg zu sehen? Wann möchtest du den Weg spüren? Wann bist du bereit, den Weg zu erfahren?

Du wirfst ein: »Aber, aber, Adamus!« In dem Moment, wenn du »aber« sagst und anfängst, Kompromisse zu machen, lasse ich los. Du bekommst diese »Aber« in deinen Kopf, und sie blockieren dich, sie halten dich zurück. Ich habe etwas Besseres zu tun, als mich mit den »Aber« abzugeben. Und du übrigens auch. Deine Kompromisse, deine Aber, sind ein Verzögern in Zeit und Bewusstsein. Du sagst mir: »Aber, aber was ist mit meiner Familie?« Ja, was ist damit? Würde es ihnen nicht besser gehen, wenn du zu einem wahren Maßstab, zu einem echten Vorbild wirst, und nicht mehr ein kompromittierter Mensch?

»Aber, aber«, sagst du, »was ist mit meinem Job?« Du magst doch deinen Job sowieso nicht. Du beschwerst dich die ganze Zeit darüber. Du sagst: »Aber, aber wie soll ich denn mein Geld verdienen?« Mit einer solchen Einstellung könntest du pleitegehen und verhungern. Du stirbst wahrscheinlich, dann kommst du auf die andere Seite, und wir führen mal ein richtig langes Gespräch.

Fülle und Überfluss sind überall. Sie sind in der Luft um dich herum. Sie sind in der Energie um dich herum. Stell dir vor, dass du in einer durchsichtigen Blase bist. In dieser Blase ist alles vorhanden, was du für deinen Unterhalt als Mensch brauchst sowie großer Überfluss. Es ist alles schon da, aber du willst es nicht sehen. Es ist so, als ob ein Blinder durch einen großen Lebensmittelladen geht und sagt: »Aber wo sind die Lebensmittel?« Wenn du dich öffnest, wenn du deine Augen aufmachst und danach greifst, wirst du feststellen, dass überall Fülle herrscht.

Fülle muss sich nicht auf konventionelle Art und Weise manifestieren wie zum Beispiel in einer Gehaltserhöhung. Sie muss sich nicht dadurch zeigen, dass dir jemand etwas schenkt. Du »aktualisierst« sie einfach. Was meine ich damit? Es bedeutet, dass du erkennst, dass Fülle bereits existiert, nur eine halbe Dimension weiter, nur einen halben Atemzug mehr. Es gibt sie. Sie ist bereit, sich zu zeigen und dir zuzufließen und dir zu dienen. Dieses Universum wird von Energie erfüllt. Sie ist überall.

Energie existiert in einem neutralen Zustand, bis sie aktiviert wird. Wenn sie aufgrund deiner Anordnung aktiviert wird, so »aktualisiert« sie sich, sie zeigt sich und wird wirksam. Denke daran: »Der Meister erlaubt der Energie, ihm zu dienen.« Du bist ein Meister, du bist eine Meisterin. Du erlaubst der Energie, dir zu dienen. Ob die Energie nun von einer anderen Person kommt oder aus dem neutralen Speicher im Äther – sie möchte dir dienen. Aber zunächst will sie eines wissen: dass du anerkennst, dass du ein Schöpfer, eine Schöpferin bist, dass du ein Maßstab bist.

Die meisten Menschen geben zu verstehen, dass sie minderwertig seien. Sie akzeptieren, dass sie sich verirrt und keinen blassen Schimmer haben, was sie überhaupt tun. Menschen geben zu verstehen, dass sie schwach seien, dass sie verkrüppelt sind, dass sie nicht sehr intelligent sind. Weißt du, was dann passiert? Die Energie wird ihnen genau dabei helfen, buchstäblich. Wenn du am Morgen aufstehst und sagst: »Na ja, das wird wieder so ein typischer Tag. Ich muss mich mit Leuten herumärgern. Ich werde verspannt sein und Stress erleben. Ich bin übergewichtig und kann kaum meine Rechnungen zahlen.« Sofort, in diesem Augenblick, ordnen sich alle Energien an, um dir genau dabei für den Rest des Tages zu dienen.

Deshalb sage ich: »Dieser Tag gehört mir, und diese Nacht gehört mir.« Das ist mein Spielfeld. Der Tag und die Nacht werden auf mich eingehen. Und das können sie für dich auch. Das Komische daran ist, dass sie es schon tun – und du das nur noch nicht gemerkt hast. Alle Energien dienen dir bereits. Die Energien dienen deiner Illusion von Begrenztheit. Die Energien dienen deinen Illusionen von faulen Kompromissen – dass du denkst, dass du Kompromisse eingehen müsstest, um andere Leute glücklich zu machen, dass du Kompromisse eingehst, weil du Angst hast, direkte und mutige Schritte vorwärtszumachen.

In gewisser Hinsicht muss ich euch also applaudieren, weil ihr Meister und Meisterinnen *seid*. Ihr leistet diese Arbeit bereits. Das geschieht jeden Augenblick des Tages. Anstatt dass sie sagen »Ich Bin«, sagen so viele

Menschen »Ich bin nicht«. Dann wird die Energie dem »nicht« Tag und Nacht dienen, tagein und tagaus.

Ich begreife jedoch genau, was du durchmachst. Denn schließlich habe ich ja selbst über 100 000 Jahre lang in meinem Kristallgefängnis gesteckt. Du bist klüger als ich, weil du keine 100 000 Jahre stecken bleibst. Sondern vielleicht nur ein paar Dutzend Leben lang.

Das Spiel

Du fragst: »Adamus, warum ist alles so schwierig? Warum funktioniert es nicht? Warum muss ich solch ein mieses Leben haben? Warum kann ich nicht …?« Schreibe selbst nieder, was dir dazu in den Sinn kommt.

Die Antwort ist, dass du das Spiel gewählt hast. Das hat keiner für dich entschieden. Es muss irgendetwas am Spiel geben, was du liebst, sonst würdest du es nicht spielen. Punkt. Manche von euch haben gefragt: »Adamus, warum stecke ich in einer miesen Beziehung?« Du bist da drin, weil du ein Opfer bist und dir *irgendetwas* daran gefällt. »Adamus, warum habe ich eine angeschlagene Gesundheit?« Deine Gesundheit ist aus dem Gleichgewicht, weil du nicht zulässt, dass sich dein Körper selbst heilt. »Adamus, warum bin ich depressiv?« Du bist deprimiert, weil du dir nicht wirklich sicher bist, dass du leben willst. Du spielst ein Spiel, und du kannst jederzeit damit aufhören. Du hast das Spiel selbst angefangen, und deshalb kannst du auch wieder daraus aussteigen.

Du fragst: «Adamus, ich habe kein Geld. Was soll ich tun?«

Das weiß ich nicht. Es spielt letztlich auch keine Rolle. Vielleicht wirst du dich wieder am Leben freuen können. Vielleicht wird sich deine Krankheit auflösen. Vielleicht wirst du die Farben des Lebens wieder sehen können. Vielleicht musst du dich dir selbst stellen. Das ist am schwersten, aber auch am schönsten.

Ach so, du hast es mit so vielen Dämonen und Drachen zu tun?! Das ist nur gestaute Energie, die verzweifelt danach strebt, aus ihrer Blockade befreit zu werden. Das ist nur ein Spiel, das schon ziemlich abgedroschen und ermüdend geworden ist. Du kannst jederzeit vom Karussell springen, wenn du es willst! Aber wenn du das tust, wird sich dein Leben verändern. Bist du dazu bereit? Nur wenige Menschen sind das tatsächlich, denn diese Spiele machen immerhin ihr Leben aus. Ohne die Spiele würden die meisten Leute sich so fühlen, als ob sie gar nicht »wirklich lebten«. Da liegt ihr Irrtum. Die Spiele, die Probleme, die Krisen sind es, was sie davon abhält, bewusst und wach zu werden.

Wenn unser ganzes Leben schwierig ist, oder Teile davon, dann steckt etwas darin, was du daran magst, etwas, was du davon möchtest. Sonst würdest du es ja nicht so führen. Kannst du erkennen, inwiefern dir etwas dient und es dann loslassen?

Lies weiter und erlaube deiner Erfahrung, sich zu entfalten. Gleich, was von diesem Punkt an passiert, erinnere dich an dies:

ALLES IST GUT IN DER GESAMTEN SCHÖPFUNG.*

* Auch dies ein häufig verwendeter Satz von Adamus, und deshalb hier auch noch einmal im Original: *All is well in all of creation.*

Dein Erwachen

Veränderungen der DNA

Deine DNA verändert sich, weil sich dein Bewusstsein verändert. Zuerst verändert sich dein Ahnenkarma in der DNA, deine Blutslinie. Im Allgemeinen inkarniert man Leben nach Leben immer wieder in dieselbe Blutslinie. Höchstwahrscheinlich hast du deine Kinder und deine Eltern und deine Partner schon von früher gekannt, denn kurz bevor du für die nächste Inkarnation bereit bist, zieht die starke Anziehungskraft dieser Blutslinie wieder an. Sogar wenn du dir geschworen hast, »In *diese* Familie gehe ich nie wieder zurück«, saugt sie dich wieder an und in sie hinein.

Die Blutslinie ist in deiner DNA eingewoben. Das ist der Grund, warum du dazu neigst, deinen Verwandten ähnlich zu sehen und dich wie deine Angehörigen zu verhalten und sogar wie deine Familie zu denken.

Deine DNA-Struktur wird jetzt jedoch fortgewaschen, sie wird aufgelöst und geht in reine Energie zurück. Das ist die gute Nachricht. So wirst du vom Karma deiner Familie befreit. Du wirst von den Schulden und

Verpflichtungen deiner Ahnen abgelöst. Dieser Vorgang befreit sogar von der biologischen Vorherbestimmung. Wenn in den Genen deiner Familie zum Beispiel Krebs oder Diabetes angelegt sind, so löst sich diese Prägung nun auf, damit du dich nach dem Bilde dessen selbst gestalten kannst, was *du* möchtest und nicht mehr länger in alten Mustern der Blutslinie gefangen bleibst.

Du wirst feststellen, dass sich im Verlauf der Auflösung der DNA-Prägung auch dein Aussehen verändert. Deine Augenfarbe kann sich verändern oder deine Gesichtsform. Die Veränderungen werden anfangs unmerklich sein, aber eines Tages blickst du in den Spiegel oder siehst ein Foto von dir und erkennst, wie sehr du dich verändert hast.

Diese Veränderung kann sich auch darauf auswirken, wie du dein Körpergewicht hältst. Sie kann die Struktur deiner Muskeln verändern. Aber sie wird auch die Art und Weise, wie du dich energetisch auf deine Familie beziehst, dramatisch verändern. Ein Teil von dir spürt die tiefe Verbindung nicht mehr. Du wachst vielleicht eines Morgens auf und fühlst kaum noch eine Verbindung mit deiner Familie.

Das kann schockierend sein, wenn du eine starke und liebevolle Beziehung zu deiner Familie hast oder eine sehr gespannte. Wundere dich nicht, wenn sich deine Gefühle und dein Verhältnis zu deiner Familie und zu deinen Kindern verändern. Manche von euch, die Mütter und Väter sind, werden meinen, irgendetwas stimme nicht mehr mit euch, weil ihr plötzlich spürt, dass euer Kind eigentlich gar nicht mehr eures ist.

Und noch etwas Wichtiges passiert. Während du die DNA-Prägung löst, verändert sich damit auch die Prägung jener Menschen, die sich von nun an in deiner Familienlinie inkarnieren – also zum Beispiel die eines Eltern- oder Großelternteils, der plant, bald wieder zurückzukommen. Die Loslösung deiner DNA-Prägung befreit sie davon, im alten Ahnenkarma stecken zu bleiben. Du befreist also sowohl dich selbst und bringst deine Energie wieder ins Fließen, aber du veränderst auch das Potenzial der Zukunft für andere. Erstaunlich!

Veränderte Träume

Dann geht es um deine Träume. Ich brauche das vermutlich gar nicht zu erwähnen, aber deine Träume haben sich letzthin verändert. Sie werden sehr intensiv, sind manchmal sogar erschreckend, sehr lebendig, und das wird noch eine Weile so weitergehen.

Du denkst, du legst dich zum Schlafen hin, du träumst, dann hörst du zu träumen auf, wenn du aufwachst. Aber so ist es nicht. Deine Träume ereignen sich die ganze Zeit über. Du träumst auch jetzt. Du bist zwar hier, aber die Träume geschehen auf anderen Ebenen, und es ist auch nicht nur ein Traum, sondern Schichten von Träumen. Normalerweise schaltest du dich aus dieser Traumwirklichkeit aus, bis du schlafen gehst. Wenn du dich hinlegst, landest du auf nur einer Traumschicht, obwohl es mehrere gibt, die gleichzeitig existieren und auf denen verschiedene Träume gleichzeitig ablaufen.

Deine Träume verändern sich, aber in Wahrheit veränderst *du* dich. Denn wenn du jetzt schlafen gehst, bist du auf verschiedenen Traumschichten gleichzeitig. Das kann verwirrend sein, weil sich dein Geist und Verstand noch nicht ganz auf das multidimensionale Denken eingestellt hat, oder richtiger, auf die multidimensionale Interpretation. Du träumst in verschiedenen Schichten und wirst dir dessen im Wachzustand zunehmend bewusster.

Die gute Nachricht ist, dass du auf diese Weise Potenziale in vielen Ebenen zugleich erfahren und erschaffen kannst. Die Herausforderung besteht darin, dass dir deine Träume eine Zeit lang sehr verwirrend vorkommen werden. Du wachst am Morgen auf und möchtest dich noch nicht einmal an sie erinnern. Es kann sein, dass du dich besser ausgeruht fühlst, wenn du wach bist, als wenn du schläfst.

Du wirst auch anfangen, vielfältige Realitäten in deinem Alltagsleben zu erfahren. Du wirst dich in alle diese anderen Ebenen der Wirklichkeit mit deinem Tagesbewusstsein einstimmen können. Derzeit erlebt ein Teil von dir die Neue Erde. Du kannst beginnen, dieses Bewusstsein jetzt hierherzubringen, denn was du auf der Neuen Erde lernst, kann dir auch auf dieser alten Erde helfen.

Im Moment arbeitest du auf einer dieser Traumebenen an einem emotionalen Thema, das dich fast durch das ganze Leben begleitet hat. Gerade jetzt schaust du auf einer dieser Traumschichten in das Potenzial deiner Zukunft. Was gibt es da draußen? Was kannst du auf spielerische Weise für dich erschaffen, für morgen, für das nächste Jahr? In diesem Augenblick erfährst du auf einer dieser Traumschichten ein früheres Leben, in dem es ein nicht erledigtes Problem oder eine blockierte Energie gab, und du bist dabei, dies jetzt aufzulösen. Wenn du deine Traumschichten im Alltagsbewusstsein wahrnimmst, wird dein Leben so viel erfüllter sein. Du erkennst, dass dein menschlicher Anteil nur ein Aspekt ist, und du entdeckst eine völlig neue Art und Weise, Probleme zu lösen und Energie ins Fließen zu bringen.

Deine Träume sind keine reine Fantasie. Sie sind keine Gaukelei. Deine Träume sind genauso wichtig wie dieser Augenblick des Jetzt, weil sie Teil des Jetzt-Moments sind. Träume sind keine Zufallswanderungen des Geistes.

Deine Träume sind Botschaften aus deinem Göttlichen; sie sind Teil deiner selbst, die auf anderen Ebenen existieren. Wenn du deine Träume ignorierst, wirst du schlecht schlafen, weil deine Träume mit dir sprechen wollen. Halte neben deinem Bett ein Notizbuch parat. Erlaube dir, dich an deine Träume zu erinnern, und schreibe sie auf.

Wenn du deine Träume aufzeichnest, wirst du erkennen, dass sie sehr wichtige Teile deiner selbst sind. Du wirst die Sprache deiner Träume verstehen lernen.

Ich spreche dabei über die unter euch, die den Prozess der göttlichen Integration durchlaufen. Ich spreche hier nicht über den Durchschnittsmenschen. Ihre Träume sind anders als eure. Eure Träume kommen in einer sehr einfachen Sprache zu euch. Benutzt keines der üblichen Deutungsbücher für Traumsymbole. Wenn du eins hast, wenn du danach gelernt hast, dann lass das jetzt alles los, denn die Symbole sind anders. Die Sprache der Träume verändert sich.

Deine Träume sind jetzt viel mehr, als sie es früher waren. Eine Menge der Dinge, die du träumst, passiert auf anderen Ebenen tatsächlich. Deine Träume haben auch mit den Lehren zu tun, die du auf die Neue Erde bringst.

Veränderte Intelligenz

Dein gesamter mentaler Prozess befindet sich in einem Zustand von Veränderung. Du bist daran gewöhnt, Probleme mit deinem Verstand zu lösen und dabei auf sehr logische, analytische Weise zu denken. Das wird sich ändern. Deine Logik ordnet sich neu, um eine neue Art des »Denkens« möglich zu machen. Du bist dabei, deine Logik und deine Rationalität umzuformen. Das könnte dich sehr frustrieren, weil du nicht mehr so denkst, wie du es bisher gewöhnt warst. Du wunderst dich, warum du dich nicht fokussieren kannst, nicht mehr konzentrieren kannst. Du denkst bei dir: »Ich werde wohl älter. Ich sollte Nahrungsergänzungspillen nehmen, damit ich klarer denken kann.« Vielleicht glaubst du sogar, dass du dumm wirst. Nein, das wirst du nicht.

Dein Verstand wird immer noch beteiligt sein, aber du öffnest einige sehr wichtige andere Teile deiner selbst, zum Beispiel das, was wir *Gnost* nennen. Das ist deine Intuition oder dein inneres Wissen. Du verbindest dich auch wieder mit deiner göttlichen Intelligenz. Diese Verbindung hat immer existiert, aber du hast sie hier auf der Erde bisher noch nicht praktisch genutzt. Das bedeutet also, dass die Art und Weise, wie du die Realität analysierst und wie du Probleme löst, sich drastisch verändern werden.

Das fühlt sich anfangs recht seltsam an, fast so, als ob du die Orientierung verloren hättest oder dabei wärest, verrückt zu werden – aber das trifft nicht zu. Du organisierst und ordnest nur den Prozess der Verbindung von Bewusstsein und Energie auf eine neue und andere Weise mit deinem Bewusstseinskörper in der Erfahrung des Lebens auf der Erde. Das klingt gewaltig und bedeutet lediglich, dass du eine neue Form von Intelligenz in deinem Leben erfahren wirst.

Wahre Intelligenz geht über das Wissen hinaus, dass zwei und zwei vier sind. Wahre Intelligenz ist das Verständnis dafür, dass zwei und zwei *alles Mögliche* ist. Das kommt auf deine Perspektive an, auf deine Überzeugungen und deine Wahl. Deine Logik sagt dir, dass zwei und zwei vier sein *muss*, aber deine neue Energie-Intelligenz wird dir gestatten, die Vorstellung zu erfassen, dass zwei und zwei alles sein kann, was du möchtest.

Extreme

Es wird in deinen Erfahrungen Extreme geben, weil eine neue Energie einströmt. Das Pendel der alten Energie schwingt von einem Extrem zum anderen. Wenn sich jedoch alte und Neue Energie verbinden, wird daraus ein voller, ganzer Ausdruck und nicht eine Extremerfahrung.

Einerseits spürst du regelrecht Ausbrüche an kreativen Energien. Du fühlst plötzlich den Impuls, Musik zu spielen oder zu komponieren, ein Buch zu schreiben oder ein Bild zu malen. Dieser schöpferische Drang kann dich fast überwältigen, und er passiert an den merkwürdigsten Orten – während du in einer Konferenz sitzt, in einem Restaurant isst oder bei einem Begräbnis bist.

Andererseits gibt es Zeiten, in denen du dich gänzlich uninspiriert erlebst. Du fühlst dich blank und leer, du spürst nichts und sagst dann: »Adamus, in einem Augenblick bin ich hoch kreativ, in der nächsten Minute bin ich nichts.« Ich antworte dir: »Ja, und so ist es.«

Diese Extreme sind stimmig und wichtig. Am Ende werden die Extreme miteinander verschmelzen, doch sie werden dadurch nicht neutralisiert. Sie gelangen zu einer vollständigen Öffnung und zu einem vollen Ausdruck. Das ergibt vielleicht im Moment noch keinen Sinn, und deshalb lade ich dich ein, da hineinzuspüren.

Zum nächsten Punkt. Es wird Zeiten geben, in denen du sehr, sehr aktiv bist im Zusammenhang mit Menschen in deinem Leben, in denen du einen übervollen Terminplan hast und reichlich Aktivitäten. Es wird Abende geben, an denen du zu Bett gehst und denkst, dass du so beschäftigt bist, dass du gar nicht weißt, wo du anfangen sollst. Und als anderes Extrem gibt es Zeitspannen, in denen du eine Pause brauchst, innehalten musst, nichts tun kannst. Du spürst plötzlich einen Wunsch, dich vor allem in deinem Leben zu verschließen, um endlich ganz bei dir allein sein zu können. Das ist in Ordnung, weil jeder Teil in dir eine Unterbrechung braucht, eine Pause, um nach den hektischen Aktivitäten sich selbst wieder einzuholen.

Wenn du diese sehr schnellen Wechsel von Aktivitäten durchmachst, wird es Zeiten geben, in denen du einfach anhalten musst. Deine Kinder, dein Partner oder deine Partnerin, deine biologische Familie – jeder in deinem Leben wird immer noch ein Stück von dir wollen. Du musst jedoch stark sein. Du musst auf dich selbst hören und dir eine Pause schenken, eine kostbare Zeit ganz für dich selbst.

Das ist wirklich wichtig. Geh dem nicht aus dem Wege. Wenn das heißt, dass du in der Arbeit anrufen und dich krankmelden musst, dann tu das. Wenn es heißt, dass du ganz allein einen Ausflug unternimmst, dann mach das einfach.

Es wird Zeiten geben, in denen du dich mit Spirit sehr nah und tief verbunden fühlst, in denen du Spirit richtig spürst. Das fühlt sich so an, als ob du dich in dich selbst verliebst, aber mit etwas, was viel größer ist als nur du selbst. Diese intensive innige Verbindung wird dich zum Weinen bringen.

Und dann gibt es Zeiten, in denen du meinst, keinerlei Verbindung zu spüren. Wo ist Gott? Du fühlst weder draußen noch drinnen irgendetwas. Du zweifelst daran, dass du diese besondere Erfahrung von spiritueller Bewusstheit überhaupt gemacht hast. Du erlebst also Augenblicke der tiefen Verbindung mit Spirit und dann wieder Momente, in denen du dich total einsam fühlst. Das ist in Ordnung so. Verleugne diese Gefühle nicht. Verstehe einfach, dass dies ein extremer Teil der Erfahrung der Neuen Energie ist.

Dein Leben wird sich verändern. Energie wird sich einmal bewegen und dann wird es sich so anfühlen, als ob sie blockiert wird. Dann fließt sie wieder und dann meinst du erneut, dass sie gestaut ist. Das alles ist ein natürlicher Teil des Erwachens und des Vorgangs, in die Neue Energie einzutreten.

Einsamkeit

In deinem Erwachen stellst du fest, wie wichtig es ist, dass du Zeit für dich selbst hast. Früher mussten viele unter euch mit anderen Leuten zusammen sein, damit ihr euch sicher oder wohlgefühlt habt. Manche von euch hatten Probleme damit, allein zu sein, oder sie hätten Alleinsein mit Einsamkeit verwechselt. Jetzt braucht ihr Zeit ganz für euch allein.

Gib dir diese Zeit. Das ist deshalb so wichtig, weil du in dieser Zeit göttliche Energie in dein Leben bringst. Wenn du eine Menge von Wirbel um dich herum hast – Stadtgeräusche, Leute, Verkehr, Büros –, fällt es einem schwerer, sich für das Göttliche zu öffnen. Achte darauf, dass du dir diese Zeit ganz für dich wirklich einräumst. Das ist ein wunderbares Geschenk. Du fühlst es in deinem Inneren. Du hörst ein Flüstern in dir: »Jetzt ist es Zeit, für mich zu sein.« Erlaube den anderen Aspekten von Familie, Arbeit und Verpflichtungen nicht, dich von dieser Auszeit abzuhalten. Finde auch keine Ausreden. Wenn du diesen Ruf von innen hörst, beachte ihn und handle entsprechend.

In dir wirkt eine »spirituelle Physik«, auf sehr schönen und tiefen Ebenen. Es kommt darauf an, dass du zuhörst und sie nicht mehr länger ignorierst. Du spürst diese Gefühle, aber dein Verstand unterdrückt sie, oder du zweifelst an dir selbst, oder du schiebst die Dinge auf die lange Bank. Du sagst, dass du das später tun wirst. Aber mach es jetzt. Höre mit deinem Herzen. Das ist ein wundervoller und erstaunenswerter Prozess der Transformation.

Körper-Geist-Kommunikation

Dein Körper macht eine grundlegende Veränderung seiner DNA-Struktur durch. Dabei wird die Art und Weise verändert, wie dein Körper und dein Geist verbunden sind, wie die Kommunikation zwischen deinem Geist und deinem biologischen System abläuft.

Das alte biologische Kommunikationssystem gibt es seit den Zeiten von Atlantis. Damals bestand eine sehr spezielle Art und Weise, wie Geist und Körper miteinander kommuniziert haben. Jetzt versucht der Geist nicht mehr länger, den Körper zu kontrollieren. Körper und Geist verschmelzen und werden eins. Ihr habt also keinen getrennten physischen Körper und einen getrennten Verstand und einen getrennten Spirit. Sie beginnen, miteinander zum Bewusstseinskörper zu verschmelzen.

Du wirst bemerken, dass dein Körper anfängt, sich anders zu verhalten, anders als du es gewohnt bist. Es gibt Symptome, quasi »Nebenwirkungen«, wie Magenbeschwerden, körperliche Schmerzen, das Gefühl von Schwäche, Müdigkeit und eine Reihe anderer Symptome.

Nimm dir einen Augenblick Zeit, in deinen Körper hineinzuspüren. Was hast du kürzlich durchgemacht? Da gibt es ein weiteres Thema, was viele von euch betrifft: Gewichtszunahme. Ihr sagt: »Ich esse weniger, aber ich werde dicker.« Dann macht ihr irgendeine verrückte Diät und werdet noch dicker, und ihr sagt: »Was ist denn jetzt los? Ich soll doch spirituell sein. Ich soll meinen Körper doch unter Kontrolle haben.«

Falsch. Komplett falsch, denn ihr benutzt dann immer noch das alte System der mentalen Kontrolle. Irgendwie glaubt ihr, das käme von Spirit. Das tut es nicht. Ihr versucht immer noch, euren Verstand zu benutzen, um euer Leben zu beherrschen, anstatt in einem Zustand der Gnade zu sein, in dem Körper, Verstand und Spirit auf natürliche und nahtlose Weise zusammenwirken.

Wenn du auf deinen Körper hörst, anstatt dir über ihn Sorgen zu machen, fängst du an, dich mehr zu entspannen. Du beginnst diese neue Verschmelzung zu begreifen, die sich vollzieht. Du wirst dann genau wissen, was dein Körper braucht.

Der Verstand hat Hunderttausende von Jahren auf die im Grunde genommen gleiche Weise funktioniert. Wenn du denkst, führt das zu bestimmten Mustern, zu einem Energiefluss, zu neurologischen und elektrischen Signalen, die übermittelt werden – und dies in einer ganz spezifischen Reihenfolge. Du hast Gedanken sowie mentale Gefühle. Mentale Gefühle – man kann sie auch Emotionen nennen – haben sehr wenig mit echten Gefühlen zu tun. Emotionen werden von deinem Verstand erzeugt, und deshalb sind sie begrenzt und in Wirklichkeit künstlich. Sie sind nicht die wahren Gefühle und die echte Bewusstheit deiner göttlichen Essenz.

Du spürst, wie du mental aus dem Gleichgewicht gerätst. Manche von euch meinen, sie würden ihre Fähigkeiten zu analysieren verlieren, sich zu konzentrieren und rational zu denken. Es beeinflusst euren Körper, wenn ihr euch solche Sorgen macht, und dann befürchtet ihr, womöglich einen Nervenzusammenbruch zu erleiden. »Was ist eigentlich los?«, fragt ihr. Ihr durchlauft einen natürlichen Vorgang: Der Verstand, der Geist und der Körper beginnen, sich zu verbinden, euer Göttliches fängt an, sich bemerkbar zu machen und einzutreten – und das ist eine wunderschöne Sache.

Der Ruf

Hast du kürzlich einen Ruf gehört? Oder fühlt es sich für dich so an, als ob jemand ständig an der Tür klopft? Das kommt nicht von draußen, von oben aus den Himmeln und auch nicht vom Erzengel Gabriel. Das kommt aus dir selbst heraus, von innen.

Der Ruf kommt aus deinem Bewusstseinskörper, aus deinem integrierten Körper/Verstand/Spirit. Dein Bewusstseinskörper enthält nicht nur dein begrenztes menschliches Bewusstsein, sondern das gesamte Potenzial an Bewusstsein. Es versucht seit Langem, deine Aufmerksamkeit zu erlangen, aber du hast versucht, es auszuschalten, wie man ein Fenster schließt, wenn draußen ein Hund zu laut bellt. Du fragst dich: »Was für ein Geräusch ist das? Das macht mich nervös.« Der Ruf kommt von deinem Selbst … und wendet sich an dich.

Der Ruf ertönt, damit du zu dir selbst zurückkommst, zu dir nach Hause. Es ist der Ruf nach Integration, ohne jede andere Absicht als die, wieder zu vereinen. Er will nichts, als bei dir zu sein, die Erfahrungen des Lebens mit dir zu teilen, eine Lebensfreude zu bringen, die seit Langem abgeschaltet wurde.

Der Bewusstseinskörper ist in viele Teile aufgespalten worden; diese Fragmente wollen wieder eins werden. Das geschieht durch dich in diesem Augenblick des Jetzt, in dieser Nicht-Inkarnation, in der du jetzt existierst, in dieser Identität, die nicht von gestern ist, sondern die das Ich Bin von heute darstellt. Er möchte zurückkommen und wieder eins werden.

Mit deiner Bewusstheit wirst du diesen Ruf spüren und verstehen. Er kommt in deinen Träumen zu dir, er versucht dich mit einer kleinen Nörgelstimme zu rufen, auch durch kleine Körperbeschwerden und emotionales Unwohlsein. Er hat schon länger versucht, deine Aufmerksamkeit zu erlangen. Hör auf ihn. Er kommt von innen.

Er wird nicht unbedingt in Worten zu dir sprechen, und er wird dir auch nicht sagen, was du zu tun hättest. Dieses »Du« will dir nicht sagen, was geschehen müsste, sondern möchte nur bei und mit dir sein. Es will dir nicht sagen: »Du solltest diesen Job annehmen oder mit jener Person zusammen sein.« Denn das würde dem genau widersprechen, was Bewusstsein und Bewusstheit sind und wer du bist.

Liebe Freunde: Bitte erkennt, dass diese Welt ein großartiger Ort ist. Wenn du in die Augen eines anderen Menschen blickst – wenn du nicht mehr gegen die Windmühlenflügel ankämpfst und nicht mehr länger meinst, du müsstest etwas verteidigen oder beschützen, sondern wenn du in der Lage bist, einem anderen wirklich in die Augen zu sehen – dann wirst du erkennen, welch kostbarer Ort dieser Planet ist. Du erkennst dann auch, dass das, was wie Chaos erscheinen mag, das überhaupt nicht ist. Alles ist in Ordnung in der gesamten Schöpfung!

Schwingungsformen des Bewusstseins

Dein Spirit ist auf einer Reise, und er hat auch einige eigene Bedürfnisse. Dein Spirit möchte sich selbst erkennen und eine Antwort finden auf die alte Frage: »Wer bin ich?« Er möchte sich selbst erkennen, und dies tut er auf dreierlei Weise: Erfahrung, Expansion und Expression – Erfahrung, Ausdehnung und Ausdruck.

Deine Seele möchte Erfahrung gewinnen. Ohne Erfahrung kann sie sich nicht selbst erkennen, und deshalb beschenkt sie sich mit einer Vielzahl von Erfahrungen. Und sie möchte sich immer weiter ausdehnen. Die Freude von Spirit besteht darin, sich auszudehnen. Zurückzugehen funktioniert nicht. Neutral zu bleiben führt schließlich zu einer Explosion. Bumm! Deshalb will es (willst DU) Ausdehnung und es möchte die Freude zum Ausdruck bringen. Es ist nicht erfüllend, wenn man Freude in sich selbst spürt und sie dann nicht auch zum Ausdruck bringt – durch Gesang, Musik, Bücher, Arbeit, eine miese Beziehung, ein gesundheitliches Leiden. Das alles sind Ausdrucksformen, und genau danach sucht Spirit.

Es gibt einen anderen Teil deiner selbst, den du sehr gut kennst. Das ist dein menschlicher Aspekt. Dieser menschliche Aspekt beansprucht jetzt einen Großteil deiner Aufmerksamkeit, aber er ist ein integraler Bestandteil des Lieds deiner Seele von Erfahrung – Expansion – Expression. Dieser Teil hat eine ganz andere Ansammlung von Tänzen und Wünschen. Er hat eine Menge von eigenen Absichten, denn meistens ist er sich nicht des Spirits bewusst und glaubt, dass er allein agiert. Also wird er sehr abwehrend, isoliert sich weitestgehend selbst und konzentriert sich auf Überleben. Überleben ist ein altes Programm aus Lemurien. Ihr geht auf die Erde und inkarniert euch dann auf biologische Weise, denn so könnt ihr etwas Erfahrung erlangen – aber dann bleibt ihr dort stecken und gefangen. Also lernt ihr zu überleben. Das ist eine alte Programmierung.

Ich hoffe, dass ihr die Programmierung auf das Überleben loslassen könnt, denn die ist wirklich ziemlich leidvoll und begrenzt. Du musst nicht überleben; du musst leben.

Der Wunsch nach Freude und Genuss ist eine alte atlantische Programmierung. Es geht um ein Freudenzentrum, das in jedem einprogrammiert wurde. Warum? Weil man Menschen sehr hart arbeiten lassen kann, wenn sie am Abend eine kleine Belohnung bekommen – wenn sie ein bisschen Sex, etwas Alkohol, eine kleine Anerkennung oder etwas Einfluss erhalten. Das ist das Wohlfühl- und Freudenzentrum in euch.

Ich fände es gut, wenn Menschen ihre Wohlfühl- und Genussprogrammierung aufgeben würden. Ihr braucht am Abend keinen kleinen süßen Keks. Zucker war eine wundervolle Entdeckung. Zucker besitzt eine hypnotische Überlagerung. Ich sage nicht, dass Zucker schlecht ist, aber Zucker löst etwas aus, das dich denken lässt, dass es dir gut geht. Man gibt Kindern Zucker. Warum? Um sie ruhig zu stellen. Zucker ist nicht besonders gut für sie, und sie kommen damit in eine überreizte Stimmung. Zucker ist eine hypnotisch wirkende Droge. Das könnt ihr aufschreiben: »Adamus hat gesagt, dass Zucker eine hypnotische Droge ist.«

Der Mensch möchte also überleben, genießen und es bequem haben, und dann verlangt er noch nach Dingen wie Kontrolle und Macht. So etwas liebt er. Er liebt es, auf diese Weise seine Identität aufzubauen.

Euer menschlicher Aspekt isoliert sich selbst, und dann versucht er, seine Identität zu erschaffen und zu beschützen. Währenddessen versucht dein Spirit, Erfahrungen zu machen, sich auszudehnen und auszudrücken. Da der menschliche Teil seine Identität schützen will, erlaubt er deshalb keine echte Öffnung und Ausdehnung oder einen wahren Ausdruck seiner selbst. Er möchte Identität behindern und begrenzen, auch dann, wenn die Veränderungen zum Besten des Selbst sind.

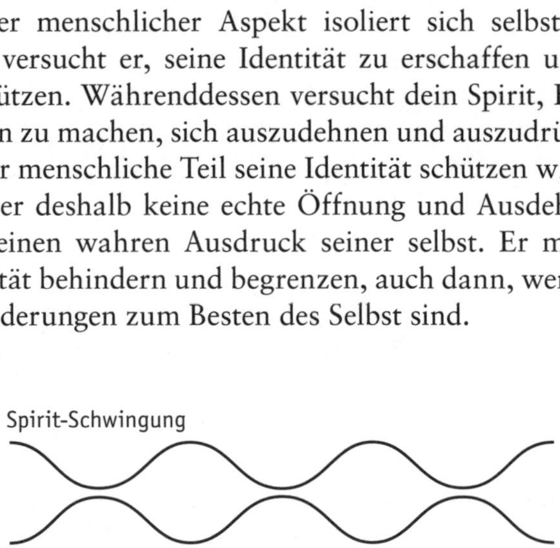

Dein Spirit führt seinen Tanz aus, der Mensch macht das seine, und es gibt Zeiten, in denen beide ganz natürlich voneinander fort fließen. Das kann dann zu einer wirklich schönen Erfahrung führen, da der menschliche Anteil in die Tiefen der Entdeckung seiner selbst gehen kann. Der Spirit kann sich dabei weiter öffnen und ausdehnen. Früher oder später vermag diese Trennung fast wie ein Magnet zu wirken, der beide Teile wieder näher zusammenbringt.

Dann trennen sie sich wieder, und das Menschliche taucht tiefer in seine eigenen Erfahrungen ein, und der Spirit, das Göttliche, erfährt noch mehr von seiner Festlichkeit und Feier. Es gibt ein ständiges Hin und Her, einen wundervollen Tanz der Seele – zusammen, getrennt, zusammen, getrennt.

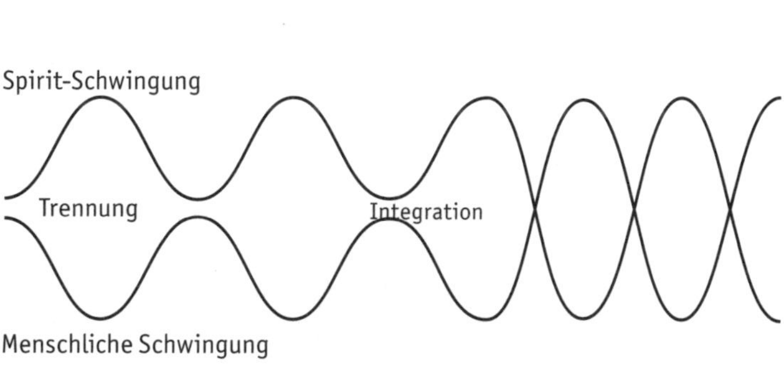

Am Ende kommen Spirit und Mensch auf eine sehr intime Weise zusammen. An einem bestimmten Punkt berühren sie sich und überkreuzen sich sogar und wechseln auf die jeweils andere Seite. Dann verändert sich dieser Tanz für immer. Anstatt Trennungen gibt es nun ein ständiges Sich-ineinander-Verweben. Der Ort, an dem sie sich zum ersten Mal kreuzen, ist der entscheidende Punkt. Das ist der »Bewusstheits-Nullpunkt«. Anders gesagt: Du lässt den alten Tanz, die Vergangenheit fallen. Das wird alles zu Geschichte, zur Erinnerung, zu einem Teil von Erfahrung. Denn ab jetzt tanzen beide Schwingungen beziehungsweise Teile zusammen.

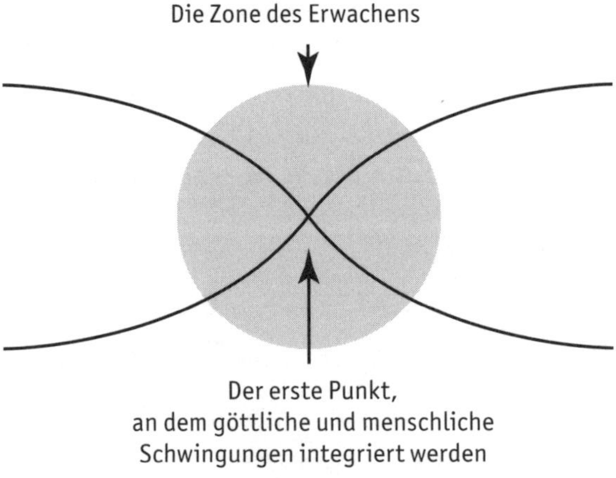

Hier ist ein Symbol, das vielen von euch sicher bekannt ist, aber wisst ihr, was es eigentlich bedeutet? Das Symbol stammt aus der Zeit von Yeshua ... Viele Menschen glauben, es sei ein Fisch und drückt aus, dass Yeshua ein »Menschenfischer« war.

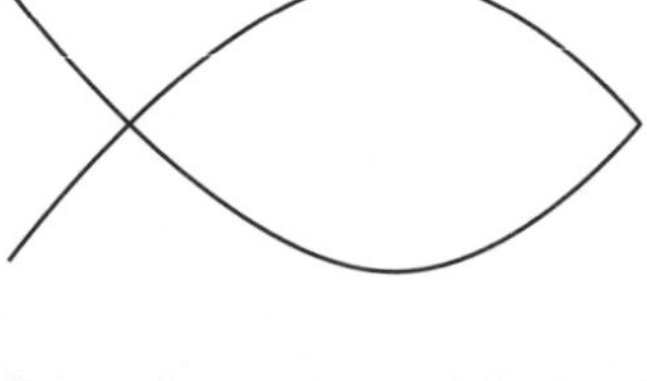

Das stimmt absolut nicht! Dieses Symbol repräsentiert den Punkt, an dem sich die menschliche und die göttliche Schwingung endlich begegnen. Diese beiden Wellenformen waren immer getrennt, aber im Verlauf des Erwachens kommen sie endlich zusammen. Das ist der Tanz, der immer wieder weitergeht. Es geht nicht ums Fischen! Es geht um Integration. Es handelt sich darum, sich wieder zu begegnen – und das wird hier als der »X«-Punkt dargestellt.

Ahhh! Yeshua hat das gewusst. Er hat genau das seinen Jüngern erklärt und den anderen, die bereit waren, ihm zuzuhören. Und Maria Magdalena stand ihm zur Seite und beschrieb in weiteren Einzelheiten, was sich bei diesem erstaunlichen Prozess abspielt. Er hat dieses Symbol der Begegnung verwendet. Das Zusammenkommen – der Tanz –, der endlich Mensch und Spirit verbindet. Und genau hier steht ihr jetzt. Das vollzieht sich jetzt. Vom Punkt an, an dem sich die beiden Schwingungen kreuzen, gibt es zwischen den beiden Wellenformen keinerlei Getrenntheit mehr. Du wirst zu einem integrierten Bewusstseinskörper.

In meinen Mental Imbalance Symposiums* ist dieses Symbol ein zentraler Teil unserer Arbeit. Eine Person, die keine mentale Balance hat, weist unberechenbare und dysfunktionale Schwingungen und Wellenformen auf anstatt relativ sanfter und ausgeglichener Energien. Die

* Lehrgänge zum Thema des mentalen Ausgleichs, die auch im deutschsprachigen Raum angeboten werden; vor allem für Therapeuten. (Anm. d. Ü.)

menschliche Schwingung, die von Faktoren wie den Aspekten der Persönlichkeit und von Massenbewusstsein beeinflusst wird, verändert ihre Wellenform hin zu erratischen Formen, und es folgt die Schwingung von Spirit und wird auch unvorhersehbar. Und recht bald verlieren sie jeden Bezug zueinander, sie verlieren sich ganz und gar. Der Mensch fällt in eine Psychose, er erfährt mentale Krankheiten, einen Nervenzusammenbruch, Persönlichkeitsspaltung oder andere Formen von mentalem Ungleichgewicht. Das geschieht alles über die mentale Ebene, über den Verstand – es handelt sich jedoch dabei um einen Zusammenbruch des natürlichen Rhythmus zwischen den Schwingungen von Spirit und Mensch.

Freier Wille?

Haben Menschen freien Willen? Falls nicht: Wer zieht dann die Fäden? Ja, wer zieht die Fäden? Wer hat deine biologische Familie für dich ausgesucht? Wie hast du deine Fähigkeiten und Talente erworben? War das die Astrologie? War es Gott? War es eine Gruppe von Engeln? Deine Geistführer? Dein höheres Selbst? Deine Überseele? War es einfach nur Schicksal oder Bestimmung? Wer zieht nun die Fäden? Die Antwort ist: Na ja, es kommt darauf an. Es kommt darauf an, wo du in deinem Bewusstsein bist.

Dein Spirit hat sein eigenes Lied. Er schwebt den Fluss hinunter und reitet auf den Wellen der Erfahrungen. Es ist ihm alles ziemlich egal, denn dein Spirit erlangt die Erfahrung, die er sich wünscht. Er öffnet sich, dehnt sich aus und bringt sich zum Ausdruck – selbst dann, wenn deine Ausdrucksweise bedeutet, dass du Zeter und Mordio schreist. Die Seele erfährt und drückt sich aus. Ein Gesundheitsproblem ist eine Ausdrucksform, und dein Spirit lässt dies zu. Das heißt nicht, dass du deinem Spirit gleichgültig bist, aber seine Bedürfnisse, Wünsche und Leidenschaften sind andere als deine menschlichen Wünsche, Bedürfnisse und Leidenschaften.

Dein menschliches Selbst kämpft ums Überleben und um Identität. Du möchtest sagen: »Ja, ich erschaffe meine Realität.« Das stimmt jedoch nicht wirklich, denn vieles von deiner Realität wird von der Schwingung deines Spirits erzeugt oder beeinflusst. Du erzeugst in Wahrheit überhaupt nicht sehr viel von deinen Erfahrungen!

Haben Menschen einen freien Willen? Nein, das haben sie nicht. Überhaupt nicht. Wenn sie das hätten, wäre ihr Leben völlig anders. Die Leute stehen unter dem Einfluss von Dingen wie Karma, Religion, Spiritualität, Astrologie, Zweifeln, Angst, Schuldgefühlen, Anpassung und einem breiten Spektrum an überholten Glaubensmustern. Menschen denken, sie hätten einen freien Willen – »Ich bin frei, meinen Job zu kündigen, wenn ich das will.« Nun, sie kündigen ihren Job nicht, weil sie Angst haben, kein monatliches Gehalt mehr zu bekommen. »Ich bin frei zu wohnen, wo ich möchte«, aber sie leben nicht wirklich dort, wo sie gerne wären. Sie wohnen in derselben Stadt, wo sie geboren wurden, Tür an Tür mit Mutter und Vater.

Menschen *hatten* einen freien Willen, aber sie haben aufgehört, ihn zu nutzen, und deshalb haben sie ihn verloren. Menschen tun so, als ob sie einen freien Willen hätten, weil sie sich aussuchen können, was sie zu Mittag essen. Sie haben die Illusion des freien Willens, weil sie sich entscheiden können, einen blauen Pullover oder ein rotes Hemd zur Arbeit zu tragen.

Nein, Menschen haben keinen freien Willen. Wirklich nicht. Ich hoffe, dass dich das jetzt ein bisschen sauer macht, weil du gerne denken würdest, dass du einen freien Willen hast. Vielleicht wirst du jetzt mehr schätzen können, was du verloren hast.

Du hast einen göttlichen Willen. Tobias hat es vor Jahren gesagt. Das ist der »Kanal«, den ihr vergessen habt. Damals wolltet ihr das nicht hören. Er sagte: »Es gibt einen göttlichen Willen.« Der Wille deiner spirituellen Welle, deines spirituellen Tanzes, ist stärker als der menschliche Wille. Er ist für vieles zuständig, was dir in deinem Leben zugestoßen ist. Dein Spirit erlegt dir keine negativen Erfahrungen auf, aber es gibt Dinge, die für deinen Spirit, für das Göttliche in dir, viel wichtiger sind als menschliche Kindereien und verzweifelte Versuche, Kontrolle auszuüben, Spaß zu haben, eine begrenzte Identität aufzubauen und zu überleben.

Darauf kommt es nicht an! Spirit wird überleben, es gibt keinen Tod. Yeshua hat das am Kreuz bewiesen. Es gibt keinen Tod. Er ist nicht gestorben, um eure Sünden zu sühnen. Um Himmels willen nein. Es ist ziemlich egoistisch zu sagen, dass Yeshua für euch gestorben sei. Yeshua kam an einen Punkt, an dem er sagte: »Ich werde mein Mensch-Sein und meinen Spirit hier auf der Erde miteinander kreuzen und verbinden. Es ist mir egal, ob ich lebe oder sterbe. Ich habe genug davon, in meinem eigenen Gefängnis als Mensch zu stecken. Ich bin es satt, nicht bei mir zu sein. Ich habe genug davon, dass mein Menschliches und mein Spirit getrennt voneinander sind. Ich will zu mir selbst zurück.« Und zack! Sein Mensch und sein Spirit verschmolzen zu einer Einheit.

Sie verschmolzen. Himmel und Erde trafen einander und kamen zusammen. Die Schwingung des Göttlichen und die Schwingung des Menschlichen begegneten sich endlich und kreuzten sich.

Ist Yeshua am Kreuz gestorben? Nein. Er wurde am Kreuz lebendig. Sein physischer Körper hat nichts bedeutet. Er erkannte dies am »Kreuz«. Das Kreuz ist übrigens ein Symbol, das Hunderte von Jahren später als eine Form der religiösen Hypnose gestaltet wurde – »Er starb für unsere Sünden«. Ich meine nicht, dass das stimmt. Keiner kann für deine Sünden sterben. Das Symbol des Kreuzes diente ursprünglich als Hinweis auf den Kreuzungspunkt, an dem Spirit und Menschliches zusammentreffen. Heutzutage wird dieses Symbol benutzt, um Leiden, Schmerzen, Schuldgefühle und Kontrolle zu symbolisieren.

Liebe Freunde, Yeshua ist am Kreuz erwacht und hat in diesem Augenblick seinen physischen Körper losgelassen. Er hat mit Maria Magdalena glücklich weitergelebt. Sie hatten gemeinsame Kinder, obwohl er keinen physischen Körper mehr hatte. Wunderbare Kinder. Ja, du kannst auch dann Sex erleben, wenn du keinen Körper hast. Das ist die Wahrheit!

Die Zone des Erwachens

Wir haben über die Konvergenz der menschlichen Schwingung und der göttlichen Schwingung gesprochen. Das Göttliche besitzt einen Rhythmus und einen Fluss, auf den du dich einstimmen und den du dir zunutze machen kannst. Ebenso hat das Menschliche seinen eigenen Rhythmus und Fluss, und ab und zu tanzen sie gemeinsam einen wunderbaren Tanz. Sie kommen zusammen, folgen dann wieder ihrer eigenen Reise und treffen sich erneut. Jedes Mal, wenn sie sich einander näherkommen, tauschen sie sich über ihre Erfahrungen und Einsichten aus. So wie du jetzt beim Lesen dieser Worte sowohl mit deinem menschlichen Selbst lernst und Erfahrungen machst und zugleich mit deinem göttlichen Selbst mehr lernst und dich weiter ausdehnst. Das ist ein wundervoller Tanz.

Früher oder später kommen die menschlichen und die göttlichen Elemente zusammen. Das passiert bei dir gerade jetzt. Du kehrst zu dir selbst zurück und Spirit und Mensch führen ihren ewigen Tanz aus. Dieser Punkt wird die »X«-Zone genannt oder die Zone des Erwachens* – und darin befindest du dich derzeit. Sehr wenige Menschen sind bislang in der Zone des Erwachens.

* Im Englischen: Awakening Zone

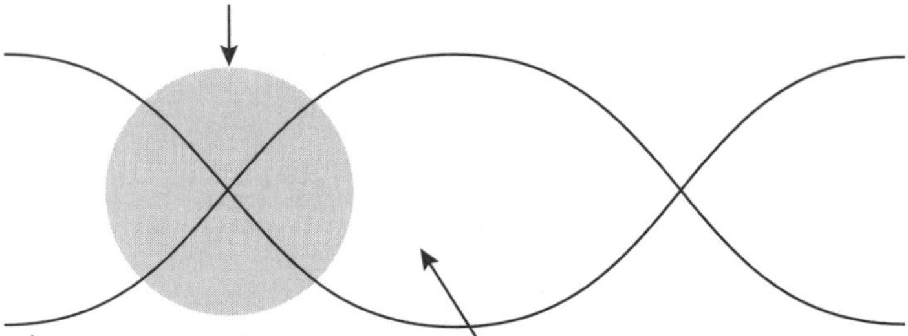

Tobias hat euch mit der Arbeit, die er mit vielen von euch im Laufe der Jahre geleistet hat, in die Frühphase der Zone des Erwachens gebracht. Er hat euch die Erkenntnis gebracht, dass ihr göttlich seid und dazu beigetragen zu begreifen, dass ihr nicht verrückt seid. Er hat dabei geholfen, manche der Wunden zu lindern, die euer menschliches Selbst auf dem Weg erlitten hatte. Er hat geholfen, dass ihr euch traut, einen Blick auf euer zukünftiges Potenzial zu werfen, das euch jetzt an diesen Punkt gebracht hat. Und das alles auf eine Weise, die tröstlich und ermunternd war und euch erlaubt hat, eure Möglichkeiten zu sehen.

Tobias hat euch hierhergebracht und gesagt: »Adamus, jetzt bist du dran, denn ich kehre zur Erde zurück, um mit den Menschen auf eine ganz andere Art zu arbeiten.« Viele von euch wissen, dass Tobias am 19. Juli 2009 wieder in einer physischen Gestalt inkarniert hat.

Kurz bevor man in die »X«-Zone gelangt, wird der menschliche Aspekt sehr, sehr unberechenbar. Dein Spirit reagiert normalerweise mit Mitgefühl, als eine sehr interessante Spiegelung deiner selbst. Wenn du jedoch sprunghaft wirst, wird dein Spirit auch unstet. Die Übereinstimmung geht verloren, die Synchronizität. Wenn Schwingungen synchron zueinander sind, gibt es eine wundervolle Musik. Wenn nicht, fühlt sich das fürchterlich an.

Aber dahinter steckt ein Ziel. Das geschieht nicht mit irgendeiner bösartigen Absicht des Göttlichen und im Allgemeinen auch nicht seitens des menschlichen Anteils. Wenn die Schwingungen nicht mehr synchron sind, entsteht ein sehr starker Wunsch, sie wieder in Übereinstimmung zu bringen – allerdings nicht in der Frequenzphase von früher, nicht in den alten Mustern. In der unberechenbaren oder »erratischen« Zone, gerade bevor man in die »X«-Zone gelangt, kommunizieren die unberechenbaren Muster miteinander und sagen: »So, nun wollen wir mal auf die nächste Ebene kommen. Machen wir es einmal ganz anders.«

Das erratische Verhalten verleiht den Schwingungen und Wellenformen die Energie und den Schwung, auf die Ebene zu kommen, in der du jetzt bist: in der Zone des Erwachens.

Eine Menge interessanter Dinge passieren in dieser Zone. Indem wir mit anderen erwachenden Menschen überall in der Welt zusammenarbeiten, werden wir darüber, was während des Vorgangs des Erwachens geschieht, schreiben und sprechen. Wäre das nicht gut gewesen, wenn jemand schon früher dir erklärt und gesagt hätte: »So sieht der Prozess des Erwachens aus. Du hast deine eigene Art und Weise, wie du ihn erlebst, aber dabei passiert dies und jenes.« Und genau das wollen wir hier beschreiben.

Das ist einer der wichtigen Gründe, warum du hier auf die Erde gekommen und warum du hier auf der Erde im physischen Körper geblieben bist. Wir werden es auf eine einfache und leicht verständliche Weise gemeinsam nachvollziehen. Wir werden es in Begriffen ausdrücken, die Menschen verstehen. Warum sollte man es auf esoterische Art und Weise so verklausulieren, dass es keiner begreift?

Grundsätze und Regeln

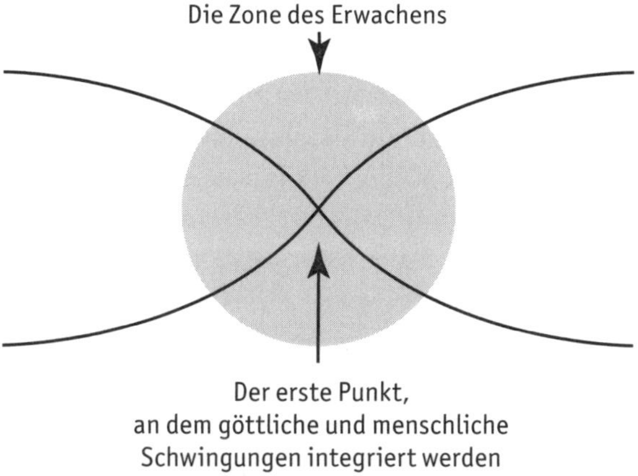

Was passiert in der Zone des Erwachens, an dem Punkt, wo deine Spirit- und deine Menschen-Schwingung sich zum ersten Mal kreuzen? Die alten Grundsätze funktionieren nicht mehr. Sie sind die Regeln, die ihr entwickelt habt, um mit dem menschlichen Leben klarzukommen. Menschen neigen dazu, nach Normen zu leben. Das sind hübsche, vorverpackte Glaubensmuster, so wie die Tiefkühlkost, die ihr im Supermarkt kauft.

Sicher, so manche sind wichtig und stimmig. Die Regulierung, wie alle Autos fahren sollen, macht Sinn. Aber meistens bleiben die Leute in ihren Konventionen stecken. Wie soll man sich anziehen? Das ist eine davon. Es gibt eine Myriade von menschlichen Richtlinien und Grundsätzen, wie man zu essen hat, wie man arbeitet, Geld verdient, eine Ausbildung absolviert und sogar wie man stirbt. Die Leute folgen Routinen und Gewohnheiten, die sie immer weiter wiederholen, damit sie das Gefühl haben, dass es eine Ordnung in ihrem Leben gibt. Aber trotzdem spüren sie keine Ordnung. Sie versuchen, Ordnung zu schaffen, aber sie wissen, dass es keine gibt. Das ist so, als ob man Blätter in einem Sturm zusammenharken wollte. Es funktioniert einfach nicht. Aber die Gesetze und Richtlinien verschaffen ihnen ein besseres Gefühl.

Gesetze wurden in der Zeit vor der Phase des Erwachens entwickelt. Wenn du an das »X« in der Zone des Erwachens gelangst, dann funktionieren sie nicht mehr. Und man hat das Gefühl, als ob der Mensch auseinanderfällt, dass alles zusammenbricht und dass du in einen tiefen Abgrund taumelst und nicht weißt, ob du je wieder herauskommen wirst. Aber das stimmt nicht. Es *fühlt* sich nur so an, und manchmal empfindest du es auch so, doch das ist nur ein Teil der Erfahrung.

Die alten Grundsätze funktionieren nicht mehr, und wahrscheinlich hast du es schon selbst bemerkt. Du hast zwar versucht, zu den alten Regeln zurückzukehren, aber sie wirken einfach nicht.

Natürlich ist dann der nächste Schritt, dass man versucht, eine neue Regel aufzustellen! Der Verstand macht eine verzweifelte Anstrengung, die neue Formel zu finden. Dann klebt ihr tolle Etiketten drauf und nennt es »Neue Energie«. So, ist sie das? Ist das nichts anderes als dieselbe in einem neuen Gewand und mit einem neuen Etikett? Ja, denn es gibt grundsätzlich keine Richtlinien für die Neue Energie. Die alte Energie hat sich tatsächlich entsprechend bestimmter Regeln verhalten. Was gestern gemacht wurde, kann man heute wiederholen, und dann wiederholt ihr das erneut und vervollkommnet es und immer so weiter, bis Krisen und Chaos auftauchen. Alte Energie ist Schwingungsenergie und vorhersehbar. Ihr spielt damit auf eine neue Art und Weise, aber sie bleibt ziemlich vorhersehbar, weil sie eben nur alte Energie ist.

Die echte Neue Energie lässt sich nicht in Gesetze pressen, weil sie keine Schwingungsenergie ist. Sie besitzt keine Frequenzmuster. Weil sie einmal auf eine bestimmte Weise wirkt, heißt das noch lange nicht, dass sie beim nächsten Mal auf die gleiche Weise wirkt. Neue Energie erscheint als sehr chaotisch, aber das ist sie nicht. Wenn du echte Neue Energie erlebst, wirst du feststellen, dass sie wunderschön ist.

Ihr braucht keine Grundsätze und Regeln. Ihr braucht keine Verfahrensweisen und Prozessabläufe. Wenn es irgendeiner Vorgehensweise bedarf, wie die Neue Energie mit der alten Energie arbeitet oder mit anderer Neuer Energie, dann ist diese in ihr bereits enthalten. Das muss nicht erst hergestellt oder entworfen oder analysiert werden. Die Prozessabläufe sind in der Neuen Energie enthalten. Aber sie verändern sich, und das verwirrt den Geist, den Verstand. Es sieht so aus, als ob alles auseinanderfällt, doch das tut es nicht. Es wird sich neu organisieren und strukturieren, bevor es wieder aufgebaut wird.

Das Gabriel-Syndrom

Ihr erlebt auch, was ich das »Gabriel-Syndrom« nenne. Es taucht auf, wenn man in der Zone des Erwachens ist und den »Ruf« hört. Das ist in Wahrheit der Ruf deiner eigenen Seele. Du hast auf Gabriels Trompete schon einmal reagiert, auf den Ruf, auf die Erde zu kommen, auf den Ruf, aus den Engelsphären hierherzukommen und an dieser wunderbaren Erfahrung der Erde teilzuhaben. Ich denke, der Ruf wurde von ein paar Werbeengeln getextet, die das Ganze ein bisschen zu sehr angepriesen haben mit den Worten: »Komm und sieh dir die Welt an!«

Jetzt trägst du in dir deine eigene Gabriel-Trompete, die ertönt, wenn du in die Zone des Erwachens eintrittst. Es ist der Ruf an jeden Teil von dir, sich zu integrieren – an deine Aspekte, deine früheren Leben, deine künftigen Möglichkeiten, an nicht manifestierte Potenziale aus der Vergangenheit –, an jeden Teil von dir, einschließlich deines göttlichen und deines menschlichen, jetzt zu integrieren.

Das führt zu etwas, was wie Chaos erscheint. Mit einem Mal kommen alle Aspekte gleichzeitig nach Hause, und ein Teil von dir ist sich gar nicht so sicher, dass es jeden zu Hause haben will. Irgendwie hast du es genossen, dass du dein Zuhause ganz für dich hast – anders gesagt: dass du einen Mangel an umfassender Bewusstheit hast; – doch jetzt kommen alle Teile wieder zurück. Und sie kommen nicht nur zu Besuch. Sie bleiben. Das ist gut so. Du bringst alle deine Aspekte wieder in dein Leben zurück.

Während dies alles passiert, tauchst du tief in dich selbst ein. Du wirst überkritisch, zweifelst zu sehr an dir selbst, analysierst dich zu stark – und alle anderen Menschen auch.

Hier in der Zone des Erwachens findet ein »Tieftauchgang« statt. Ein Eintauchen in Selbst-Entdeckung. Ein Tauchgang, um deine Bewusstheit weiter zu öffnen. Das führt jedoch zu jeder Menge an Zweifeln, zu einer allzu kritischen Analyse und es wird zwanghaft. Es wird zu deinem ersten Gedanken am Morgen und zu deinem letzten am Abend. Du nimmst die überkritische Haltung sogar noch in deinen Traumzustand mit.

Dann gelangst du an einen Punkt der Aufgabe, der Hingabe. Tobias hat das perfekt so ausgedrückt: »Es spielt keine Rolle.« Du kommst an einen Punkt, an dem du dich selbst oder die Dinge um dich herum einfach nicht mehr analysieren kannst. Du bist erschöpft davon, dich auf all die schlimmen Dinge zu fokussieren, die du in früheren und im jetzigen Leben getan hast.

Was ist zu tun?

Hier bist du nun in der »X«-Zone, und die Frage stellt sich, was du nun tun kannst? Du weißt, dass sich jeder Teil von Dualität in dir – menschlich/göttlich, männlich/weiblich und so fort – jetzt zu integrieren beginnt. Worauf es nun ankommt, ist Vertrauen ... ein gesundes Vertrauen in dich selbst – kein blindes Vertrauen, sondern ein gesundes.

Hab ein gesundes Vertrauen, dass du einen Prozess durchläufst, der sehr angemessen und natürlich ist. Vertraue darauf, dass du auch Gott bist. Lass dein menschliches Selbst das wirklich, *wirklich* spüren, lass dein menschliches Bewusstsein sich da hineinfühlen. Fühlt sich das für dich stimmig an? Fühlt es sich richtig an, dass du dich für deine Göttlichkeit öffnest? Oder ist das wie eine leere Wand? Fühlt es sich an, als ob sich ein riesiger Abgrund auftut, wenn du versuchst, deinem göttlichen Anteil zu vertrauen? Wenn du das so spürst, atme tief ein. Es gibt keine Eile.

Das Vertrauen muss echt sein. Das Vertrauen in deine eigene Göttlichkeit, in dein eigenes Selbst, muss real sein. Das kannst du nicht fabrizieren, das kannst du nicht manipulieren. Vertrauen kann auch nicht entstehen wie die Glaubensmuster von früher. Anders gesagt, es kann nicht nur eine mentale Überzeugung sein, an die du dich verzweifelt klammerst. Das Vertrauen muss einfach real sein.

Vertraue dir selbst dabei, dass alles in göttlicher Gnade geschieht. Baue nicht auf Ihn oder Sie (Adamus zeigt mit dem Finger nach oben), vertraue nicht auf Geistführer oder einen Guru – sondern *nur* auf dein Selbst. Unterstreiche das Wort »nur« achtmal, schreibe es fett und mit einem Ausrufezeichen dahinter. *Nur dir selbst!* Keinen schönen Gebetsketten oder Kristallen oder Mantras oder irgendetwas anderem. Das Vertrauen muss echt sein. Erzähle mir nicht, »Okay Adamus, ich werde mir selbst vertrauen«, und fall dann in deine alten Muster des Misstrauens zurück.

Das andere Element ist Mitgefühl, Mitgefühl mit dir selbst. *Compassion* beziehungsweise Mitgefühl bedeutet, jeden Teil von dir zu akzeptieren, weil du ja alle diese Aspekte hast, die zurückkommen. Sie müssen dieses Mitgefühl von dir spüren. Das ist ihr »Willkommen zu Hause«. Und wie beim Vertrauen muss das echt sein. Du kannst nicht sagen »Ich werde voller Mitgefühl sein« und dann nach Hause gehen und dich selbst erniedrigen oder dir vorerzählen, dass du später darauf zurückkommst. Das Mitgefühl muss aufrichtig sein.

Mitgefühl kann einen sehr herausfordern und anstrengend sein. Wenn du Mitgefühl mit dir selbst hast, kommen alle deine Themen hoch, warum du nicht mitfühlend gewesen bist. Alles, was noch kein Mitgefühl in dir erfahren hat, kommt an die Oberfläche. Jede Verletzung, jeder gebrochene oder dunkle Aspekt wird auftauchen, denn letztendlich will er dein Mitgefühl.

Mitgefühl ist die Fähigkeit, die schlimmsten Dinge in deinem Leben anzusehen und sie aus einer völlig anderen Blickrichtung zu betrachten. Ich rede nicht darüber, dass man oberflächlich Gutes darin sieht, sondern ich spreche davon, sich wirklich einzufühlen und wahrhaftig zu verstehen. Da ist nichts Mentales oder Rationales, sondern begreife einfach, was bei diesem Ereignis passiert war. Was war wirklich geschehen? Du hast es aus nur einer Richtung und von einem Standpunkt aus angeschaut. Wenn du Mitgefühl haben möchtest, emotional und voller Gefühl, dann blicke das als Beobachter aus jeder Richtung, aus jedem Blickwinkel an.

Du hast eine lange Zeit ein Kreuz mit dir herumgetragen. Das Kreuz will aber nicht Leiden symbolisieren, sondern das Kreuz ist die Begegnung von Göttlichkeit und Menschlichkeit genau hier – am »X« oder Kreuz. Sieh die Dinge aus dieser neuen Perspektive an.

Erwachen

Ich bitte euch, euch einen Moment mal umzudrehen. (Adamus ist nach hinten im Saal gegangen.) Der Grund, warum ich gebeten habe, euch umzudrehen und nach hinten zu sehen, ist sehr einfach. Ihr seid schon erwacht, aufgestiegen oder wie ihr das auch nennen wollt. Ihr seid schon erleuchtet. Ihr seid schon auf der anderen Seite des »X«-Punktes. Ihr habt es geschafft. Ihr habt es vollbracht. Nun seht ihr zurück und schaut, wie ihr das erlebt habt.

Wie ein echter Merlin reist ihr in der Zeit zurück. Ihr habt euch für den Aufstieg entschieden, und deshalb ist er schon erfolgt. Jetzt reist ihr in der Zeit zurück, um die Reise des Aufstiegs zu erfahren.

In Wahrheit schaut ihr auf euch selbst zurück. Wie hast du dein Erwachen erlebt? Wie *wolltest* du es erfahren? Kuthumi hat darüber vor etlichen Jahren gesprochen. Ihr seid schon aufgestiegen. Trotz der Zweifel, trotz des Widerstands, trotz all der merkwürdigen Methoden und Therapien, der Sitzungen und der Prozesse – trotz all dem seid ihr erwacht. Ihr seid schon angekommen. Ihr seid schon angekommen.

Atme tief ein. Du must dich um nichts anderes kümmern, als die Möglichkeiten auszusuchen, wie du dahin gekommen bist. Es ist wirklich ganz einfach. Du hast die Wahl. Du kannst dich entscheiden, wie du dahin gekommen bist. Vielleicht spürst du den Weg dorthin im Moment nicht. Du fühlst vielleicht, dass das Kollektivbewusstsein, dunkle Mächte und die Welt ganz allgemein sich gegen dich verschworen haben. Aber so ist es nicht; du konspirierst nur gegen dich selbst. Das ist alles, und das ist okay. Es macht sogar eine Menge Spaß. Ich habe einhunderttausend Jahre lang gegen mich selbst konspiriert. Wollt ihr die Geschichte noch mal hören?

Tobias hat gesagt, dass eure Göttlichkeit eure Einfachheit ist. Die Menschen machen daraus aber ihre Kompliziertheit. Das Göttliche ist *derart* einfach und schön und rein, aber es hat Bestrebungen gegeben, vielleicht sogar eine kommerzielle oder eine religiöse Absicht, das Göttliche kompliziert zu machen. Es ist zu etwas gemacht worden, was weit da draußen ist und wozu du einen Vermittler oder Fachmann oder Moderator brauchst, um es zu erreichen.

Was passiert, wenn du dabei bist zu erwachen? Du beginnst wieder »zu fühlen«. Fühlen ist eine Sinneswahrnehmung, und wenn du wacher bist, bewusster, dann hast du mehr Sensibilität und Gefühl. Du hast mehr sensorische Wahrnehmung von allem, was im Jetzt ist und von den Dimensionen um dich herum.

Was ist Erwachen? Das Vertrauen, dass alles in bester Ordnung ist. Wie ich es am Schluss unserer Treffen sage: »Alles ist gut in der Schöpfung, und du gehörst dazu.« Die Vorstellung, dass die Dinge unvollkommen oder nicht stimmig wären, ist eine Lüge, an die aber fast jeder glaubt. Schöpfung ist perfekt, auch dann, wenn du dich entscheidest, dass sie nicht perfekt wäre.

Was hat dein Erwachen ausgelöst?

Was löst den Prozess des Erwachens aus? Das könnte ein Buch sein, das aus dem Regal fällt, wenn du in einer Buchhandlung herumstöberst. Oder ein Film, der dich dazu veranlasst, dein Leben ganz anders anzusehen. Oder ein sehr intensiver Traum, der dich auf eine Ebene führt, wo du noch nie zuvor gewesen bist. Oder der Tod eines lieben Menschen, der dich dazu veranlasst, über den Sinn des Lebens und den Tod nachzudenken. Es könnte auch das Trauma aufgrund eines Autounfalls sein, der dich aus deiner Wohlfühlzone herausreißt.

Oder du wachst eines Morgens einfach auf und realisierst, dass du alleine bist. Der Auslöser für das Erwachen könnte auch eine plötzliche überwältigende Neugier sein. Diese Dinge haben sich seit vielen Leben – *seit vielen Lebenszeiten* – zusammengebraut, und du hast endlich die Verbindung mit ihnen aufgenommen.

Eine der häufigsten Erfahrungen der Aufgestiegenen Meister während deren Erwachen war, dass sie »wussten«, dass sie »fertig« waren. Keine Erde mehr, keine weiteren Leben mehr, keine Verbindungen mehr mit den Menschen, wie man sie sonst kennt. Kein Herumsitzen zum Dinner mehr. Keine Spaziergänge mehr im Wald. Kein Sex mehr.

Jeder Aufgestiegene Meister kommt an einen Punkt, an dem es einen echten Wunsch gibt, doch wiederzukommen, doch noch ein paar Leben länger dazubleiben. Habt ihr das nicht auch gespürt, als ihr über Aufstieg nachgesonnen habt? Ja, es klingt wirklich gut, dieses Raumschiff Erde zu verlassen, aber wenn das dann wirklich zu werden beginnt – und für manche unter euch *ist* dies euer letztes Leben hier –, dann gibt es doch auch etwas an dieser Erde, was so wunderschön ist. Leben kann ja schließlich wirklich Freude bereiten.

Könnt ihr euch vorstellen zu wissen, dass alles klappen wird – dass alles bereits gut gelaufen ist –, dass ihr wirklich alles erschaffen könnt, was ihr möchtet. Könnt ihr euch vorstellen, euch keine Sorgen mehr um eure Gesundheit zu machen? Kein Angst mehr vor dem Tod zu haben? Dieser Planet ist erstaunlich. Es gibt eine Menge anderer Lebensformen im Universum, aber keines wie die menschliche Form. Kein anderer Planet ist das Tor zum Aufstieg. Keine andere Lebensform ist weiser, als es die Menschen sind. Sicher gibt es etliche Formen intelligenten Lebens da draußen, aber sie sind nicht wirklich weise. Sie haben noch so viel zu lernen.

Bei diesem Erwachen geschieht eine Menge von Dingen, bevor man an den Punkt gelangt, der »Frucht der Rose« heißt, ein Begriff, den Tobias geprägt hat als Erinnerung daran, dass man aufsteigen kann, wann man möchte. Ihr tut so, als ob das nicht möglich wäre, ihr tobt von einem Leben zum nächsten und ignoriert diese Möglichkeit sogar, wenn ihr direkt darüber stolpert. Aber eines Tages erkennt ihr, dass der Schlüssel zum Aufstieg immer vorhanden gewesen ist. Er ist die Frucht der Rose.

Erinnere dich daran, als dein Prozess des Erwachens begonnen hatte. Du hattest das Buch gefunden, warst voller Neugier aufgewacht, jemand hatte dich zu einem Kurs mitgenommen, der dir die Augen öffnete. Vorher gab es viel Frust über das menschliche Leben, vielleicht die tiefe Sehnsucht, wieder ganz bei dir selbst zu sein, mit jedem Teil von dir. Dieses tiefe Sehnen ist wie das Gefühl für deine »verlorene Liebe« oder den »Seelenpartner« – so als ob es in anderen Ebenen ein anderes Wesen gäbe, das auf dich wartet, so als ob die größte Liebesgeschichte erst noch geschehen und dann erzählt werden sollte. Das trifft auf eine gewisse Weise tatsächlich zu. Allerdings handelt es sich nicht um ein anderes Wesen, sondern um dich. Einfach um dich selbst.

Früher oder später wird jeder erwachen. Für manche wird es vielleicht sehr viel später. Du bist einfach ein Wegbereiter. Ja, es gibt schon etliche Aufgestiegene Meister, die vor euch dran waren, aber nicht viele. Ihr seid das, was ich als die erste Gruppe bezeichnen würde, die diesen Vorgang absolviert. Es gab vor euch schon Einzelne, aber ihr seid die erste Gruppe.

Eure Erfahrungen sind an diesem Punkt des Erwachens, zumindest für die meisten von euch, überwältigend und beglückend gewesen. Ihr habt alles ganz neu betrachtet; ihr seid von Erwartung und Freude erfüllt worden. Ihr habt euch so gefühlt, viele unter euch – als ob ihr in den Straßen tanzen wolltet. Ihr habt euch aufs Fahrrad schwingen, die Straße entlangfahren und an jeder Haustür klingeln wollen. Ihr wolltet mit jedermann über diese neue unglaubliche Einsicht und Weisheit sprechen, über diese neue Freude und Erfüllung, die ihr gefunden habt. »Ich gehe zurück, zu mir!« Erinnert ihr euch noch daran?

Das ist der Punkt des Erwachens. Er ist glänzend, absolut großartig. Er führt zu einem enormen Studium von allem, was spirituell ist und was du in deine Hände bekommst. Du liest über Philosophie, über Religionen, über New Age, über Wesen, die Channelbotschaften vermitteln.

Und dann wirst du spirituell. Du steckst dir dieses spirituelle Abzeichen an. Du teilst mit, dass du jetzt ein spirituelles Wesen bist und weißt zwar gar nicht so richtig, was das bedeuten soll, fühlst dich aber sehr gut dabei. Es ist ein Ehrenzeichen, was du trägst, und es gibt dir etwas, worauf du dich beziehen kannst, und es erinnert dich daran, dass du tatsächlich auf einer Reise bist. Diese Phase dauert einige Jahre.

Erwachen, Phase II

Und dann geschieht etwas sehr Interessantes. Du gelangst in die zweite Phase des Erwachens. Dabei dreht sich alles um »destrukturieren«, also um den Abbau von Dingen. Aua! Viele von euch haben das schon erlebt und durchgemacht und spüren immer noch die Nachwirkungen davon. Du bist bereit aufzusteigen, zu einer weisen spirituellen Person zu werden, und plötzlich passiert etwas. Dein Leben fällt auseinander. Du löst dich auf.

Ich will nicht sagen, »unglücklicherweise«, weil das vielleicht notwendig ist, doch es muss nicht so leidvoll sein. Es muss sich nicht wie ein Tod anfühlen. Es wird geschehen, weil in dieser »Schmerzzone« alles, was du geglaubt hast zu sein, weil jedes Muster und jede Überzeugung zusammenbricht. Es ist tatsächlich ein Prozess der tief greifenden Umwandlung; es sieht nur so aus, als ob alles zusammenbricht. Du fühlst dich so, als ob du dich zusammenkrümmst, wie ein altes Gebäude beim Erdbeben. Der menschliche Aspekt schreit: »Was passiert mit meinem Leben?«

Jetzt befindest du dich inmitten eines enormen Widerspruchs. Du bist eine spirituelle Person, deren Leben auseinanderzufallen scheint. Du hast anderen Menschen erzählt, wie wunderbar und großartig du sein wirst und jetzt wirst du nichts. Hinter deinem Rücken lachen sie, manchmal sogar dir geradewegs ins Gesicht. Du verlierst deinen Job, deinen Partner bzw. deine Partnerin, deine Gesundheit schwindet, du verlierst den Verstand – alles bricht zusammen. Du destrukturierst.

Feiere das! Jetzt *bist* du im Erfahrungsteil des Erwachens. Alle alten Werte bewegen und verändern sich, alle alten Glaubensmuster werden abgebaut.

So viele unter euch haben einen Aspekt eurer selbst, der geboren wurde und aufgewachsen ist, um in diesem Leben erfolgreich zu sein, um eine gute Arbeit zu haben, andere auf dich stolz sein zu lassen und Kinder zu haben, auf die ihr stolz sein könnt – das ist aber nicht unbedingt so geschehen. Dieser Aspekt lungert übrigens noch herum. Er sagt immer noch so etwas wie: »Na ja, *du* bist auf diesen verrückten spirituellen Weg gegangen und schau mal *mein* Leben an.« Diesem Aspekt ist *dein* Leben völlig egal, dieser Aspekt sucht nach Erfüllung. Er will ein Bilderbuchleben und nicht unbedingt ein spirituelles Leben.

Plötzlich bricht alles auseinander, und du denkst, du wirst verrückt. Du gerätst mental, physisch, finanziell und spirituell aus dem Gleichgewicht. Nichts ergibt mehr irgendeinen Sinn.

Jetzt feiern deine Aspekte eine große Party. Jetzt kommen sie zu dir zurück. Manche von ihnen sind schon seit mehreren Leben nicht mehr mit dir in Verbindung gewesen. Sie haben sich in anderen Ebenen aufgehalten, weil sie dir nicht über den Weg getraut haben. Sie sind woandershin gegangen, und plötzlich haben sie den Drang, zu dir zurückzukehren. Sie hören denselben Ruf, den du gehört hast. Sie spüren, dass etwas in Bewegung kommt und aufgewühlt wird, also kommen sie zu dir zurück, um nachzusehen, ob sie jetzt das Heft in die Hand nehmen und die ganze Show leiten können. Oder sie sind neugierig zu sehen, was mit dir los ist. »Vielleicht gehen wir ja tatsächlich nach Hause.« Und dann lachen sie: »Von wegen, auf keinen Fall.«

Eure Aspekte kommen zurück. Manche von ihnen verabscheuen euch, andere denken, ihr seid ein Narr, eine Närrin. Und manche von ihnen wollen Macht und Kontrolle. Das ist also eine fordernde Zeit für euch und eure Aspekte. Ich bin überrascht, dass ihr so weit gekommen seid!

Du bist jetzt in einer sehr anfälligen, aber extrem wichtigen Phase. Denk dran: Es wird alles okay sein. Du bist schon aufgestiegen, und jetzt gehst du nur zurück in der Zeit, um zu erleben, wie du hierhergekommen bist.

Du wirst nur bedauern, dass du nicht schon früher realisiert hast, dass es in Ordnung sein wird, dass du dich dagegen gewehrt hast, dass alles okay ist, dass du nicht schon früher daran geglaubt hast, dass alles passt. Das einzige Bedauern, das du bei diesem ganzen verblüffenden Vorgang haben wirst, ist zu sagen: »Wenn ich doch schon früher mehr Spaß daran gehabt hätte.« Aber auch das ist okay.

Soeben hat sich die Energie in diesem Raum völlig verändert. Ah ja, die Anspannung und Ängste, die ihr mit euch herumgetragen habt, werden plötzlich verändert. Die ganzen Sorgen waren für die Katz, außer um zu erfahren, wie es ist, wenn man sich Sorgen macht!

Denk darüber nicht nach; fühle es einfach. Denn wenn du nachdenkst, wirst du sagen: »Ja, klar, aber die Realität des Lebens, Adamus, ist doch, dass ich einen Job habe und Familie und Verpflichtungen erfüllen muss« und bla, bla, bla. So bist du wieder schön in das alte Spiel zurückgerutscht.

Kannst du von deinem Status als »aufgestiegen« her zurückblicken und sagen: »Wie würde ich das gerne erleben, hierher zu gelangen?« Wenn es irgendetwas gibt, was ich dir wirklich vermitteln möchte, dann ist es die Einsicht, *dass* du jetzt auf dich zurück schaust, wenn du dich dafür entscheidest. Wenn du deinen Weg zum Aufstieg als Prozess* durchführen möchtest, steht dir das frei. Aber wenn du nun einfach zurückblicken und sagen willst: »So habe ich mich entschieden, das zu machen«, kannst du das auch tun. Es braucht etwas Übung, weil du es Äonen lang auf eine andere Art und Weise gemacht hast.

Also, liebe Freunde, hier in der Zone des Erwachens fängt alles an auseinanderzufallen. Es sieht trostlos aus. Es sieht düster aus. Ihr seid am Ende eures Lateins angekommen. Es handelt sich um den intensivsten Todesvorgang, dem ihr je gegenüberstehen werdet, einschließlich des physischen Todes.

Der physische Tod ist im Vergleich dazu ein Spaziergang im Park an einem sonnigen Tag, weil ihr dabei nur euren irdischen Aspekt loslasst. Im Allgemeinen geht

* In der Vorlage »If you want to process your way to ascension ...«, womit gemeint ist, Entwicklungsvorgänge mit allen möglichen persönlichen Herausforderungen und Schwierigkeiten durchzumachen und es sich dabei selbst schwerzumachen (Anm. d. Ü.).

euer Bewusstsein bereits Tage, bevor euer Körper stirbt, fort. Ihr verliert die Verbindung, und so »verdunstet« ihr einfach auf die andere Seite, und dann stirbt euer Körper, und alle weinen – na ja, fast alle. Dies hier aber ist schwieriger. Hier geht es um den Tod des Ichs, des Ich-Selbstes, das sorgfältig konstruiert, tadellos entworfen und seit vielen, vielen Lebenszeiten von einem Profi manipuliert worden ist. Du hast es als ewig geplant und gebaut, und plötzlich stellst du fest, dass es das nicht ist.

Ich spreche nicht vom menschlichen Körper; ich spreche von der menschlichen Identität. Dieser Roboteraspekt ist auf menschliche Perfektion hin programmiert worden: ein schöner Körper, ein herrliches Gesicht, ein unfehlbarer Sinn für Kleidung, Wohlstand über Wohlstand, intelligenter als alle anderen, die Fähigkeit, einfach durch Handbewegungen Wunder zu wirken – und natürlich die ganze Zeit über ein Duft wie von Schokokeksen.

Dieser menschliche Aspekt ist von euch sorgfältig entworfen und programmiert worden mit den Erfahrungen aus vielen Lebenszeiten auf der Erde. Jetzt entdeckt ihr, dass das alles eine große Illusion war. Ihr werdet niemals einen Zustand menschlicher Vollkommenheit erreichen. Das ist und bleibt unerreichbar. Warum? Weil etwas tief in euch gewusst hat, dass ihr, falls ihr jemals zum »perfekten Menschen« würdet, diesen Planeten nie würdet verlassen wollen. Aber eure Seele weiß, dass früher oder später die Zeit zu gehen kommen wird.

Diese Periode der Auflösung von alten Strukturen dauert zwischen zehn und fünfzehn Jahre für die auf der Überholspur oder drei bis vier Leben für die, die es etwas gemütlicher angehen lassen. Denke an all deine angesammelten Glaubensmuster, Trugbilder, Illusionen, Ärgernisse und Verletzungen und an all das andere. Denke daran, wie lange es gedauert hat, alles anzuhäufen, was du jetzt bist. Und denke dann daran, wie lange es dauern würde, alles wieder loszulassen.

Die »Schmelz-«Zone

Jetzt gelangst du in die nächste Phase, das »Schmelzen« beziehungsweise Verschmelzen. Es gibt übrigens keine klaren Grenzen zwischen den Phasen. Man hüpft nicht von einer Phase in die nächste; die Phasen gehen fließend ineinander über. Ich vereinfache das alles sehr stark, zur besseren Verständlichkeit.

Im Verlauf des Erwachens kommst du zum Schmelzen. Die Schwingungen, die Wellen begegnen sich. Plötzlich erkennst du, dass es kein Zurück gibt. Es *passiert.* Du versuchst zurückzugehen, aber das klappt nicht. Du versuchst zu vergessen, aber du kannst nicht vergessen, was du weißt. Du überprüfst es und sagst: »Kann ich das alles auswischen?« Aber das geht nicht.

Diese nächste Phase ist die Verschmelzung, in der du auf einer sehr tiefen Ebene tatsächlich beginnst, dich selbst und deine Göttlichkeit zu erspüren. Du fühlst dich noch sehr menschlich, aber du bekommst mit einem Mal flüchtige Einblicke von Klarheit. Du erlebst plötzlich einen kreativen Impuls. Das hast du schon seit Langem nicht mehr gehabt, und plötzlich ist er da. Du wirst von kreativen Dingen angezogen wie Musik und Kunst. Du siehst Schönheit in Dingen, die immer schon da gewesen sind, die du aber bisher nicht bemerkt hast.

Du gehst noch durch einiges Chaos und das Trauma hindurch, das mit dem »Destrukturieren«, dem Abbau von alten Mustern, zusammenhängt, aber jetzt hast du etwas Hoffnung. Du siehst Beweise dafür, dass es tatsächlich passiert. Du fängst wirklich an, dich mit nicht physischen Wesenheiten zu verbinden und mit ihnen zu kommunizieren. Sie antworten dir, und dies zweifelst du natürlich an. Aber du machst es erneut, und beim nächsten Mal gibt es etwas mehr Klarheit.

Der Nebel fängt an, sich zu lichten, doch am nächsten Tag wird er vielleicht wieder schwer. Du spürst eine tiefe neue Leidenschaft, aber am Tag darauf scheint sie wieder zu vergehen. Du befindest dich in dieser komischen Zwischenzone, und dort, liebe Freunde, sind derzeit viele von euch. Ihr seid immer noch besorgt. Ihr seid immer noch ein bisschen schockiert, überwältigt und voller Staunen und Ehrfurcht vor diesem Prozess des Erwachens. Aber, in diesem Schmelzprozess beginnt ihr, euch selbst zu spüren, diese verlorene Liebe. Dieses Gefühl wird immer intensiver, und in dieser Phase wird euch das Herz nicht nur schwer im Hinblick auf eure verlorene Liebe, sondern ihr spürt, wie euer Herz euch auch euretwegen wehtut.

Das ist ein Gefühl jenseits von Worten. Es ist unbeschreiblich zu wissen, dass jeder Teil von dir dich vermisst und sich um dich gekümmert und sich von dir getrennt gefühlt hat und so sehr zu dir zurückkommen möchte, wie du noch nicht einmal zu ihm zurückkommen willst. Das ist eine wunderbare, erstaunliche und schöne Erfahrung. Sie dauert vielleicht einen Bruchteil einer Sekunde, aber das ist nicht wichtig. Darauf kommt es nicht an.

Du entdeckst mit einem Mal, dass das, wonach du gesucht hast, so nahe ist. Du fühlst dich, als ob du kurz vor einem Durchbruch stehst. Du kannst ihn fast schmecken, fast einatmen – was immer es sein mag. Wie du das auch nennen möchtest – Erleuchtung, Bewusstwerdung, Aufstieg –, es ist so nah, du weißt, dass es hier ist. Es ist kein weit entfernter Traum mehr, sondern es ist geradewegs hier.

Aber halt! Das ist auch der Punkt, an dem man sehr stark abgelenkt werden kann. Genau hier. Du fängst an, es wahrzunehmen, es zu schmecken – und dann plötzlich eine Ablenkung.

Worin bestehen die Ablenkungen? Und du solltest diese Frage beantworten können, weil du das ja selbst erlebst. Was sind also die Ablenkungen?

Dein physischer Körper! Die Beschwerden und Leiden und Sorgen über Krankheit. Dein Körper kann sich jedoch um sich selbst kümmern. Sage: »Lieber Körper, ich mache eine bedeutsame Öffnung durch, ich erfahre ein Erblühen, Erleuchtung. Kannst du dich bitte um dich selbst kümmern?«

Wird dein Körper die intensiven, überwältigenden Energien aushalten, die hereinkommen? Kommen dein Geist und dein Verstand damit klar, ohne dass die Sicherungen rausfliegen? Kann dein Körper mit der Neuverkabelung der DNA umgehen und damit, dass Organe, Blut und Zellen durch einen tief greifenden Prozess der Veränderung gehen? Das hängt von dir ab. Das hängt absolut nur von dir ab. *Du* kannst das Ergebnis festlegen. Du kannst sagen: »Lieber Körper, lieber Geist und Verstand, ihr wisst selbst, wie ihr ins Gleichgewicht gelangt. Das habe ich ja in euch eingebaut. Ihr wisst, wie ihr euch selbst einrichten könnt. Nun tut das auch, bitte.« Sei so klar.

Familie und Beziehungen können eine Ablenkung sein. Wir können dies unsere Lieben nennen – oder unsere teilweise Lieben, manchmal Lieben, gelegentlich Lieben. Das ist eine große Ablenkung.

Ihr habt Kinder und Partner, ihr habt Menschen, mit denen ihr schon lange beisammen seid. Was wäre nun, wenn dieser Prozess des Erwachens bedeuten würde, dass ihr nicht mehr für sie da wäret oder sie nicht mehr für euch? Das ist die vielleicht größte Ablenkung an diesem Punkt. Sie ist riesig. Es ist sehr ehrenwert und liebevoll, dass ihr euch um sie Sorgen macht. Aber in vielerlei Hinsicht respektiert und ehrt ihr euch damit nicht selbst.

Und sie sind es nicht, die dieses Szenario kreieren. Das tust du, indem du sagst: »Ja, aber wenn ich aufsteige, werden sie das denn jemals auch tun? Werden sie dazu tausend Leben brauchen? Wer kümmert sich dann um sie? Lass uns das zusammen machen oder gar nicht.«

Das ist deine Entscheidung. Absolut deine eigene Entscheidung. Aber ich möchte gerne, dass du einen Augenblick innehältst und dir etwas anderes als nur diese Möglichkeit ansiehst. Was wäre, *falls* du voll erwacht sein würdest? Welche Wirkung hätte das auf sie? Vielleicht würde dein Licht ihnen leuchten. Du könntest ihnen helfen zu erkennen, wer sie wirklich sind – indem du der wirst, der du in Wahrheit bist. Du könntest vielleicht zu einem Maßstab, zu einem leuchtenden Vorbild für sie werden. Und vielleicht – überlege das bitte mal einen Moment lang – habt ihr irgendeine alte Abmachung, dass du zuerst gehst und sie dich dabei unterstützen werden. Du gehst zuerst, um ihnen ein Beispiel zu geben. Du gehst zuerst, damit sie sich um einige der Routineangelegenheiten hier kümmern können. Vielleicht, das wäre doch möglich, oder?

Es gibt in der Zone des Erwachens eine Menge von Ablenkungen. Zu den Größten zählt spirituelle Arroganz. Deine eigene Spiritualität. Du wirst dir selbst so wichtig, weil es sich ja auch *tatsächlich* gut anfühlt zu erwachen und weil du schon eine Menge *gelernt hast.* Aber dabei neigst du dazu, deine alten spirituellen Werte aufzublasen, anstatt sie abzubauen. Du wirst plötzlich zum Guru, zum Weisen. Und du merkst, dass es irgendwie ganz schön ist, in dieser Position zu sein. Ziemlich erhaben, du bist anderen voraus. Du machst eine echte Erfahrung, aber es gibt eine Tendenz, dort zu verharren, weil du dann für andere diese Rolle spielen kannst. Du magst deine neu gefundene Spiritualität. Warum solltest du jetzt weitergehen, wenn du doch deinen Kuchen haben und ihn auch noch selbst segnen kannst?

Da stehen viele von euch jetzt. Ihr seid in der Phase des Schmelzens. Ihr erlebt das. Ihr fühlt es. Es passiert jetzt – ihr spürt die Berührung, ihr hört das Flüstern eures Selbst, wie ihr das bisher nie gefühlt habt.

Dein Bewusstseinskörper

Ihr habt von den Komponenten gesprochen, die ihr geglaubt habt zu sein: Körper, Geist, Spirit. So definieren sich ja viele gerne. Löschen wir das aus. Anstatt sich als diese einzelnen Komponenten zu betrachten, die sich im Grunde genommen gegenseitig voneinander abtrennen, ist es Zeit, darüber hinauszugehen.

Es ist Zeit, dass ihr euch als Bewusstseinskörper wahrnehmt. Nicht mehr länger als Körper, Geist oder Verstand und Spirit; nicht mehr länger als menschlich oder göttlich; nicht mehr länger als gut oder schlecht, hell oder dunkel, Junge oder Mädchen. Ihr seid ein Bewusstseinskörper.

Ein ganzer Körper, wie ein ganzes Gefäß. Ein integrierter und integraler Körper, also in euch ganz eigenständig. Ihr seid ein Körper von Bewusstsein. Bewusstsein ist Wachheit, Gewahrsein. Ihr seid ein einziger Körper von Bewusstheit und Wahrnehmung, ganz und vollständig und eigenständig, der physisch, mental, emotional und spirituell ist. Vor allem spirituell.

Wenn ihr das wählt, verschmilzt der Geist, der Verstand mit eurem Bewusstseinskörper. Die physische Biologie verschmilzt in euren Bewusstseinskörper. Euer Spirit, den ihr einmal so weit vom Rest von euch entfernt gehalten habt, verschmilzt mit eurem Bewusstseinskörper. Ihr entwickelt euch, öffnet und dehnt euch aus; ihr geht zurück zu den innersten Anteilen eurer selbst – Bewusstsein –, aber nun sehr erweitert, weil das Physische, das Emotionale und das Mentale auch enthalten sind. Euer Bewusstseinskörper enthält auch jede Erfahrung, die eure Seele je gemacht hat, und dazu alle Potenziale von Erfahrungen, die sich eure Seele ausgemalt oder imaginiert hat, aber auf der menschlichen Bühne nie durchgespielt hatte.

Als Bewusstseinskörper musst du dich als nichts anderes ansehen als dich selbst, deine Seele, deine Eigenständigkeit oder Souveränität, als deinen Bewusstseinskörper eben. Dein Körper kann mehr sein als physisches Fleisch und irdische Knochen. Er kann sehr »unphysisch« sein, sehr multidimensional und vielschichtig und sehr spirituell.

Verwenden wir nicht mehr die alte Art und Weise, uns zu definieren: Körper, Geist oder Verstand und Spirit. Damals hat das gepasst. Es hat euch Bewusstheit vermittelt über die verschiedenen Ebenen von Realität, aber jetzt seid ihr ein Bewusstseinskörper.

Was ist Bewusstsein? Es ist Wachheit, Aufmerksamkeit, Wahrnehmung, Gewahrsein. Ihr seid ein Bewusstseinskörper, ein Gefäß von Erkenntnis und Gewahrsein. Was ist Gott? Dasselbe wie ihr: Bewusstsein, Gewahrsein. Spirit ist mit euch ein und dasselbe, und *Auch Ihr Seid Gott.* Spirit ist ein Bewusstseinskörper – wie ihr es auch seid –, aber Spirit hatte nie einen irdischen Körper, einen menschlichen Verstand oder menschliche Gefühle.

Deinen Bewusstseinskörper ausdehnen

Wenn ihr mehr und mehr die Bedeutung eures Bewusstseinskörpers versteht, vermögt ihr, euer Bewusstsein über euer Selbst hinaus zu projizieren. Ihr könnt euer Selbst zum Beispiel in einen Hund oder eine Katze projizieren.

Ich dehne mein Bewusstsein gerne in einen Hund aus. Ich übernehme nicht seinen Geist, und ich versuche nicht, den Hund zu beherrschen. Der Vorgang erlaubt mir nur, eine kurze Zeit in die physische Realität des Hundes einzutauchen. Ihr könnt das Gleiche.

Das heißt nicht, dass ihr euch in eine Katze oder einen Hund verwandelt. Es bedeutet, dass ihr euren Bewusstseinskörper hin in einen anderen Bewusstseinskörper ausdehnt. Ihr könnt euch in einen Hund auf der anderen Seite des Planeten hin ausdehnen oder eine Katze oder einen Vogel oder alles, was ihr euch aussucht.

Ihr könnt gewahr werden, was gerade jetzt in einer bestimmten Stadt in Norwegen passiert, in einem bestimmten Haus oder einer Gemeinschaft, mithilfe eines Vogels. Ihr dehnt euren Bewusstseinskörper aus, und dann seid ihr dort. Ihr seid dann wirklich dort.

Vögel, Katzen, Hunde und andere Tiere sind keine beseelten Wesen – mit sehr wenigen Ausnahmen. Sie sind keine beseelten Wesen, und so übernehmt ihr auch nicht ihre Seele, und ihr werdet dort auch nicht ewig bleiben. Ihr werdet feststellen, dass ihr nach einer kleinen Weile wieder rausgehen wollt. Wenn ich bei einem Tier bin, verbleibe ich im Allgemeinen nicht länger als drei Tage.

Die wahre Stimme

Die *wahre* Stimme ist der Bewusstseinskörper. Das ist eine alles umfassende Stimme, und sie ist nicht nur göttlich. Ihr habt das Göttliche abgetrennt und es irgendwo in ein Kämmerchen gesperrt, die Tür abgeschlossen und dann vergessen, wo das Kämmerchen ist. Der Bewusstseinskörper ist mehr als nur göttlich. Er ist auch menschlich. Er ist auch mental. Er besitzt eure zukünftigen Potenziale, und auch die früheren und gestrigen Potenziale, die aber nie verwirklicht worden sind.

Es gibt Dinge, die dir in der Vergangenheit zugestoßen sind, aber sie stimmen so nicht ganz, sie sind – für sich allein betrachtet – »falsch«. Vielleicht bist du einmal sehr, sehr krank gewesen. Nun meinst du, dass es eine Zeit in deinem Leben gab, als du sehr krank gewesen und fast gestorben bist. Du speicherst ab, dass dieses Ereignis stattgefunden hat. Das ist dann deine Story, deine Geschichte. Aber das ist nicht die ganze Wahrheit. Dies war eines deiner vielen Potenziale, der sehr lebendigen und realen Potenziale. Es war jenes, das du in dieser Realität manifestiert hast, aber zugleich hattest du zahlreiche Potenziale in anderen Wirklichkeiten, die auf eine nicht physische Weise manifestiert wurden. Und es gibt eine ganze Menge weiterer Potenziale, die du überlegt hattest – du hast sie auf einer bestimmten Ebene in Betracht gezogen –, aber nie aktualisiert oder realisiert. Das alles zusammen ist deine wahre Geschichte – alle deine Möglichkeiten – und nicht das allein, was du meinst und siehst, was passiert ist.

Die echte Stimme ist der Bewusstseinskörper – das *Ich Bin* genau dieses Augenblicks. Gestern spielt keine Rolle. Vergangene Leben sind unwichtig.

Die Potenziale der Zukunft kann man in Wahrheit nur von diesem Augenblick jetzt aus belegen oder bedenken. Du gehst nicht in deine künftigen Möglichkeiten hinein, um über sie nachzusinnen. In den kommenden Jahren kommt eine Menge Dinge auf dich zu. Du gehst nun nicht in die Zukunft, um darüber nachzudenken. Du betrachtest sie jetzt, von hier aus. Dabei musst du deiner Stimme aber trauen können – *deiner Stimme* –, und der Grund, warum du so häufig in die Vergangenheit zurückgehst oder dich in die Zukunft projizierst, ist, dass du dieser Stimme im Augenblick des Jetzt nicht vertraust.

Heute beginnen wir den Prozess, dass ihr eurer Stimme vertraut. Aber ihr müsst verstehen, woher all die anderen Stimmen kommen – aus dem Kollektivbewusstsein, von Aliens bzw. Außerirdischen oder von nicht physischen Wesenheiten.

Wir haben jetzt vor, in die Bewusstheit der Stimme eures Körperbewusstseins hineinzugehen, in eure Aufmerksamkeit. Diese Stimme verwendet keine Sprache. Es gibt keine Definition, keine Worte. Es geht um das Fühlen, das innere Wissen im Augenblick. Das ist die Stimme.

Ihr werdet keine Klänge oder Worte in euren Ohren hören. Vielleicht fühlt ihr aber etwas in eurem Herzen oder spürt etwas im Bauch. Es ist eine goldene, honigartige, warme und süße Energie, die durch euch hindurchfließt und jene Schauer erzeugt, die vom Kopf bis zu den Füßen gehen. Das ist die Stimme. Das ist das innere Wissen, dass du wirklich da bist, und das ist es, was du spürst oder was dir bewusst wird oder was du »hörst«.

Die Stimme mag Eigenschaften deines Menschseins haben oder auch nicht. Diese Stimme ist das Alles, das All-Sein. Es erfordert bedingungsloses Vertrauen, Vertrauen in dich selbst – sie zu hören. In diesem heiligen und sicheren Raum des wahren Vertrauens kannst du die wahre Stimme hören, die Stimme deines Körperbewusstseins, die Stimme deines Gewahrseins.

Wir hören jetzt ein bisschen Musik im Hintergrund, damit dein Verstand meint, er hätte etwas zu tun. Und ich bitte dich, sehr mutig zu sein und deine wache Aufmerksamkeit zu öffnen. Höre nicht mit deinen Ohren, sondern mit deinem Bewusstseinskörper, mit deinem ganzen Wesen. Höre in dich selbst hinein, fühle dich selbst und erkenne dich selbst.

Gegenwärtige Energien des menschlichen Bewusstseins

Gotteskriege

Was läuft eigentlich gerade so ab? Die Gotteskriege. Die seht ihr derzeit überall auf der Erde. Ihr wollt sie nicht Kriege nennen, aber das sind sie. Ihr betrachtet das vielleicht als einen intellektuellen oder als einen theologischen Konflikt. Es sind jedoch Kriege – totale Kriege auf der Erde.

Gruppen von Menschen und Einzelne versuchen, ihre Göttlichkeit zu verstehen, aber indem sie das tun, brechen sich ihre menschlichen Aspekte Bahn, und sie werden sehr selbstgerecht und rechthaberisch. Ihr erlebt einen Kampf darum, wer Gott für sich in Anspruch nehmen kann. »Mein Gott ist besser als dein Gott. Du musst an meinen Gott glauben, damit ich dich akzeptieren kann.« Und diese Kriege werden noch eine Weile andauern.

Dabei dreht sich alles um das echte Verlangen des Menschen, den Gott im Inneren zu verstehen, aber die meisten Menschen haben *keinerlei* Vorstellung, wie das gehen soll. Also wird das veräußerlicht über Religionen, Dogmen, heilige Schriften, Propheten – und jetzt habt ihr Gotteskriege.

Wo jedoch spielen sich die realen Gotteskriege jetzt gerade ab? Nicht auf der Erde. In gewisser Hinsicht sind die Menschen auf der Erde Marionetten für die realen Gotteskriege, die sich auf Ebenen oder Bereichen nahe der Erde abspielen. Denn dort findet die echte Schlacht statt.

Wo sind die Ebenen nahe der Erde? Sie befinden sich in einer energetischen Dimension, die nahe an der physischen Erde ist. Sie sind zwar nicht physisch, aber doch eng mit der Erde verbunden. Diese erdnahen Ebenen umgeben die Erde, und es gibt in ihnen viele, viele, wirklich sehr viele Schichten.

Am Anfang der Erde und am Beginn der Menschheit auf der Erde gab es gar keine erdnahen Ebenen. Aber als die Menschen nun einmal anfingen, sich zu inkarnieren und zu sterben, wollten sie ihre Erderfahrungen nicht loslassen. Als sie starben, gingen sie deshalb in diese »Zone«, die wir jetzt erdnahe Ebenen oder Reiche nennen. Dorthin gehen viele von euch zwischen den Leben. Dorthin gehen die *meisten* Menschen zwischen ihren Lebenszeiten auf der Erde, und wenn sie dahin gelangen, fahren sie fort, sich so zu verhalten und das »auszuleben«, was und woran sie auf der physischen Erde glaubten. Ihr könnt euch vorstellen, wie sehr diese erdnahen Ebenen nach Äonen von Zeiten, nach Zigtausenden menschlicher Inkarnationen verstopft worden sind.

Wenn du in eine erdnahe Ebene gehst und an Buddha glaubst, so gelangst du an einen kleinen Teil eines erdnahen Bereichs, in dem du bei Buddha bist oder wo du weiter zu Buddha betest oder ihn verehrst oder anbetest. Abhängig davon, wie gut du dich mit dir selbst fühlst und wie du dich selbst siehst, wirst du Buddha begegnen oder auch nicht. Ist Buddha dort? Nicht wirklich.

Das Gleiche trifft für die Menschen zu, die Jesus anbeten. Yeshua. Wenn ihr einen sehr, sehr starken Glauben an Jesus habt – nicht an Yeshua –, sondern an Jesus als euren Erlöser, dann werdet ihr wahrscheinlich nach dem Tod in einen erdnahen Bereich gehen, wo ihr weiterhin Jesus als euren Erlöser anbeten könnt. Es gibt viele, viele Wesen, die auf Jesus warten, die auf seine Wiederkehr warten, die auf Verzückung oder auf Endzeiten warten. Ihr werdet Jesus allerdings vermutlich nicht dort treffen, denn wenn ihr in diesen Bereich geht, dann denkt ihr wahrscheinlich, dass ihr nicht würdig seid, sonst würdet ihr ja gar nicht erst dort hingehen. Ihr wäret dann woanders.

Falls ihr fromme Mormonen seid, könnt ihr in den Mormonenhimmel gehen, in die erdnahe Ebene der Mormonen. Sie ist voller anderer Mormonen, die ihre Glaubensüberzeugungen entsprechend ausagieren auf eine nicht physische Weise, die jedoch mit Eigenschaften der Erde verbunden ist.

Manche Katholiken *meinen*, sie hätten einen ganz besonderen Ort. Sie glauben, dass es dort ganz einzigartig und völlig anders als irgendwo sonst wäre. Es ist dort sehr, sehr majestätisch. Sie gehen dahin und bauen

Kathedralen und Kirchen, verehren Heilige und gehen regelmäßig zur Kommunion. Das ist ihr Recht und ihre Wahl, die sie selbst getroffen haben.

Vielleicht seid ihr traurig oder fühlt Reue darüber, wie ihr eure Kinder oder liebe Menschen behandelt habt, und so treibt ihr euch dann weiter in den erdnahen Ebenen herum. Dort könnt ihr *denken*, dass ihr weiterhin eure Familie da unten auf der Erde begleitet und führt. Eure Schuldgefühle halten die Verbindung zwischen euch und ihnen und dem Planeten aufrecht.

Oft, wenn Menschen sterben, gehen sie in andere Ebenen und verhalten sich weiterhin gemäß ihrer religiösen Überzeugungen. Es gibt dort Gruppen von Juden, Mormonen, Katholiken, Muslimen und Buddhisten ... Die Liste ist bald unendlich. Vor allem einige Ablegerkirchen, einige der fanatischen Sekten, versuchen, dort andere Wesen für ihre Gruppen zu rekrutieren, ziemlich genau so, wie sie es auch hier gemacht haben, als sie im physischen Körper auf der Erde waren.

Sie bemerken übrigens auch nicht immer, dass sie gestorben sind. Sie durchlaufen keinen rationalen Prozess wie: »Aha, ich bin gestorben. Ich bin nicht im wahren Himmel, aber ich bin in dieser ›Art von Himmel‹ und hier soll ich wohl Gott begegnen oder meine Erlösung erfahren.«

Diese Bereiche werden von einer Menge religiöser Energie verstopft. Viele dieser Wesen vertreten ihre Glaubensüberzeugungen immer noch auf eine ziemlich fanatische Art und Weise und sie fangen Kriege an. Es sind nicht unbedingt Kriege, wie ihr sie auf der Erde kennt, wo es Gewehre und Bomben gibt. Die Kriege in den erdnahen Ebenen sind psychische Kriege, »mediale« Kriege. Es sind Energiekriege ähnlich wie die Engelkriege, die es gab, lange bevor die Erde geschaffen wurde.

Die energetischen Schlachten finden in den erdnahen Ebenen zwischen religiösen Lagern und Splittergruppen statt, die sich gegenseitig bekämpfen. Um ihren Elan aufrechtzuerhalten und Energie für ihre Sache aufzubauen, nehmen sie eine energetische Verbindung mit dem religiösen Establishment auf der Erde auf, mit den Kirchen. Diese Organisationen werden ihre Energiezentren und für die Gruppen in den erdnahen Bereichen zu Verbindungspunkten für Energien. Die Energie einer solchen Verbindung ist sehr stark aufgrund der tiefen religiösen Glaubensmuster auf beiden Seiten des Schleiers.

Die Gotteskriege sind jetzt sehr heftig, und sie werden noch viele Jahre länger dauern. Das wird sich auf die Beziehungen zwischen den religiösen Gruppen auf der Erde auswirken. Da die politischen Strukturen in vielen Ländern auf einer einzigen Religion beruhen, werden die Spannungen zwischen Ländern ebenfalls anhalten.

Manche der Gruppen, die bisher am Spielfeldrand saßen, werden jetzt aktiver. Gruppen, die sich von bedeutenden religiösen Organisationen abgespalten haben, werden fanatischer. Es wird mehr Konflikte auf der Erde unter der Flagge des Himmels, im Namen Gottes geben.

Den Lehren zum Trotz, die viele Religionen vertreten und anstreben, gibt es keinerlei Liebe oder Spirit. Es ist ein mentaler Konflikt. Anders ausgedrückt: Es geht um menschgemachte Schriften und um Vorschriften. Es dreht sich um die Anbetung Gottes, was immer eine gefährliche Angelegenheit darstellt. Denn es geht darum, welche verschiedenen Formen die Menschen sich dazu ausgedacht haben. Gott muss nicht angebetet werden, und er möchte das auch gar nicht. Spirit will mit dieser Art von Energie nichts zu tun haben. Aber sie eignet sich gut dafür, Menschen zu beherrschen. Es ist eine hervorragende Methode, um die starke Hypnose aufrechtzuerhalten, die es auf der Erde derzeit gibt.

Das wird zum zentralen Faktor in den nächsten paar Jahren. Lasst euch davon nicht erschrecken, seid nicht überrascht und mischt euch nicht ein. *Misch dich nicht ein.*

Ihr seid früher in diesem Leben durch eure eigenen Gotteskriege gegangen. Ihr habt euer eigenes Ringen damit erfahren, was man glauben soll, was man nicht glauben soll, was rechtschaffen und rechtgläubig ist und welche Regeln für euch gelten. Ja gewiss, ihr habt viele, viele Kriege und Schlachten gefochten darüber, was eure Regeln sein sollen, was richtig und was falsch war, was licht und was dunkel war. Jetzt seid ihr viel offener, weiter und ausgeglichener und habt ein tieferes Verständnis von Gott im Inneren. Mischt euch nicht in diese anderen Gotteskriege ein.

Es gibt nur eine wahre Antwort bei dieser Frage nach Gott. Es gibt nur eine echte und reale Wahrheit, und Wahrheit ist immer völlig individuell. Ihr findet Gott nicht über eine Organisation oder eine Kirche. Organisationen und Kirchen können zeitweise Hilfe und Unterstützung bieten, aber sie werden euch nie die Antwort geben. Die Antwort kommt immer von innen. Die Antwort ist »Ich Bin Was Ich Bin«, und das geht über jeden Erklärungsversuch hinaus. Man kann Erleuchtung nicht von jemand anderem oder durch irgendeine Sache erlangen oder geben.

Auf der Erde wird es mehr terroristische Angriffe geben, mehr harsche Worte in den Medien, mehr Bombenattacken und mehr Verfolgung von Leuten. Die guten Nachrichten sind, dass ihr schon durch seid. Ihr habt das schon auf eure eigene Weise hinter euch gebracht, innerhalb eures eigenen Selbst. Das alles sollte also keine große Überraschung mehr sein.

Energie will sich bewegen

Energie will sich so sehr bewegen wie niemals zuvor. Es gab Zeiten in der Geschichte, als die Energie sehr langsam und gestaut war, aber jetzt will sie strömen. Sie sucht nach jemandem, der mit ihr tanzt, mit dem oder der sie sich bewegen kann. Stell dir eine Bank vor, in der Milliarden von Dollarnoten oder Euroscheinen liegen, die nur darauf warten, herauszukommen und Spaß zu haben. Wenn aber alle ganz unbewusst sind, wenn die Leute gar nicht merken, dass dieses Geld da mit ihnen spielen will, dann wird das Geld einen anderen Weg finden, um sich bewegen zu können. Es wird explodieren oder verbrennen oder was es sonst noch unternehmen kann, damit es sich bewegen kann.

So sieht es auch mit der Energie auf der Erde derzeit aus. Die Energiespeicher sind auf einem Allzeithoch. Die Energie möchte fließen und spielen, und das tut sie auch. Wenn du die Zeitung liest, in den Fernseher schaust oder auf deinen eigenen Körper hörst: Die Energie will sich jetzt bewegen. Und sie sucht nach jemandem, mit dem zusammen sie sich bewegen kann. Was für eine wundervolle Zeit, um zu tanzen!

Tobias hat gesagt, dass trotz all der seltsamen Dinge, die sich gerade in der Welt abspielen, dies nicht die

Zeit für euch ist, sich zu verstecken. Es ist nicht die Zeit, sich zurückzuziehen. Jetzt will sich die Energie bewegen, und sie besitzt eine größere Anziehungskraft für kreative Vorhaben als jemals zuvor. Erlaube ihr, sich mit dir zu bewegen, lass sie mit dir fließen. Sie wird es in dieser Zeit ohnehin tun, auf die eine oder andere Art und Weise. Es liegt jetzt an dir, wie du möchtest, dass dir diese Energie dient.

Willst du es mit Störungen und Rissen in deinem Leben? Es handelt sich nur um Bewegung von Energie. Möchtest du es mit Chaos in deinem Körper erleben? Das macht nichts – es ist und bleibt nur die Bewegung von Energie. Oder möchtest du der Meister, die Meisterin sein, der oder die auswählt, wach und bewusst deiner selbst und der Welt um dich herum? Derjenige, diejenige, der oder die bewusste Entscheidungen trifft?

Tanze heute Abend. Kreische und schreie. Bell wie ein Hund. Gebrauche deine Stimmbänder. Das setzt die Energie in Bewegung. Eröffne ein Geschäft, gründe eine Schule. Tu etwas – irgendetwas –, weil es eine enorme Menge an Energie gibt und die will sich bewegen.

Realisierst du, wie viel blockierte Frustration und Verlangen und Leidenschaft und Energie du hast? Es ist in dir aufgestaut, wie in einer Flasche, und jetzt will sie raus und spielen! Schreib ein Buch, mach einen Spaziergang im Park, lache einfach, weil Lachen Spaß macht, chante den Mond an ... Tu einfach irgendetwas.

Wie wirst du das umsetzen? Was machst du in deinem Leben nun anders? Was möchtest du? Denk dran: Du bist schon im »Null-Punkt« gewesen, dort, wo alles egal ist, aber jetzt gehst du darüber hinaus. Du wirst es in deinem Körper spüren, in deinen Träumen bemerken. Du wirst einen Anstoß von innen fühlen. Das bin nicht ich; es ist dein eigenes Selbst. Wie wirst du diese Energie also anwenden? Ist es in Ordnung, sie anzuwenden, indem man um Dinge wie mehr Energie bittet? Absolut. Du hast jetzt nicht nur drei Wünsche frei; du hast so viele frei, wie du willst.

Weißt du, was dich müde macht? Wahrscheinlich ich (Lachen), aber was dich wirklich müde macht, ist Denken. Mehr als alles andere ist *Denken* für dich sehr ermüdend.

Es gibt einen energetischen Mechanismus, der abläuft, wenn du dich stark in Gedanken vertiefst, und der kann dich sehr müde machen. Physische Aktivität macht dich übrigens nicht müde. Wenn man sich physisch betätigt, in einem ausgewogenen Maß, wirst du sogar mehr Energie anziehen. Dein Körper bringt sie herein, während es alte, blockierte und faule Energie herausschafft und dich dadurch revitalisiert. Zu viel Denken ermüdet. Eine gute Sache wäre es, nicht daran zu denken, nicht darüber nachzudenken (Lachen).

Ich füge hier eine kleine Fußnote an. All das ergibt sich ganz von selbst und auf natürliche Weise. Du brauchst da nichts zu studieren oder zu lernen. Du musst noch nicht einmal daran arbeiten. Es passiert so oder so. Ich erzähle hier nur, was geschehen wird, damit ihr ein bisschen bewusster sein könnt und euch weniger davor fürchtet. Manchmal treibt euch das so um, wenn ihr euch ein bisschen unwohl fühlt. Es wird ohnehin passieren, und ihr könnt also wählen, ob ihr es einatmet und begreift, dass ihr selbst die Muster von Bewusstsein und Energie geschaffen habt, und das dann total genießt, oder ob ihr euch dem lieber widersetzen und es abwehren sollt. All das ist ein Teil des natürlichen Vorgangs des Erwachens.

Intensität

Energie will sich bewegen, also wird das ganze Leben intensiv. Intensiv bedeutet nicht schlecht. Intensiv heißt auch nicht verrückt. Sondern es bedeutet in Wahrheit, viel wacher und bewusster zu sein denn je zuvor. Dir wird alles viel klarer und bewusster. Du nimmst dich jetzt selbst auf vielfache Weise wacher wahr. Dir wird bewusst, dass auch jetzt rund um uns herum andere Wesen sind.

Die Intensität ist nichts als ein erhöhtes Maß an Bewusstheit. Diese Bewusstheit ruft sogar neue und großartigere Erfahrungen herbei. Viele unter euch haben bislang nur geringere Erfahrungen gemacht, und das wird sich ändern. Es werden große sein. Denkt daran: Ihr selbst entscheidet. Wollt ihr anstrengende, schwierige und leidvolle Erfahrungen machen? Oder wollt ihr aufregende, erkenntnisreiche und fröhliche Erfahrungen haben? Es ist eure Wahl.

Die Intensität wird dich vor allem inspirieren. Manchmal könnte sie dich aber erschrecken. Manchmal könnte sie dich auch überwältigen, weil du dir Sorgen machst, ob du mit so viel Energie in einem Leben überhaupt umgehen kannst. Jedoch: Wenn du eine Erfahrung machst, dann hast du sie kreiert; also kannst du definitiv mit ihr umgehen. Göttliche Logik besagt, dass du die Antwort schon gehabt hast, bevor du überhaupt die Frage gestellt hast. Deshalb: Entspann dich, atme die Bewusstheit dieser Antwort ein und hör auf, dir so viele Sorgen zu machen.

Die Intensität wird in jedem Lebensbereich spürbar werden: in deinen Träumen, im Alltagsleben und mit den Menschen, denen du begegnest. Du wirst nicht mehr eine lange Schlange langweiliger Leute treffen (Lachen). Es kommen wirklich anregende Leute auf dich zu, inspirierte Menschen, vielleicht ab und zu auch verrückte – es sind Menschen, die von der Energie angezogen werden, die von dir angezogen wird. Sie treten in dein Leben, um dir zu dienen – erinnere dich an diese Worte, »dir zu dienen« –, in jeder Weise, wie du es möchtest.

Das bedeutet eine große Verantwortung – »O mein Gott, ich bin der Schöpfer meines eigenen Lebens« –, eine wirklich große Verantwortung. Ich kann euch aber aufgrund meiner Erfahrung sagen, auch aufgrund der Erfahrung von Tobias und Kuthumi und der Meister, die jetzt zur Erde kommen, dass ihr euch wundern werdet, dass ihr das jemals anders gesehen und gehandhabt hattet. Vielleicht musstet ihr begreifen, was es bedeutet, ein unbewusster Schöpfer zu sein. Anders gesagt, dass ihr nicht wirklich bemerkt habt, dass ihr selbst alles kreiert habt und alles passierte.

Die Intensität wird sich in deiner Arbeit bemerkbar machen, in deinem Job, deiner spirituellen Arbeit, den Kursen und Seminaren, die du anbietest. Sie wird sich darin zeigen, wie du dich zum Ausdruck bringst, wie du dich selbst liebst, wie du dich austauschst.

Mit dieser Intensität geht dein Wunsch einher, dass du Zeit für dich selbst findest. Es wird einige Ereignisse in deinem Leben geben, die sehr, sehr schnell ablaufen und die rasch expandieren. Dann wirst du Zeit für dich selbst haben wollen, vielleicht einen oder zwei Tage. Oder eine Woche. Ich erwähne das, weil nach dem Erleben dieser Intensität du deine Teile und Stücke erst einmal wieder zusammensammeln musst. Aspekte, Gedanken, Träume, Energien, Veränderungen und Transmutationen zeigen sich alle mit sehr hoher Geschwindigkeit. Du brauchst dann Zeit für dich, um Luft zu holen und ein Gleichgewicht zu finden.

Ab und zu – und du wirst wissen, wann das ist – willst du einfach anhalten, alleine losziehen, die Dinge wieder nachkommen lassen, damit sie sich integrieren können und du zurück in deine Mitte gelangst. Dein Zentrum wird an einem anderen Platz sein, als es sich befand, bevor du aufgrund der Intensität herausgegangen bist. Geh zurück in deine Mitte, integriere, atme und mach dich bereit für die nächste Runde. Du wirst feststellen, dass die Zeitspanne, die du für diese Unterbrechung und Pause brauchst, weniger und weniger wird. Es kommt zu mehr Integration auf ganz natürliche Weise. Wenn du jedoch diesen Drang spürst, wenn du diesen inneren Ruf fühlst, einfach einmal innezuhalten, dann höre auch darauf. Es bist du selbst, der sagt: »Wir müssen mal eine Pause machen. Wir müssen uns jetzt erst einmal integrieren.«

Der Traum von Atlantis

Ich möchte, dass ihr seht, was auf euch zukommt. Wir, die wir nicht auf der Erde inkarniert sind, sehen bedeutende Tendenzen und Energiebewegungen. Wir stehen sozusagen oben auf dem Hügel und können beobachten, was unten im Tal vor sich geht. Für euch als das Team, dessen Lager im Tal ist, ist es schwieriger mitzubekommen, was geschieht.

Wir sehen, dass sich der atlantische Traum erfüllt. In diesem atlantischen Traum gibt es echte Freiheit für wirklich jeden Menschen.

Wir sehen, dass die Neue Energie auf die Erde kommt. Wir sehen, dass die Menschen mehr Mitgefühl untereinander haben als jemals zuvor. Wir sehen, dass die Welt jeden Menschen ernähren, jedem Einzelnen dieselben Chancen geben kann. Wir sehen eine Welt, die alle Wege nach Hause toleriert – gleich, was euer Glaube, euer religiöser oder euer kultureller Hintergrund ist. Wir sehen eine Welt, die »Alle Wege Nach Hause« ehrt und die individuelle Reise jedes Einzelnen achtet. Die Gotteskriege sind zwar derzeit sehr heftig, aber sie werden in den kommenden Jahren einer neuen Art von Mitgefühl und Offenheit weichen.

Wir sehen, noch in eurer Lebenszeit, eine Welt frei von Diktatoren. Wir sehen eine Welt, die nicht mehr länger Waffen tolerieren wird, welche die ganze Erde auf einen Knopfdruck hin zerstören können. Wir sehen in eurer Lebenszeit eine Welt, die Verantwortung für die Erde übernimmt und für die Rolle, die Gaia bislang gespielt hat, aber nun von Menschen übernommen wird, die sich um die Erde kümmern und sie pflegen.

Wir sehen in eurer Lebenszeit eine Welt, in der es eine neue Energiequelle gibt und ihr nicht mehr weiter von Öl abhängt, von diesem Treibstoff der alten Energie, der Verschmutzung verursacht, politische Unruhen und wirtschaftliche Krisen.

Es wird Engelwesen aus der gesamten Schöpfung geben, die noch nie zuvor auf der Erde waren und die jetzt zum ersten Mal hier inkarnieren. Diese Neuen müssen nicht erst Prüfungen, Mühsal und Leiden durchmachen und den Verlust der Erinnerung erfahren, wie es die vor ihnen erlebt haben, weil ihr für sie bereits einen wunderschönen Ort vorbereitet habt, an dem sie nun ankommen. Ihr habt das Bewusstsein aufbereitet, damit die Neuen hereinkommen. Ihr habt diese Erde gerüstet, damit die Neuen eintreten können, damit sie das »Ich Bin« auf elegante, frohe und viel leichtere Weise entdecken können, als ihr das erfahren habt.

Wir sehen in eurer Lebenszeit eine Welt, in der es Fülle gibt, in der Gleichgewicht besteht, wo das Leben gefeiert wird. Das Weibliche und das Männliche werden gleichermaßen geachtet und als ebenbürtig erfahren. Dasselbe gilt für jede Rasse und Hautfarbe, für jede Größe,

Gestalt, sozialen oder kulturellen Hintergrund und den Glauben.

In eurer Lebenszeit sehen wir, wie Liebe nicht mehr länger zurückgehalten wird, wie Liebe nicht mehr weiter manipuliert werden kann. Wir sehen, wie Menschen offen und frei ihre Liebe untereinander ausdrücken können ohne verquere sexuelle Energien, ohne dass sie Liebe als Grund oder Vorwand für irgendeinen Missbrauch benutzen.

Wir sehen, dass das menschliche Bewusstsein es nicht mehr hinnehmen wird, dass sich Menschen weigern, die Liebe in sich selbst zu bemerken und deshalb Energie von anderen rauben, andere missbrauchen oder unterdrücken, nur nach Macht gieren oder die Lebensfreude in anderen Menschen ersticken.

Das Bewusstsein dieser Welt wird sie nicht mehr hinnehmen, nicht auf aggressive Weise, sondern indem es im Grunde genommen sagt: »Du bist hier auf der Erde für weitere Inkarnationen nicht mehr willkommen. Du wirst auf diesem unglaublichen Planeten Erde jetzt nicht willkommen geheißen.« Es gibt für sie andere Orte, an die sie gehen können, wo sie ihr Drama aufführen können, wo sie das Ungleichgewicht ihres eigenen Schattens ausagieren können, wo sie ihre Suche nach Gott auf eine noch so hasserfüllte Weise vollziehen können, wie sie es sich aussuchen mögen – denn diese Erde wird der Ort von in sich ruhenden, souveränen und liebevollen Schöpfern und Schöpferinnen sein.

Der Übergang von dem, was ihr jetzt in der Welt seht und was wir in der Welt in den kommenden Jahren sehen, wird für die Leute, die an ihren sehr alten Wegen und Methoden festhalten wollen, natürlich Belästigung, Störung oder Zusammenbruch bedeuten – also für die Leute, die nach Vergnügen aufgrund von Leiden anderer suchen. Sie werden versuchen festzuhalten, schaffen es aber nicht. Sie werden sich jede Art von Taktik ausdenken, um Chaos zu erzeugen und alle anderen aus dem Gleichgewicht zu bringen, aber das funktioniert nicht. Es wird nicht funktionieren. Am Ende werden sie darüber verhandeln, dass sie hier auf der Erde bleiben, doch die Zeit für Verhandlungen ist vorbei. Jetzt ist Zeit für Mitgefühl und Verständnis, nicht für Verhandlung, weil diese Erde ein Garten des Mitgefühls sein wird. Diese Erde wird zur neuen Schule des »Ich Bin« – in eurer Lebenszeit hier.

Ich danke und achte jeden von euch für das, was ihr getan habt, um dies hier möglich zu machen. Ich sage euch das ausdrücklich, damit ihr erkennt, dass euer Traum, der Traum von Atlantis, tatsächlich wahr wird. Ich sage es euch, damit ihr euch für diese neue Ära vorbereiten könnt, damit ihr vorwärtsgeht anstatt euch darüber zu sorgen, was die Zukunft bringen wird.

Seit der Zeit von Atlantis gab es einen Traum von einer neuen Zeit, von einem neuen Potenzial auf der Erde. Der atlantische Traum ist die Verwirklichung dieser Neuen Erde und der Neuen Energie. Euer Traum ist, in diesem Leben Lehrer, Führer und Vorbild bzw. Maßstab für andere zu sein. Sie möchten wissen, dass ein anderer Mensch den Weg vor ihnen schon erkundet hat und gegangen ist und das Ziel wirklich erreicht hat. Deshalb seid ihr hier!

In den vergangenen Tagen haben wir gemeinsam mit dem Tönen, dem Chanten oder Singen von Klängen gearbeitet, um euch zu helfen, euch mit diesem kostbarsten Ort in euch zu verbinden, um die Resonanz in euch selbst zu fühlen, die Schwingung eurer Seele. Der Seele, die so lange versteckt gewesen ist und sich nun mit euch integriert. Ich hatte euch gebeten zu tönen, damit ihr euch daran erinnert, wer ihr seid, warum ihr hier seid und was mit diesem Planeten gerade passiert.

Ich habe euch gebeten, das Tönen als einen Weg auszuüben, euren Bewusstseinskörper zu integrieren, die »Ich Bin«-Bewusstheit des Selbst, und das dann offen und frohen Herzens zum Ausdruck zu bringen. Ich habe euch auch deshalb darum gebeten, weil ihr so erfassen könnt, wie einfach es fällt aufzuhören, über Spirit und »Ich Bin« *nachzudenken* und das einfach zu sein. Wie viele Leben habt ihr Spirit, Gott, Ich Bin schon studiert und seid am Ende dieser vielen Lebenszeiten dennoch mit leeren Händen dagestanden und habt nichts gewusst oder erkannt? Deshalb sind wir in die Erfahrung dessen eingestiegen, in das Erleben, durch das Tönen.

Wie manche unter euch beim Tönen oder Chanten bemerkt haben, geschieht noch etwas anderes. Wenn ihr Klänge singt, wenn ihr tönt, wenn ihr dieses »Ich Bin« in diese Realität bringt, dann zieht dies auch das an, was wir Neue Energie nennen.

Neue Energie ist etwas so schwer Fassbares, dass noch nicht einmal ich sie definieren kann. Neue Energie ist das Ergebnis eures neuen Bewusstseins. Wenn ihr tönt, ruft das die neue Energie an und bringt sie buchstäblich hierher und verankert sie direkt in euch. Ihr werdet feststellen, wie sie funktioniert, und das ist nicht einfach eine alte Energie, die Steroide bekommen hat, sondern eine wirklich Neue Energie. Wenn ihr hier also tönt, liebe Freunde, dann stellt ihr diese Verbindung her und lasst den Ruf ertönen, den Ruf, der die Neue Energie in euer Leben bringt.

Ich bin wirklich beeindruckt von der Arbeit, die ihr geleistet habt, nicht nur in diesen vergangenen Tagen, nicht nur in diesem Leben, sondern schon seit vielen Leben. Ich möchte nicht nur darüber sprechen, was wir sehen, was sich auf dieser Erde vollzieht, sondern ich möchte, dass ihr einen Augenblick lang die Erde erspürt. Diese Erde, welche die Erfüllung des atlantischen Traums ist; diese Erde, von der ihr alle geträumt habt – ein Ort des Friedens, ein Platz des Lernens, ein Ort der Liebe und ein Platz, den ihr Zuhause nennt, Heimat. So sehr ihr diese menschliche Erfahrung bis zu diesem Tag geliebt oder gehasst habt, traue ich mich zu sagen, dass ihr die Erde niemals euer Zuhause oder Heimat habt nennen können.

Mentales Ungleichgewicht

Fehlende mentale Balance, ein mentales Ungleichgewicht, ist in unserer Zeit eine der größten Herausforderungen für die Menschheit. Es gibt einen höheren Prozentsatz von Menschen mit mentalem Ungleichgewicht und gravierendere Formen von mentalem Ungleichgewicht denn jemals zuvor. Wir werden uns gemeinsam mit Menschen, die daran Interesse haben, neue Methoden und neue Wege bei künftigen Treffen ansehen, wie man mit psychologischen Störungen umgeht.

Der menschliche Geist steht heutzutage unter einem enormen Druck. Ich spreche dabei von Menschen, die man mit dem Etikett neurotisch, schizophren, psychotisch belegt oder mit anderen Begriffen bezeichnet. Ich spreche dabei jedoch *nicht* über jene Menschen, die mit mentalen Handicaps geboren wurden; das ist eine ganz andere Kategorie.

Bei vielen, die von Geburt an eine geistige Zurückgebliebenheit oder andere Handicaps aufweisen, handelt es sich um die Auswirkung von Karma. Das mentale Ungleichgewicht, das ich hier anspreche, ist das Resultat von zu viel Anstrengung und Stress für das Gehirn. Wenn wir dann jedoch alle Schichten aufdecken, um herauszufinden, was wirklich los ist, stellen wir fest, dass mentales

Ungleichgewicht epidemisch ist – weil es an der Zeit ist, über die mentale Ebene hinauszugehen. Der Geist, der Verstand, das Gehirn betrachten die meisten Menschen als die höchste Form der menschlichen Intelligenz. Das ist es aber keineswegs. Es gibt viele andere Formen von Intelligenz, die in unserem Bewusstseinskörper enthalten sind, die darauf drängen, Teil der menschlichen Lebenserfahrung zu sein, und die dies auch brauchen.

Manchmal, wenn ihr durch eine entscheidende Erfahrung oder Transformation in eurem Leben geht, neigt ihr dazu, euch zu fragen, ob ihr nicht gerade verrückt werdet. Für die Schulmedizin ist es leicht, euch dieses Etikett aufzukleben, da sie keinerlei Vorstellung davon haben und nicht verstehen, was sich gerade in euch abspielt.

Es gibt auf der Erde derzeit eine riesige Anzahl von Menschen, die diese Art von Ungleichgewicht erleben. Manche von ihnen bekommen Medikamente, was eine sehr vorübergehende Lösung darstellt, wie ihr wisst. Und die Langzeitwirkungen solcher Medikamente können mehr Schaden nach sich ziehen, als wenn man gar keine Medizin gäbe. Diese Medikamente führen oft zu Depressionen und auch zu einer höheren Selbstmordrate, da sie den natürlichen Prozess blockieren.

Überlege einen Augenblick lang einmal, was du in den letzten zehn oder zwanzig Jahren deines Lebens erfahren und durchgemacht hast im Hinblick auf dein Erwachen. Wie war das, als du fordernde, selbstzweiflerische und deprimierende Phasen erlebt hast – oder auch echte Depressionen –, weil das Göttliche in dir erwachte und den Verstand herausgefordert hat? Der Verstand ist der

Hüter der Kontrolle, und er versucht, aus Chaos Ordnung zu machen, schafft es jedoch nicht. Es geht über seine Kräfte hinaus, er ist zu sehr gestresst – und jetzt gibt es viele Menschen, die erwachen, die keine Ahnung haben, was mit ihnen los ist, und die dann als mental gestört diagnostiziert werden.

Fehlende mentale Balance ist zu einer wahren Epidemie auf der Erde geworden. Irgendetwas muss geschehen; entweder kommt es zu einem explosiven Ausbruch von Energie oder zur Integration von Energie.

Wenn ich euch bitte, euch bedingungslos zu vertrauen, dann geht es dabei auch darum, die Kontrolle des Verstands loszulassen. Wenn ihr das Bedürfnis nach Beherrschung eurer inneren und äußeren Welten durch den Verstand überwindet, wenn ihr euch in diesen Raum des Ich Bin hinein ausdehnt, des Vertrauens in das Selbst, dann hat das seine Wirkungen auf das Bewusstsein. Es wird die Art und Weise verändern, wie Menschen mit mentalem Ungleichgewicht umgehen, und es kann sich auch auf die Arbeit auswirken, die ihr in Zukunft ausübt.

Die Alchemie von Licht und Dunkel

Licht und Dunkel

Worum geht es bei diesem Abenteuer? Es geht um Licht und Schatten, um Licht und Dunkel.

Ich höre dieses ganze Gerede davon, »im Licht zu sein«. Was soll das heißen? Dass ihr nur eine Hälfte von euch seid? Dass ihr Angst habt und vor dem Schatten davonlauft? Vor euch selbst? Wisst ihr, was die echte Herausforderung für die Katharer* wirklich war? Sie befanden sich ständig im Licht. Und deshalb geschah, was man entsprechend der spirituellen Gesetzmäßigkeiten erwarten kann: Sie zogen die Dunkelheit an. Sie zogen die Dunkelheit an, weil Licht und Schatten dasselbe sind. Ihr könnt nicht das eine ohne das andere haben.

* Christliche Sekte, vor allem in der französischen Region Languedoc, die vom 12. bis zum 14. Jahrhundert bestand und dann von der römisch-katholischen Kirche und dem französischen König ausgerottet wurde (Anm. d. Ü.).

Vor etlichen Jahren sagte Tobias: »Eure Dunkelheit ist eure Göttlichkeit.« Eure Göttlichkeit besitzt das Mitgefühl, all das zu bewahren und zu lieben, was ihr an euch selbst nicht liebt. Jeder Teil von euch, den ihr als Dunkelheit anseht, jede Handlung oder Tat, die ihr verachtet, jede Schöpfung, die ihr ablehnt und in die Kategorie eures Schattens werft, wird von eurer Göttlichkeit angenommen und tatsächlich wertgeschätzt. Die meisten Leute hören nicht gern, dass ihre Dunkelheit ihre Göttlichkeit ist. Sie stellen sich ihre Göttlichkeit nur in Begriffen von Licht vor. Aber liebe Freunde: Eure Göttlichkeit liebt euch bedingungslos, egal was geschieht. Sie liebt sogar eure Dunkelheit und wartet auf die Zeit, wenn ihr bereit seid, das ganz bewusst auch zu tun.

Ihr könnt kein Licht ohne Schatten haben, obwohl es viele schon versucht haben. So oft habe ich den Schlachtruf von den »Lichtarbeitern« gehört und weiß doch, dass sie sich unweigerlich eines Tages ihrer Dunkelheit stellen müssen. O ja, manche Leute haben auch versucht, nur in die Schatten zu gehen – und sie ziehen dann Licht an. Es ist nur natürlich. Manche von euch sind auf dieser Reise*, weil ihr glaubt, es ginge darum, euer weibliches Göttinnen-Selbst zu entdecken. Was wird passieren? Ihr werdet die männliche Energie mit hereinbringen. So funktioniert das eben.

* Diese Botschaft wurde während einer Mystic Tour in Südfrankreich übermittelt.

Ich habe kürzlich die Aussage gemacht, dass es bei dieser Tour um Licht und Schatten geht. Cauldre* hat sich gewundert und mich gefragt: »Heißt das nicht, wieder zurück in die metaphysische Grundschule zu gehen? Haben wir das nicht schon vor zehn Jahren gemacht?«

In gewisser Weise habt ihr das schon erledigt, aber auf eine rationale, mentale Art. Ihr habt gesagt: »Ich habe keine Angst mehr vor der Dunkelheit.« Aber trotzdem rennt ihr vor ihr immer noch davon. Ihr wart im Hinblick auf Dunkelheit hier oben. (Adamus deutet auf den Kopf.) Ihr habt über die Dunkelheit philosophiert, aber jetzt werden wir sie erfahren. Seid ihr bereit, eure dunkle Seite zu erfahren? Seid ihr bereit, jeden Teil von euch anzusehen, nicht nur das Licht? Das Licht ist wunderbar, aber damit es vollständig wird, braucht es dazu die Dunkelheit. Seid ihr offen dafür, das loszulassen, was ihr über die Dunkelheit gedacht habt?

Ihr sagt »Ja«, aber während ich hier spreche und wir alle mit den Energien arbeiten, tauchen die Schatten in euch auf, die Teile, die beschämend, voller Schuldgefühle, verwundet, verletzt sind – der Teil von euch, der sich immer noch fragt, ob die Dunkelheit mächtiger ist als das Licht. Klar, das wird so sein, solange ihr davor fortlauft. Ihr versteckt euch immer unter einem Umhang von Licht. Einer der größten Fehler der Kirche ist, nach meiner bescheidenen Ansicht, dass der Blick nur auf das Licht konzentriert wird anstatt auf das ganze Wesen

* Zur Erinnerung. Cauldre ist der Name, wie Geoffrey Hoppe von Tobias und Adamus Saint-Germain genannt wird.

und Sein. Sie geben in ihren Messen und Zeremonien dem Dunklen keinen Raum. Die Voreingenommenheit zugunsten des Lichts wird jedoch ganz von selbst das Dunkle anziehen.

Was ist die Dunkelheit? Das Dunkle ist nur Energie. Es ist nur Energie. Es ist der ursprüngliche Spiegel, den ihr erschaffen habt, um das Licht zu sehen. Das Licht ist der Spiegel, den ihr erzeugt habt, um die Dunkelheit zu sehen. Es ist Zeit, beide zusammenzuführen. Es ist an der Zeit, aufzuhören davonzulaufen. Es ist ja kein Wunder, dass sich so viele Menschen fragen, welche Art von Arbeit ihr überhaupt macht, da sie ja vor der Dunkelheit noch davonlaufen. Sie können spüren, dass ihr der Integration von Licht und Schatten näher kommt, und sie sagen, dass ihr dunkle Dinge tun würdet, dass ihr mit dem Teufel spielt. Das stimmt ja auch, denn es ist höchste Zeit, Licht und Dunkel wieder zusammenzubringen. Wenn ihr das macht, werdet ihr erkennen, dass die gesamte Vorstellung von der Dualität – von Licht und Schatten – nur eine Illusion war.

Das Dunkel ist nicht, was ihr denkt, dass es ist. Und das Licht ist nicht, was ihr denkt, dass es ist. Diese Vorstellung von gut und schlecht, diese Vorstellung, man sei hier auf der Erde als irgendeine Art von Bestrafung, diese Einstellung, dass man aus seiner menschlichen Existenz herausmüsste, das eigene Menschsein verleugnen müsste und sich alle Segnungen, ein Mensch zu sein, versagen müsste, ist dermaßen alt, aber immer noch tief verwurzelt. All das ist noch hier.

Die Katharer kannten viele der antiken Mysterien. Sie verstanden das Göttliche, allerdings nur einen Teil davon. Sie erzeugten in sich selbst ein Ungleichgewicht, weil sie ihr menschliches Selbst verleugneten, sie verweigerten sich die Erfahrungen als Mensch. Sie waren euch in vielerlei Hinsicht ähnlich – sie *waren* ihr auf vielerlei Weise. Sie wussten, dass es eine Evolution der Seele gibt bzw. Reinkarnation, aber sie haben Reinkarnation nicht als etwas Gutes betrachtet; sie meinten, das sei eine Bestrafung. Sie negierten die physische Realität. Sie lehnten diese wunderbare Sache ab, die man Sex nennt, die Liebe des Körpers. Sie leugneten die Wohltaten des Lebens auf dieser Erde. Durch dieses Ungleichgewicht erschufen sie ihre eigene Hülle, ihre eigenen Qualen, ihre eigenen Streitpunkte mit Licht und Dunkel.

DER WEG

Mit den ursprünglichen Grundlagen der Kirche oder »des WEGES« habe ich keine Probleme, bis sie von Ungleichgewicht sexueller Energie, von Dualität, Machtspielen, Manipulationen, Dogmen, Verfälschungen und Kontrollmechanismen unterwandert wurden. Damit hatte ich dann tatsächlich Probleme. In den frühen Tagen des WEGES war ich einer ihrer größten Unterstützer, und das wart ihr auch, bis die Kirche anfing, sich intensiv mit den Themen der starken Dualität von Licht und Dunkel auseinanderzusetzen. Damals dachten die führenden Leute, dass sie das Licht wären und alles und jeder andere die Dunkelheit.

Sobald sich die Menschen, die früher den WEG geleitet hatten, die dualistische Vorstellung von Licht und Dunkel zu eigen machten, verlor die ursprüngliche Hoffnung, die der WEG war, ihre Grundlage der Liebe. Die Wurzeln der Kirche wurden zu Dornen, und heutzutage spielen alle Kirchen, mit wenigen Ausnahmen, das Spiel von Licht und Schatten.

Sie behaupten, Gott sei nur Licht. Wie sollte Gott nur Licht sein können, wenn die Dunkelheit doch existiert? Sie dachten sich ein Spiel aus, in dem es einen Gott gibt, der im Himmel residiert, aber auch einen Teufel, der in der Hölle sitzt. Sie verdammten die Reise des Menschen als etwas Schwaches und Mitleiderregendes – das ist sie aber ganz und gar nicht. Die Reise ist wunderschön. Sie ist herrlich. Diese Leute sagten, dass der Sinn und Zweck der Reise wäre, die Gnade Gottes wiederzuerlangen. Das Sein und Leben in der menschlichen Form ist jedoch das großartigste Geschenk, das ihr euch überhaupt geben konntet. Es stellt eine Erfahrung dar, und ihr steckt keineswegs in einer Falle. Es gibt keine Notwendigkeit für Erlösung, nur für Annahme und Zustimmung.

Als die Kirche anfing, das Spiel von Licht und Dunkel zu spielen, erlebten wir eine große Spaltung innerhalb des WEGES, und zu jener Zeit fingen wir an, Mysterienschulen* einzurichten, um einige der ursprünglichen Weisen weiterzugeben. Dabei geht es eigentlich gar nicht um irgendein Mysterium. Das Geheimnis bestand nur darin, wie man uns finden konnte. Unser physischer Aufenthaltsort war das einzige Mysterium. Sonst gab es keine Geheimnisse. Das klingt übrigens ziemlich provokant. Wenn wir mitteilen, dass wir einen Mysterien-Kurs abhalten, wollen sich alle einschreiben. Sobald man einmal dort ist, ist gar nichts Geheimnisvolles daran. Das größte Mysterium an unseren heutigen Mysterienlehrgängen ist, wie man sie bezahlt.

Die Welt ist der Versuchung durch die dualistische Vorstellung von Licht und Dunkel erlegen, aber das wird

* In der Vorlage: Mystery Schools; so heißen auch die Lehrgänge und Kurse, die von Geoffrey und Linda Hoppe zu bestimmten Themen angeboten werden; sie enthalten auch immer Channelings von Adamus Saint-Germain (Anm. d. Ü.).

sich ändern. Und *das* wird dann unbequem. Auf jeden von euch fällt Licht, und es wirft einen Schatten – Licht und Schatten arbeiten zusammen. Manche von euch tragen helle Kleidung, andere dunkle. Sie spielen miteinander – helles Oberteil, dunkle Hosen. Licht und Dunkel brauchen sich gegenseitig. Stell dir einmal vor, es gäbe nur Licht. Nichts hätte Tiefe oder würde dreidimensional sein. Was wäre, wenn alles dunkel wäre? Das wäre wie eine Leere. Licht und Dunkel wirken zusammen.

Nimm dir heute einen Moment Zeit, um Licht und Dunkel zu beobachten, buchstäblich das Licht zu beobachten. Achte darauf, wie das Licht der Sonne Strahlen auf Gebäude wirft, auf das Gras, auf andere Menschen. Bemerke, wie es mit der Dunkelheit spielt. Nimm wahr, wie sich beide regelrecht lieben. Sie sind das erste und schönste Liebespaar. Wir müssen Licht und Dunkel nicht allzu esoterisch betrachten. Du schaust aus dem Fenster und siehst die Schatten der Bäume. Die Schatten tanzen. Du siehst das Licht auf den Blättern, wie es die Schönheit der Natur leuchten lässt.

Lasst uns heute zu einigen sehr einfachen Dingen zurückkehren. Wenn du nach draußen gehst, sei achtsam. Mach dir vielleicht sogar Notizen. Zeichne Bilder. Sei dir des Lichts und des Dunkels bewusst und wie sie miteinander spielen, wie Licht und Schatten die Illusion dieser Realität erzeugen. Wenn die Nacht kommt und sich etwas ändert, wenn Licht der Dunkelheit weicht, achte darauf, wie sich das Spiel verändert. Sieh, wie Licht in den Tiefen der Dunkelheit Bedeutung und Erkenntnis bringt. Sieh, wie sich der Tanz verwandelt, aber immer noch stattfindet.

Wenn du dich auf diese sehr simple Beobachtung einlässt, wirst du nicht nur das Licht selbst wahrnehmen, das Spektrum an Licht, sondern du wirst beginnen zu beobachten, wie du jeden Tag auf alle möglichen Arten mit deinem Licht und deinem Dunkel spielst. Deshalb würde die Verleugnung deiner Schatten letztlich nur auf ein grausames Spiel mit dir selbst hinauslaufen. Die Ablehnung einer Dunkelheit erstickt dich regelrecht. Sie kann auch dazu führen, dass du sehr unausgeglichen wirst. Jedes Mal, wenn etwas aus dem Gleichgewicht geraten ist, wird etwas anderes auftauchen, um zu versuchen, das Gleichgewicht wiederherzustellen. Das sind sehr einfache spirituelle Gesetzmäßigkeiten. Jedes Mal, wenn du im Ungleichgewicht bist, kommt etwas, das versucht, dich wieder in Harmonie zu bringen.

Du wirst natürlich Widerstand leisten, weil du meinst, das sei ein Eingriff von außen, aber in Wahrheit ist es deine eigene Schöpfung, die dich wieder ins Gleichgewicht zu bringen versucht. Deshalb hat Tobias einmal gesagt: »Steh dir nicht selbst im Wege.«

Ihr versucht alles zu heilen oder zu reparieren, aber das Problem beruht bereits auf einem Vorurteil, einem Ungleichgewicht, einer Bevorzugung von Licht zum Beispiel. Also versucht ihr, immer im Licht zu sein, immer alles gut und richtig zu machen. Die Realität ist jedoch, dass es in euch eine natürliche Kraft gibt, die euch wieder ins Gleichgewicht bringt. Aber ihr wehrt euch dagegen, ihr bekämpft sie, ihr lauft vor ihr davon – und so geht das Spiel dann weiter.

Integration

Wie kommt man in den Himmel? Über die Inkarnation auf der Erde. Indem du jeden Aspekt deiner Selbst in diesen Augenblick des Jetzt verschmilzt. Indem du dich selbst annimmst – alles an dir. Indem du dein Leben im gegenwärtigen Moment in größter Fülle lebst.

Früher in Atlantis war der Fokus darauf gerichtet, Mensch zu sein, Spirit im Körper und im Geist zu manifestieren. Es stellte eine Herausforderung für euren Spirit dar, in der irdischen Materie verkörpert zu bleiben, und deshalb waren viele atlantische Aktivitäten daraufhin angelegt, die physische Reise zu ehren und zu fördern. Der Körper wurde zu einem Tempel.

Später als ihr hier auf der Erde wart, solltet ihr euer Menschsein verleugnen wollen. Die Katharer, die wahren Vollkommenen, glaubten, dass alles auf der Erde vom Übel sei. Alles, was mit dem Fleisch zu tun hatte, sogar mit der Schönheit der Natur, war böse. Vielleicht hatten sie vor den verführerischen Energien des Irdischen Angst. Sie erschufen sich ihren eigenen Gott der Welt – den Teufel –, und damit wurde alles Leben innerhalb der irdischen Wirklichkeit zu einem Kampf.

Aber auch die Katharer, die sich hin und wieder etwas gönnten – ein bisschen Sex hier und dort, eine kleine

Freude am Essen und an anderen irdischen Genüssen –, auch sie glaubten, dass das menschliche Leben schlecht sei. Die Kirchen vertiefen diese Einstellung natürlich noch sehr mit ihrem Gerede von der Sünde und der Schwachheit des menschlichen Fleisches, sodass diese Ansicht jetzt zu einem sehr weit verbreiteten Glaubenssatz geworden ist. Gott ist vollkommen, Menschen sind mangelhaft.

Viele, viele Menschen warten nur darauf, hier wegzugehen, auf die andere Seite zu wechseln, weil sie daran glauben, dass Utopia sich in einem fernen Reich befände. Das stimmt nicht. Wenn der typische Mensch die Erde verlässt, lässt er einfach nur seinen Körper hinter sich, bleibt aber im selben Bewusstsein. Die Menschen nehmen ihr Bewusstsein mit sich mit, sie gehen auf die andere Seite und sind dann oft enttäuscht, dass da drüben kein perfekter Wattebausch-Himmel ist. Für die meisten Leute ist es drüben ziemlich genau so, wie es auf der Erde war, nur ohne den physischen Körper.

Wenn man nur an die Frustration denkt! Sie verbringen ihr ganzes Leben mit dem Versuch, perfekt zu sein, was nie gelingen wird; sie beten zu Gott, der nicht das ist, was sie meinen; sie bitten um Vergebung, wenn sie die gar nicht brauchen. Sie wechseln auf die andere Seite, und es ist das Gleiche, was sie schon auf der Erde erlebt haben. Kein Wunder, dass sie so schnell wie möglich wieder auf der Erde inkarnieren!

Das Bewusstsein ist jetzt dabei, sich zu verändern. Es verändert sich durch inspirierte Wesen, wie ihr es seid, in der Erkenntnis, dass sich alles hier abspielt. Alles passiert hier. Es geht nicht darum, euer Menschsein zu verleugnen, sondern genau das zu lieben und zu verkörpern und zu genießen – und vor allem, damit spielerisch umzugehen.

Es geht um Integration im Hier und Jetzt – nicht um Perfektion, sondern um Integration. Wenn du Vollkommenheit anstrebst, wirst du eine Menge von Leben auf der Erde verbringen. Es gibt keine Perfektion, keine Vollkommenheit; es gibt Akzeptanz, Annahme. Das ist ein solch einfaches Prinzip, aber aus irgendeinem Grund wollen Menschen nicht wirklich daran glauben. Sie glauben lieber daran, dass sie noch mehr studieren sollten, dass sie ihren Körper irgendwie zu vervollkommnen hätten, dass sie etwas leisten und vollbringen müssten, irgendein heiliges Mysterium. Es gibt kein heiliges Mysterium außer, dass du auch Gott bist. Es ist so simpel, dass ich weinen könnte – für euch.

Selbstheilung

Was kannst du da machen? Zuallererst: atme. Das ist immer eine gute Sache. Begreife, dass alles, was von einem globalen Standpunkt aus betrachtet geschieht, auch mit dir passiert.

Wie sieht es mit *deinen* Gotteskriegen aus? Anders: Was sind deine Glaubenssätze? Wo stehst du bei der Integration deines Menschlichen und deines Göttlichen? Das könnte man symbolisch als den Schnittpunkt des Menschlichen, einer horizontalen Linie, mit dem Göttlichen, einer vertikalen Linie, darstellen. Wo stehst du in Bezug auf die Integration dieser beiden Linien. Kannst du die beiden zusammenführen?

✝

Das ist nicht einfach das christliche Kreuz. Das ist ein sehr altes Symbol dafür, wie Himmel und Erde zusammenkommen, und das vollzieht sich geradewegs hier mit dir. Es passiert nicht, weil du Bücher studierst oder Kurse besuchst. Es geschieht, weil du kühn und furchtlos genug bist zu sagen: »Ich bin bereit, Erfahrungen zu machen.«

Erfahrungen. Nicht denken oder wissen, sondern bereit sein zu erfahren.

Wenn du erfährst, was dein eigener Gott manifestiert, wie deine Göttlichkeit ist, lass alle Glaubensmuster los. Lass jede alte Hypnose los, die darin steckt, denn deine Göttlichkeit wird nicht so sein, wie du sie erwartest. Du wirst Gott nie in einem Buch finden.

Ich habe so viele Seelen kennengelernt, sei es auf der Erde oder sei es auf anderen Ebenen, die Gott immer noch studieren. Das ist zwanghaft. Es stellt ein zwanghaftes Verhalten dar, Gott zu studieren, und ihr werdet Gott nie in irgendwelchen Studienfächern entdecken, in irgendwelchen eurer Übungen, Kräutermischungen, Gruppentreffen oder in irgendwelchen eurer sonstiger »Irgendwelcher« – nur in euch selbst. Es ist eine Erfahrung.

Es ist eine Erfahrung, die dich geradewegs für immer aus deinem Körper herauskatapultieren könnte. Das nennt man Aufstieg.

Andererseits ist es eine Erfahrung, die dich so auf der Erde verankern und so lebendig machen kann, dass du die Notwendigkeit für den biologischen Tod transzendierst. Das heißt, dass du dir erlaubst, hier einfach so lange zu leben und dich daran zu erfreuen, bis *du* die bewusste Entscheidung triffst wegzugehen. Das wird dann nicht davon diktiert, ob dein Körper oder dein Geist es noch länger aushalten und schaffen, sondern davon, was du wählst.

Warum scheint der Körper euch im Stich zu lassen? Das ist ein Glaubensmuster. Ihr kämpft mental dagegen an, aber ihr habt euch noch nicht dafür geöffnet, zu erfahren und zu *fühlen,* wie es ist, voll und ganz in eurem Körper zu sein. So wie die Erde der Körper dieses Planeten ist, ist eure Biologie der Körper eurer Seele. Wenn ihr älter werdet, blickt ihr in den Spiegel und sagt: »Um Himmels willen, was passiert denn da?« Liebt das. Erfahrt es. Segnet es. Damit werdet ihr nicht schneller älter, sondern ihr kehrt nur einige eurer alten Glaubenssätze um. Ihr macht einige alte Prozesse rückgängig.

Der Körper wird sehr missverstanden. Die Menschen haben vergessen, wie sie ihren eigenen Körper heilen können. In der »Standard Technologie«* sprechen wir darüber, dem Körper die Erlaubnis zu geben, sich selbst zu heilen. Hört auf, ihm Medikamente und Nahrungsergänzungsmittel in Überdosis zuzuführen. Ähnlich wie es Zeit ist, dass Menschen die Verantwortung für diesen Planeten übernehmen, ist es Zeit, dass ihr für euren Körper Verantwortung übernehmt.

Fang an, mit deinem Körper zu sprechen. Nicht ihn zu verfluchen. Ich habe nicht gesagt, dass du ihn beschimpfen sollst. Ich habe gesagt, fang an, mit ihm zu reden. »Lieber Körper, du bist einer meiner Aspekte. Lieber Körper, du bist mein Mechanismus, der einen Teil der Freude, hier auf Erden zu sein, möglich macht. Lieber Körper, du weißt, wie du dich selbst heilen kannst, weil das ein Teil deines Bauplans ist.«

Fangt an, mit eurem Körper zu reden. Es geht nicht darum zu diktieren, nichts zu verlangen, euch nicht über

* Ein Lehrgang von Tobias und Adamus; Näheres beim Crimson Circle.

ihn zu beklagen – nehmt einfach wieder Verbindung mit eurem Körper auf. Die Menschen haben den Kontakt zu ihrem Körper derart verloren, und auch das ist ein Teil der ganzen Hypnose, der sie unterliegen. »Mein Körper geht in eine Richtung, obwohl ich in eine andere gehe.« – »Mein Körper wird sterben.« Das ist die Art von Zwiegespräch, die ihr mit eurem Körper derzeit führt. Beginnt, euch auf eine andere Weise mit ihm zu unterhalten. Euer Körper wird ins Leben zurückkommen. Euer Körper wird sich selbst heilen. Ihr müsst euch dann auch keine Gedanken mehr über Gewichtsprobleme machen. Ihr müsst euch nicht über Gesundheitsbeschwerden Sorgen machen. Fangt an, mit eurem Körper zu sprechen.

Dein Körper besitzt göttliche Komponenten, die seit langer Zeit nicht ausgeglichen worden sind. Dein Körper hat einen sehr wichtigen weiblichen Aspekt und einen sehr wichtigen männlichen Aspekt. Ihr meint, dass ihr entweder männlich oder weiblich wäret. Du *denkst* manchmal über deine Männlichkeit bzw. deine Weiblichkeit nach, über deinen anderen Aspekt, aber du vergisst, ihn in deinen Körper zu bringen. Du bist männlich, du bist weiblich, obwohl du vielleicht einen Körper hast, über den du, wenn du ihn im Spiegel ansiehst, sagst: »Ich bin ein Mann.« Du bist in Wahrheit beides, das Männliche und das Weibliche.

Wenn du diese Elemente wieder zusammenführst, wird dein Körper in eine neue Balance und eine neue Harmonie mit sich selbst gelangen. Du musst ihm dann nicht mehr all diese Medikamente einflößen, all den Therapien unterziehen, den Drogen, Mantras und all den anderen Dingen, die du deinem Körper gibst. Du bringst ihn wieder in seine Ganzheit und seine göttliche Natur.

Wenn du das tust, aktivierst du deine natürlichen Heilfähigkeiten. Du hast dann nicht mehr länger einen weiblichen Aspekt und einen männlichen nebeneinander in deinem Wesen. Das Konzept der Dualität, die Vorstellung von Trennung löst sich auf. Du bist nicht mehr ein Mann oder eine Frau. Du brauchst diese Identifikationen nicht mehr, und nun springt dein Körper wieder ins Leben zurück und kann alles vollbringen, was notwendig ist.

Ich weiß, dass manche von euch von der Göttinnen-Energie fasziniert sind. »Bringen wir die Göttin zurück.« Aber vielleicht ist es Zeit, die Göttin und den Gott loszulassen. Gebt dieses ganze Verlangen nach Trennung auf. Lassen wir uns auf den vereinheitlichten Bewusstseinskörper ein.

Fülle

Deine eigene Fülle hat mit *Flow* zu tun, mit dem Fließen von Energien. Es geht darum, sich für die Energien zu öffnen und es ihnen zu gestatten, durch dich zu fließen. Häufig haben gerade Esoteriker ziemlich große Probleme mit Fülle. Ihr habt das oft auch noch, es ist ein Stück von Gehirnblockade, ein Teil eurer Hypnose, und ihr haltet daran noch gerne fest. Aber ihr sagt vielleicht: »Ich habe doch alles versucht, was Tobias uns gesagt hat, und ich bin immer noch total pleite.«

Atme erst einmal tief ein und erlaube dir selbst, Fülle zu *fühlen*. Spüre Fülle. Das ist ein gottgegebenes oder selbst gegebenes Recht. Es gibt reichlich genug Energie und genügend Fülle in dieser Welt für alle. Viele von euch sind im Ungleichgewicht und neigen mehr zum Mangel, gerade so wie ihr mehr zum Licht neigt. Man hat euch gesagt, dass Fülle irgendwie schlecht oder sündig sei oder dass ihr nicht spirituell wäret, wenn ihr Fülle hättet. Und weil eure spirituelle Leidenschaft stärker ist als alles andere, verursacht eure Überzeugung, dass Geld die Spiritualität verunreinigen würde, Mangel. Das ist eine sich selbst erfüllende Prophezeiung.

Lass diesen Glaubenssatz los, wenn du dazu bereit bist. Ich war in meinem Leben als Graf Saint-Germain unglaublich reich, und ich war sehr spirituell. Man könnte sagen, dass ich ein reicher Meister war – und darauf bin ich stolz!

Fülle macht es euch möglich, das Leben zu genießen, ob ihr hier auf der Erde oder in anderen Ebenen seid. Ob ihr es glaubt oder nicht: Fülle ist in den anderen Bewusstseinsdimensionen eine wunderbare Sache. Da braucht ihr zwar kein Geld, aber Fülle an Gefühl, Fülle an Spirit, Fülle an Erfahrung – das ist alles ein Teil von Fülle.

Wenn du dich selbst in Bezug auf finanzielle Fülle begrenzt, weil du im Gehirn blockiert bist, dann begrenzt du damit deine Fähigkeit, das Leben zu erfahren. Wenn du finanzielle Fülle limitierst, begrenzt du auch das Potenzial für Fülle in Beziehungen, in der Karriere, beim Lehren, im kreativen Ausdruck, in der Gesundheit und so fort. Du limitierst jeden Teil bzw. Ausdruck von Fülle.

Denkst du nun wirklich oder *spürst* du, dass Spirit einen Mangel an Fülle hätte? Nein! Deshalb brauchst du auch keinen Mangel zu haben. *Du kannst dich jetzt entscheiden,* das hinter dir zu lassen. Du kannst dich entscheiden, Fülle zu erfahren … aha! Die Gehirnblockade fängt wieder an. Sie sagt: »Aber wie? Ich habe keinen tollen Job. Ich habe keine reichen Verwandten, die kurz vorm Sterben sind. Ich weiß nicht, wie. Ich habe keine Ahnung von Geld.« Lass das alles los. Erlaube dir, Fülle zu erleben. Du wirst erstaunt sein, wie sie zu dir kommt.

Meisterschaft des Selbst

Wahre Meisterschaft

Was ist Meisterschaft? Es ist die Fähigkeit, deine Realität auf dieser Ebene zu erschaffen und zu erfahren. Es ist die Fähigkeit, mit Energie so zu arbeiten, wie du es wählst und entscheidest, ohne die Beschränkungen von Bestimmung, Schicksal und Karma. Meisterschaft heißt, deinen innersten Wesenskern zu kennen, dein Seelen-Selbst, und dann zu verstehen, was Energie mit deinem Bewusstsein zu tun hat. Meisterschaft bedeutet natürlich nicht Herrschaft über andere, sondern vielmehr Herrschaft über dich selbst.

Ihr hattet auf eurem Weg hierher (zum Workshop) einige interessante Erlebnisse; manche Hindernisse, euch überhaupt auf die Reise zu begeben und dann auch, an diesen physischen Ort zu gelangen. Dann gab es Probleme mit der Lautsprecheranlage, mit der Beleuchtung, mit der Stromversorgung am Flughafen, mit Flugverspätungen, verlorenem Gepäck und mentaler Verwirrung. Das sind alles Anzeichen für das, was in eurer eigenen Zone des Erwachens abläuft. Ihr seid nicht sicher, was ihr wirklich wollt und wer ihr seid. Ihr seid nicht in Kontakt mit euch selbst. Um euch herum sammeln sich Energien, die euch dienen wollen, aber sie wissen nicht genau, wie. Sie sind auch nicht im Gleichgewicht. Sie erfahren gerade eine Phasenverschiebung, doch das ist nur vorübergehend.

Meisterschaft ist, dass ihr den Energien entschieden befehlt, euch zu dienen. Darüber haben wir in einem der letzten Mysterienschul-Lehrgänge gesprochen. Einigen der Studenten an diesen Mysterienschulen fiel es schwer, Energien zu kommandieren. Sie waren schüchtern; sie hatten Angst, Energien *wirklich* zu befehlen, ihnen zu dienen. Energien kommandiert ihr, indem ihr mit eurer lautesten, kühnsten Stimme sagt: »Ich befehle dir, mir zu dienen.« Sie wird es tun. Sie wird es tun, aber ihr müsst das wirklich aus eurem Innersten und mit voller Überzeugungskraft sagen, und nicht etwa darum betteln, euch zu dienen. Ihr müsst *anordnen,* euch zu dienen.

Manche von euch haben immer noch ein Problem mit Befehlen. »Wie soll ich denn Energie kommandieren? Das ist doch nicht recht. Vielleicht missbrauche ich sie ja. Vielleicht bin ich dann zu mächtig. Vielleicht ist es anstößig, Energie zu befehlen.« Energie zu kommandieren könnte einige eurer Knöpfe aus früheren Leben drücken, oder für die meisten von euch Knöpfe aus diesem Leben, als ihr Energie missbräuchlich angewandt habt.

Wollt ihr Meisterschaft wirklich verstehen? (Das Publikum antwortet mit »Ja!«.) Das war keine sehr dynamische Antwort, aber ihr seid auf dem Weg. Ich weiß, dass ihr das wollt, und das ist ja auch der Grund, warum ich hier bin. Das ist der Grund, warum es mir Spaß macht, euch ein bisschen aufzuziehen.

Übrigens befindet sich jeder und jede Einzelne von euch bereits jetzt in der Zone des Erwachens. Ihr habt schon so viele alte Sachen hinter euch gelassen, allerdings seid ihr noch nicht in das Neue hineingegangen. Ihr seid euch nicht mehr sicher, was ihr eigentlich wollt. Ihr wisst, was ihr nicht wollt, aber ihr seid euch nicht sicher, was ihr wirklich wollt. Ihr seid an einem Nullpunkt, einem Punkt des »Nichts«. Ihr steckt nicht fest, aber ihr bewegt euch auch nicht vorwärts. Ihr wisst, dass ihr nicht zurückgehen wollt, aber ihr seid euch noch nicht sicher, ob ihr wirklich vorwärtsgehen möchtet. Wie ich bei einem Treffen vor einiger Zeit gesagt habe, ist das völlig in Ordnung. Ihr seid genau, wo ihr sein sollt.

Den Verstand verlassen

Um anzufangen, die Erfahrung zu machen, was Meisterschaft bedeutet, ist es wichtig, aus dem Kopf auszusteigen. Ihr seid doch ohnehin schon »kopflos«, sonst wäret ihr ja gar nicht erst hier. Aber wir gehen hier über den Denkprozess hinaus. Ich weiß, dass ihr alle das schon in einem gewissen Maß erlebt habt. Es gibt etwas, was sehr viel großartiger ist als der Verstand. Man kann es göttliche Intelligenz nennen, Intuition oder göttliches Wissen, aber es ist etwas sehr, sehr viel Großartigeres. Die guten Nachrichten sind, dass ihr beginnt, das zu erleben.

Ihr müsst über den Verstand, über die mentale geistige Ebene hinausgehen, weil der Verstand absolut nicht begreifen kann, wohin ihr als Nächstes bei eurem spirituellen Aufstieg geht. Er kommt irgendwann schon nach und integriert sich dann. Der alte Verstand wird im Grunde genommen expandieren, er wird sich von alten Energien befreien und dann wird er sich ausdehnen, um sich in eure göttliche Intelligenz zu integrieren – aber ihr müsst aus dem Verstand aussteigen. Das mag er nicht, wie ihr bereits wisst. Darüber haben wir uns oft unterhalten. Der Verstand möchte Kontrolle ausüben.

Der Verstand kennt und versteht Gnade nicht. Er tut es einfach nicht. Dein Herz, deine Seele, kennt Gnade, aber dein Verstand nicht. Dein Verstand versucht, Gnade zu manipulieren. Gnade ist ein natürliches, müheloses Fließen, man nennt das auch *Flow*. Sie ist wie eine Resonanz von etwas tief in dir auf alles andere. Der Verstand erkennt das nicht, aber die göttliche Intelligenz weiß sehr wohl davon.

Ihr durchlauft derzeit den Prozess, über euren Verstand hinauszugehen. Wenn ihr die Dinge um euch herum alle wie im Chaos erlebt, wenn eure Computer versagen, wenn es Verkehrsprobleme gibt und Flugverspätungen und dergleichen mehr, dann passiert das wahrscheinlich, weil ihr auf einer bestimmten Ebene versucht, Gnade zu beherrschen. Versucht *nicht,* Gnade zu kontrollieren, denn das würde heißen, Kontrolle zu kontrollieren, und das wird die Energien wirklich durcheinanderbringen. Begreift, dass es ganz natürlich ist, Gnade beherrschen zu wollen, und dann werdet ihr erkennen, dass ihr das nicht könnt. Lasst einfach los. Ihr werdet die Bemühung aufgeben, Gnade zu kontrollieren, und dann werdet ihr Gnade erfahren. Ihr werdet dieses Fließen erleben.

Da wir von *Flow* sprechen, von Fließen: Ihr werdet bei dieser Tour über den Nil gleiten. Das ist eine hübsche Metapher, ein wunderschönes Symbol. Beobachtet in den nächsten Tagen dieses Fließen und Gleiten. Achtet auch in euch selbst darauf.

Leben als Meister, als Meisterin

Der nächste Schritt ist schwierig zu beschreiben. Es geht darum, dass ihr euch wirklich mit euch selbst verbindet. Es ist schwierig zu beschreiben, weil die Erklärung dazu neigt, dies mental zu machen. Ich weiß jedoch, dass jeder von euch vor einer eher kürzeren Zeit eine Erfahrung von dieser Verbindung gemacht hat, von dieser tiefen Integration, von diesem Gefühl, dass ihr wirklich in Kontakt mit euch selbst gelangt. Darüber kann man nichts in Büchern lesen. Das könnt ihr nicht studieren. Ihr könnt nur euch selbst die Möglichkeit zugestehen, diese Erfahrung zu wählen. Ihr könnt euch entscheiden, die tiefe Verbindung in euch selbst zu erleben, und dann erfolgt sie. Vermutlich nicht zu dem Zeitpunkt, wann ihr denkt, dass sie passieren sollte. Ihr könnt das also nicht planen oder machen – aber es wird geschehen. Ihr habt dann ein solch sicheres, tiefes Gespür dafür, wer ihr wirklich seid. In diesem kostbaren Augenblick solltet ihr tief einatmen und es richtig erfühlen.

Wenn du diese Verbindung spürst, fängst du an, die wahre Bedeutung von Meisterschaft zu verstehen. Du versuchst nicht mehr, Energien zu manipulieren. Du wirst nicht versuchen, darüber nachzudenken, sondern es ereignet sich einfach.

Du musst jedoch beim Startplatz antreten und eine klare Wahl darüber treffen, was du möchtest, und keine Angst davor haben. Du musst dich auf das fokussieren, was du wirklich willst. Heute hatte eure Gruppe zum Beispiel Probleme mit dem Flugzeug (Anspielung auf einen Charterflug von Kairo nach Luxor). Liebe Freunde, das müsst ihr nicht mehr länger mitmachen. Energetisch betrachtet müsst ihr *nicht mehr Dinge hinnehmen, die ihr nicht mehr wollt.*

Manche von euch werden nun sagen: »Na ja, so ist das Leben halt einmal, nicht wahr? Schlechte Verkehrsverbindungen sind doch Teil des Lebens, oder?« Absolut nein. Nein. Wenn ihr eine solche Einstellung habt, dann geschehen Dinge, die jenseits eurer Meisterschaft sind. Ihr müsst sehr, sehr klar und deutlich mit euch und euren Entscheidungen werden.

Betrachten wir das praktisch. Ich höre es wirklich nicht gerne, wenn ihr sagt: »Das sollte eben so sein.« Himmel, nein. Absolut nein. Nein.

»Aber ist das nicht einfach etwas, was das Universum zu meinem höheren Besten geplant hat und das ich nicht verstehe?« Absolut nein. Absolut nein. Das ist eine entmächtigte Denkweise anstatt ein schöpferisches Leben von Meisterschaft.

Ihr sagt: »Aber das sind doch alles Umstände hier, über die ich gar keine Kontrolle habe. Es passiert einfach.« Geht darüber hinaus. Erhebt euch darüber. Fangt an, schöpferisch zu wirken – *für euch selbst.* Kreiert nicht für andere. Das wäre nicht Meisterschaft, sondern Manipulation. Erschafft, wofür ihr euch entschieden habt.

Ihr fühlt euch vielleicht unbehaglich dabei, klare Entscheidungen für EUCH selbst zu treffen, weil ihr alle sehr nette Menschen seid. Ihr mögt nichts, was sich vielleicht auf andere auswirkt oder in deren Leben eingreift. Ihr wollt keine zu hohen Ansprüche anmelden. Ihr mögt es nicht, wenn sich vielleicht jemand anderes euretwegen unwohl fühlt – aber das ist ja auch gar nicht nötig. Ihr fallt jedoch manchmal in das Glaubensmuster, dass ihr, wenn ihr etwas für euch möchtet, das unter Umständen jemandem anderen entziehen würdet. Überhaupt nicht, nicht, wenn ihr nur für euch selbst etwas wollt. Vielmehr wird sich deren Energie neu ausrichten, entsprechend deiner Auswahl, die du getroffen hast, aber das ist ihre Entscheidung. Du veranlasst sie nicht, irgendetwas zu machen.

Manchmal zögert ihr, solche klaren Entscheidungen zu fällen, weil ihr Angst habt, dass ihr versagen könntet – und vielleicht passiert das anfangs sogar. Wenn ihr in die wahre Meisterschaft gelangt und eure Wirklichkeit erschafft, werdet ihr immer noch einige Überreste alter Energie und alter Glaubenssysteme haben. Ihr spürt immer noch dann und wann diese merkwürdige Energie des »Nullpunktes«, an dem ihr steht, und das wirkt ein bisschen unbeholfen. Aber dann werdet ihr »schalten« und die Dinge kommen ins Rollen. Ihr erkennt, dass ihr keinem anderen etwas wegnehmt, sondern ihnen auf vielerlei Weise sogar helft. Ihr realisiert, dass es immer Energien gegeben hat, die euch dienen wollten, und dass ihr dem ausgewichen seid. Vielleicht aufgrund eines Mangels an Selbstwertgefühl, vielleicht wegen einer alten

Abmachung – wer weiß schon den Grund? Aber ihr werdet beginnen zu lernen, dass Energie existiert, um euch zu dienen, und dass sie fließt. Es ist so einfach.

Ihr müsst Probleme und Schwierigkeiten nicht einfach hinnehmen, und auch nicht Schmerzen und Mangel oder sonst etwas. Ihr seid Meister eures eigenen Lebens. Ihr braucht nichts zu erzwingen; es fängt einfach an zu laufen. Es fließt. Und wenn es das tut, gelangt ihr aus dem Nullpunkt heraus, an dem ihr jetzt gerade seid – an diesem Nullpunkt des Lebens, dem Nullpunkt, dass ich hier bin, dem Nullpunkt von Bewusstsein, mit dem ihr eine Verbindung habt –, und alles fängt an, sich zu bewegen und zu fließen. Das ist sehr anmutig. Es windet sich wie in einer Spirale empor und dehnt sich aus. Und das macht Spaß. Es ist verblüffend. Und ihr werdet sagen: »Ich nehme zurück, dass ich gesagt habe, dass dies mein letztes Leben auf der Erde ist. Das *macht* doch Spaß hier.«

Dienende Energie

Ihr seid dabei, in eure Meisterschaft zu gelangen, worum ihr vor langer Zeit gebeten habt. Ihr kommt zum wahren Verständnis für das, was Energie ist, wie sie wirkt und wie sie eurem Bewusstsein entspricht. Es ist wirklich einfach.

Ihr kommt zur Meisterschaft, wobei ihr ein tiefes und leidenschaftliches Verständnis dafür habt, dass Energie existiert, um euch zu dienen. Ihr habt diese Worte früher schon öfters gehört, aber sie sind noch nicht richtig eingesunken. *Energie ist hier, um dir zu dienen.* Sie möchte das.

Wir haben früher einmal, auch in den Lehrgängen der Mysterienschulen, darüber gesprochen, wie man Energie befehligt. Es gibt da immer noch einen Widerstand bei manchen von euch gegen *Kommandieren.* Manche von euch meinen noch, dass dies ein zu harscher Ausdruck sei. Bitte begreift, dass die Energien hier sind, um euch zu dienen. Energien wollen Anordnungen erhalten. Sie wollen wirklich kommandiert werden. Wenn sie ohne klare Befehle wirken, gelangen sie entweder nicht in euer Leben oder sie erweisen sich als ziemlich chaotische Energien. Energie liebt nichts mehr, als euch zu dienen, euch bedingungslos zu dienen.

Jetzt kommen wir zu einem kleinen Problem. Ihr habt vielleicht auch gespürt, wie sich die Energie im Raum verändert hat, als ich die Worte »Dienst«, »dienen« und »Diener« gebraucht habe. Ihr denkt vielleicht zunächst einmal: »Ich bin ein Diener gewesen, und das ist Mist« (Lachen). Ihr habt frühere Leben als Bedienstete geführt, als Diener im Herrscherhaus, als Diener im Militär, manche von euch als Diener in großen Firmen – ihr nennt das dann »Angestellter«. Ich nenne es Diener. In diesem Leben seid ihr Diener gewesen, deshalb verwende ich den Begriff »Bediensteter«, und gleich regt sich Widerstand.

Viele von euch sind Boss gewesen. Ihr wart dann diejenigen, die Bedienstete hatten, und das ist euch aus der Hand geglitten – vielleicht habt ihr sie nicht fair behandelt. Vielleicht habt ihr Energie von ihnen geraubt. Vielleicht habt ihr euren Ärger an ihnen ausgelassen und an einem bestimmten Punkt habt ihr gesagt: »Das mache ich jetzt nicht mehr länger mit. Ich werde kein Herrscher mehr sein, kein König, keine Königin, kein Boss. Ich gebe das alles auf.« Und dieses ganze »Das mache ich jetzt nicht mehr« hat euch an diesen Nullpunkt gebracht, an dem ihr nun gar nichts mehr tut.

Bitte begreift, dass Energie euch dienen möchte. Und viele Menschen wollen euch übrigens auch dienen. Habt ihr das Motto auf den Ansteckern des Personals auf diesem Schiff gesehen?* »Dienst mit Leidenschaft.« Es ist auf den Namensschildern mit aufgedruckt. Leidenschaftlicher Dienst! Sie wollen euch wirklich dienen.

* Das Schiff hieß: Sonesta Moon Goddess Nile River Boat

Heißt das nun, dass ihr sie ausnutzen sollt? Natürlich nicht. Bedeutet das, dass ihr deren Energie rauben sollt? Selbstverständlich nicht. Aber könnt ihr ihnen die Freude machen, dass sie euch dienen dürfen? Damit ringt ihr noch. Aber es steht doch auf ihren Ansteckern ausdrücklich drauf: Dienst mit Leidenschaft.

Was meint ihr wohl? Sie sind nicht die Einzigen. Es gibt eine Vielzahl von Menschen, die noch in Diensten stehen. Es ist ein Teil ihrer Entwicklung, wie es dies für euch einmal war. Es war Teil eures Lernens. Ihr hattet sehr viele Leben als Bedienstete, ihr habt daraus gelernt, und am Ende habt ihr gelernt, dass ihr auch Gott seid. Nun gibt es keine Notwendigkeit mehr, Diener für andere zu sein. Und genau das werden sie auch lernen, aber jetzt ist dies der Weg, den sie gewählt haben. Meister erlauben anderen Menschen, ihnen zu dienen. Das klingt vielleicht ein bisschen seltsam. Es bringt möglicherweise alte Erinnerungen hoch. Aber, liebe Freunde, haltet inne und betrachtet das. Spürt hinein. Energie möchte euch dienen. Das tut sie durch andere Menschen. Das tut sie durch Gaia. Sie macht es durch die Luft, die ihr atmet. Energie ist erschaffen worden, um zu Diensten zu stehen, und das möchte sie für euch jetzt auch tun.

Ich werde euch deshalb vorschlagen, vielleicht sogar dazu herausfordern, Energie zu gestatten, euch zu dienen und nicht überrascht zu sein, wenn sie das dann auch macht. Seid nicht erstaunt, wenn die richtige Person zum richtigen Zeitpunkt auftaucht. Seid nicht überrascht, wenn euch die richtige Idee im richtigen Moment einfällt. Seid nicht erstaunt, wenn sich Synchronizität als eine Form der

Lebensführung erweist, und nicht als etwas Einmaliges oder Ungewöhnliches. Es geschieht. Es passiert gerade jetzt für euch. Energie klopft an eure Tür, um euch zu dienen.

Ich komme auf die Frage zurück: »Was willst du? Während Energie an deine Tür klopft – was möchtest du?« Das ist, was Tobias den Punkt der Trennung nannte. Du verabschiedest dich von deinem alten Selbst und gehst in ein erweitertes Bewusstsein über, in eine ganz neue Ära. Was willst du? Beginne, eine Wahl zu treffen. Fang an, damit zu spielen. Fang an, Spaß dabei zu haben, und erlaube der Energie, dir zu dienen.

Du wirst erkennen, dass der wahre Meister, der seiner selbst bewusste »Ich Bin«-Meister tatsächlich den allerbesten Dienst erweist, denn wenn du erst einmal deine eigene Meisterschaft verstanden hast, wenn du erst einmal begriffen hast, wie Energie funktioniert, dann kannst du dienen, ohne ein Diener, eine Dienerin zu sein. Du kannst anderen auf einer völlig anderen Ebene dienen. Ich stehe jedem Einzelnen von euch zu Diensten, und das liebe ich. Ich liebe es zunächst einmal, weil ich weiß, dass ihr keine Energie oder sonst etwas von mir stehlen werdet. Das könntet ihr auch nicht, selbst wenn ihr es versuchen würdet. Ich liebe es aber auch, weil im Verstehen und Erleben des Ich Bin die Freude jetzt richtig anfängt. Ich kann dienen. Ich habe keine Absichten. Alles geschieht frei und liebevoll.

Nur der Meister kann wahrhaft dienen. Alle anderen sind nur Bedienstete.

Wenn der Meister oder die Meisterin dienen, dann kümmert er bzw. sie sich nicht um das Ergebnis; es ist einfach. Ich diene euch heute Abend. Was ihr damit anfangt, liegt an euch. Ich hege keine Absichten und plane nicht, ob ihr in den nächsten paar Tagen euer eigener Meister werdet oder ob ihr euch entscheidet, niemals ein Meister, eine Meisterin zu sein. Ich habe keine Agenda. Ich bin einfach nur geehrt, und ich freue mich, euch zu dienen.

Es ist eine Art von Paradox. Wenn du ein Meister wirst, dann dienst du wirklich und du lässt alles dir auf passende Weise zu Diensten sein. Du musst Energie nicht mehr zwingen, und du musst nicht mehr mit Energie ringen. Du musst nicht herauskriegen, wie sie funktioniert. Sie ist einfach da.

Meisterschaft ist eine einfache Sache. Das »Ich Bin« ist einfach. Ich Bin Was Ich Bin. »Ich brauche nichts von irgendjemandem, und ich habe alles, um zu teilen und zu geben. Ich ruhe in mir selbst. Ich brauche nichts von anderen zu nehmen. Ich muss nicht geben. Ich habe aber eine fröhliche Leidenschaft, mich auszudrücken und auszutauschen und zu geben.« Das ist Meisterschaft.

Das Thema heute Abend ist also: Seid ihr bereit dafür, dass Energie euch dient? Seid ihr bereit, echte Meister zu sein? Seid ihr bereit, nicht nur darüber nachzudenken, sondern es auch zu tun? Seid ihr bereit, euch zu öffnen, euch zum Ausdruck zu bringen, damit zu spielen, darin zu sein? Und aufzuhören, darüber nachzudenken?

So, liebe Freunde, erhebt euch von euren Händen und Knien. Wie viele Leben hindurch habt ihr euch vor anderen verneigt und auf den Knien gelegen?

Bei uns hier in Ägypten sind Energien der Alten, von denen einige später selbst zu Meistern wurden, und andere, die immer noch in den Felsen, in der Erde, in der Luft stecken, und wieder andere, die auf die Meister der Neuen Energie hier warten, die sagen: »Endlich haben wir es kapiert. Endlich begreifen wir«, damit sie euch nun den Stab weiterreichen können. Nicht, damit ihr auf ihren alten Wegen und in ihren alten Techniken stecken bleibt, sondern damit ihr die Neue Energie auf eure eigene, neue Weise weiter entfalten könnt.

Wie macht ihr das? Fangt damit an, mit den Energien zu spielen. Beginnt, sie in Bewegung zu versetzen. Fangt an, sie zu erleben. Das ist so einfach.

Dienen

Nur der Meister, die Meisterin kann wahrhaft dienen. Alle anderen sind nur Bedienstete.

Wahrer Dienst kommt nur von einem Meister, von einer Meisterin. Jeder andere ist nur ein Diener. Wie viele Lebenszeiten hindurch seid ihr Diener gewesen? Wie viele Leben lang seid ihr unter dem Bann einer Hypnose gewesen und habt Dinge gemacht, die ihr eigentlich gar nicht tun wolltet, aber ihr als Diener musstet sie tun? Für euren Chef, eure Firma, eure Eltern, eure Aspekte, eure Religionen, eure Glaubensmuster. Ihr seid eine lange Zeit Diener gewesen.

Ein Diener verfolgt eine Absicht. Entweder strebt er etwas an wie Gehalt oder ein gesichertes, bequemes Leben, oder der Diener trägt ein Glaubensmuster in sich, das ihm nicht erlaubt, sein eigenes »Ich Bin« zu verstehen. Blickt nach draußen. Schaut euch jede beliebige Stadt da draußen an. Sieh deine Freunde und deine Angehörigen an. Die meisten von ihnen, nein, womöglich alle, sind Diener. Und ihr habt selbst schon eine lange Zeit auf dem Dienerstuhl gesessen, und ein so toller Stuhl ist das letzten Endes nicht.

Der Meister ist jemand, der sein »Ich Bin« begreift. Er versteht, dass er auch Gott ist, und dass alles, wirklich alles, aus seinem eigenen Inneren kommt. Der wahre Meister braucht *nichts* von außen, und doch vermag er mit allen äußeren Energien zu spielen und sie zu genießen. Er verfolgt jedoch überhaupt keine eigenen Absichten, er hat keine Wünsche und kein Verlangen. Deshalb können solche Meister wahrhaft dienen – solchen Menschen dienen, die dabei sind aufzuwachen, solchen Menschen dienen, die bereit sind, wirklich etwas zu verändern, nicht nur über Veränderungen zu reden, sondern sie tatsächlich durchzuführen.

Da Meister, die dienen, keinerlei Agenda haben, bieten sie den besten Dienst, der von Mitgefühl getragen wird. Sie haben es nicht nötig, sich selbst gut zu fühlen, indem sie dienen. Ihr Selbstwert beruht nicht darauf, dass sie dienen. Es macht ihnen nur Freude. Es erinnert die Meister an ihre eigene Reise und deren Höhen und Tiefen, deren Herausforderungen. Meister haben große Freude daran zu dienen, weil sie wissen, dass ein weiterer Teil Gottes sich entwickelt und ausdehnt und eigene Freude entdeckt, sich selbst entdeckt.

Viele von euch sind in Knechtschaft gewesen durch das Bestreben, anderen zu helfen; ihr hattet damit eigene Absichten vermischt und gemeint, dass wenn ihr nach wie vor auf euren Knien seid und euch vor anderen verneigt, dass euch das irgendwie den Eintritt ins Nimmerland*, in die Himmel einbringen würde. Ich gehe jetzt darauf ein, weil ihr tatsächlich in die Meisterschaft geht.

* In der Vorlage Neverland; bezieht sich auf Peter Pans Geschichte (Anm. d. Ü.).

Ihr geht aus der »Nullpunkt-Zone« heraus, ihr geht in die Meisterschaft über. Eines der größten Geschenke, die ich euch anderen geben sehe, ist wahrer, mitfühlender Dienst ohne eigene Absichten dahinter. Deshalb habt ihr euch entschlossen, in diesem Leben hier zu sein. Deshalb habt ihr euch entschieden, in diesem Leben zu *bleiben*, trotz bestimmter Herausforderungen und Schwierigkeiten. Das werdet ihr für den Rest dieses Lebens tun – Meister des Dienens zu sein, und auch Meister der Freude. Wie lange ist es her, dass ihr das Leben ganz und gar genießen konntet, also nicht nur euch durchzukämpfen, sondern euch wirklich daran zu erfreuen?

Meister richten sich auf ihr Selbst aus. Sie sind integriert. Sie sind ganz. Das verändert die Art und Weise, wie Energie auf sie reagiert. Es wird mühelos. Das ist jetzt keine Übertreibung: Das Leben wird mühelos, und es fließt. So sollte es ja auch sein. Diese ganzen Vorstellungen davon, sich anstrengen und kämpfen zu müssen, Lektionen zu lernen, ist sehr alt. Das brauchen wir heutzutage nicht mehr.

Es gibt Hunderte von Aufgestiegenen Meistern, die jetzt in einem physischen Körper auf die Erde zurückgekehrt sind. Sie sind gekommen, seit sich Tobias 2009 wieder inkarniert hat. Sie sind hier in absolutem Dienst und wie in einem fröhlichen Urlaub. Sie wollen einfach hier sein. Sie sind hier, um anderen Menschen zu dienen, und viele von euch werden mit ihnen zusammenarbeiten. Die Aufgestiegenen Meister kommen zurück, um mit den bereits inkarnierten Meistern zusammen zu sein – mit euch!

Ihr seid durch viele, viele Jahre des Loslassens, der Entlastung, der Befreiung gegangen. Ihr habt euch mit den Fragen auseinandergesetzt, ob ihr hier sein wollt oder nicht. Ihr habt euch entschlossen, hier auf der Erde zu bleiben. Ihr habt es euch selbst ausgesucht, hier in meinem Lehrgang zu sein. Der nächste Schritt ist Meisterschaft, das »Ich Bin«.

Meisterschaft

Ich werde euch einige sehr wichtige Dinge über Meisterschaft erzählen. Zunächst einmal ist sie sehr simpel, sehr einfach und leicht. Ihr werdet euch wirklich ärgern über euch selbst, wenn ihr sie endlich realisiert. Erst mal werdet ihr ärgerlich sein, dass ihr euch die Reise selbst so schwergemacht habt. Dann werdet ihr über euch selbst lachen. Und später werdet ihr schließlich die Schönheit realisieren, wie ihr alles in eurem Leben erschaffen habt, um darauf hinaus zu laufen. Aber ihr werdet euch auch sagen, dass ihr nicht in die alten Methoden unbewusster Erschaffung zurückfallen werdet. Ihr werdet ein *bewusster, dynamischer, liebevoller* und *integrierter* Schöpfer, eine solche Schöpferin bleiben.

Es ist absolut und unglaublich simpel. Du musst nichts studieren. Du musst nicht beten oder meditieren. Gebete sind etwas für Diener. Sie dienen einem unbekannten Gott. Sie dienen irgendeiner höheren Macht. Sie dienen etwas, das außerhalb ihrer selbst ist, und das ist auch so in Ordnung. Das ist einfach einer der Wege nach Hause, zurück zum Selbst. Aber nachdem du auf deinen Händen und Knien mehr Leben zugebracht hast, als dass du noch mehr davon wissen wolltest, gehst du darüber hinaus in die Meisterschaft, in das »Ich bin, was ich bin«.

Es ist so einfach wie atmen. Atme tief ein. Der Atem bringt Leben in die irdische Wirklichkeit. Der Atem erinnert dich an die All-Liebe von Spirit, des Spirits, der du bist. Der Atem teilt deinem Bewusstseinskörper mit, dass du das Leben wählst. Der Atem lädt Energie ein, zu dir zu kommen, um dir zu dienen. Jedes Mal, wenn du dich in einem Dilemma befindest, in irgendeiner Art von Drama, in einem Problem – atme tief, bringe den tiefen Atem herein.

Tönen* ist der Ausdruck des Atems. Wie ich zuvor erwähnte, haben so viele von euch ihren Ausdruck zurückgehalten, weil sie befürchten, als dass erkannt zu werden, was sie sind, aus Angst, sich vielleicht auf eine falsche Weise zum Ausdruck zu bringen. Ihr habt Schichten und noch mehr Schichten aus Lebenszeiten, in denen euch aufgetragen wurde, euch nicht zum Ausdruck zu bringen. Ihr habt euer Selbst unterdrückt. Tönen bringt das »Ich Bin« zum Ausdruck und manifestiert es in dieser Realität. Es lädt alle Energie und alle Lichtpartikel auf und zieht sie zu euch an, damit sie euch dienen.

* In der Vorlage toning; damit ist generell das hörbare »Singen« von einzelnen Lauten, Tönen oder Klängen gemeint. In diesem Zusammenhang geht es um ein Ertönen-Lassen von innen heraus (Anm. d. Ü.).

Ein Meister sein

Ein Meister erlaubt diesen Energien im Körper zu sein, und er erteilt dem Körper entsprechende Befehle. Ab einem bestimmtem Zeitpunkt gibt es keinen Grund mehr zu tönen, außer zu einer regelmäßigen Einstimmung oder Abgleichung, weil der Ton immer da ist. Der Ton ist konstant. Das Tönen werdet ihr anfangs sicher laufend üben, aber wenn ihr merkt, dass der innere Ton immer vorhanden ist, dann wiederholt ihr das Tönen vielleicht alle paar Wochen einmal, als eine erneute Einstimmung und Ausrichtung.

Ein Meister ordnet den Energien im Körper an, ihm auf passende Weise zu dienen; Unreinheiten auszuschwemmen, Krankheit aufzulösen, alles loszulassen, was nicht zu eurer Reise gehört. Und ein Meister hält diese Energie die ganze Zeit über in seinem Körper aufrecht.

Das alles kannst du spüren, wenn du die »Ich Binheit« im Inneren erkennst. Du fühlst den Unterschied in deinem Körper, in deiner Haltung und anstatt so zu sein (Adamus sinkt in sich zusammen), spürst du, wie du dich aufrichtest und wieder öffnest. (Adamus steht aufrecht.) Es macht sich in deiner Haltung bemerkbar. In deinem Auftreten und in deiner Sprechweise. Es zeigt sich in der Anmut deiner physischen Gestalt. Anstatt scheu zurückzuweichen, dich zurückzuhalten, hast du ein Gefühl von Offenheit. Du hast vor Energien keine Angst mehr und auch nicht mehr vor anderen Menschen.

Manche von euch haben heute Morgen die Herausforderung angenommen und sind auf den Markt gegangen (ein Markt in Ägypten). Und ihr seid in der Mitte der Marktstraße entlanggegangen, genau inmitten von Verkäufern, und was ist passiert? Wie bei Moses teilte sich das Meer der Verkäufer und machte euch den Weg frei. Ihr musstet ihnen nicht die Stirn bieten. Ihr musstet sie nicht fortschieben. Ihr habt eure Meisterschaft in eurem Körper aufrechterhalten, und sie sind einfach zur Seite gegangen, weil der Gott in ihnen begriff, dass der Gott in euch heute nicht in Kauflaune war.

Wenn das »Ich bin« in eurem Körper mit Leben erfüllt wird, dann verhaltet ihr euch anders, ihr führt euch anders auf, und die anderen werden das bemerken. Sie werden darauf reagieren, und zwar mit Respekt, mit Bewunderung und mit der Einsicht, dass sie sich nicht mehr mit eurer Energie versorgen oder sie von euch stehlen können. Ihr hattet ihnen eine lange Zeit hindurch gestattet, Früchte von eurem Energiebaum zu pflücken, aber jetzt werden sie zur Seite treten.

Wenn das »Ich Bin« deines Bewusstseinskörpers aufblüht, dann wirst du dich lebendiger fühlen, gesünder, strahlender und ausdrucksstärker. Das wird sich auf jeden Teil deiner selbst auswirken, einschließlich deiner Träume. Es wird Folgen darauf haben, wie du schreibst. Wie viele von euch schreiben, aber es fällt ihnen schwer, sich auf das Thema zu konzentrieren, sie können nicht recht den Fokus erlangen. Mit Meistschaft wird sich dein Schreiben verändern. Es wird klar und auf den Punkt gerichtet sein, und die Leser werden davon berührt – nicht nur von den Worten, sondern vielmehr durch die Energie. Deine Musik verändert sich. Deine Lyrik wandelt sich. Sie wird Klarheit, Energie und Meisterschaft enthalten. Und du musst noch nicht einmal schwer daran arbeiten, sondern es geschieht einfach.

Hier eine Erinnerung daran, was man *nicht* tun sollte. In Meisterschaft versuchst du nicht, die Hitze zu verändern, welche die Sonne ausstrahlt. Du versuchst nicht, ein Gewitter am Horizont zu transformieren, denn du hast die Einfühlung und das Verständnis, dass dies ein Teil der Zyklen der Natur darstellt. Aber in deiner Herrschaft über dich *selbst,* und weil du in der Lage bist, deine *eigene* Energie zu befehligen, wirst du dich ganz an die Hitze, die Sonnenstrahlung, den Regen anpassen.

In deiner Meisterschaft gibst du anderen keine Befehle, sondern du befiehlst nur der Energie. Du verlangst nicht, dass andere dir ihr Geld aushändigen oder dir einen Gefallen erweisen. Aber da du dich selbst beherrschst, wollen sie dir irgendwie auf ganz natürliche Weise zu Diensten sein. Man kann auch sagen: Alles vollzieht sich in Synchronizität und auf elegante Weise. Alles findet ganz natürlich seinen Platz.

In Meisterschaft brauchst du den Lärm um dich herum nicht psychisch oder medial zu zwingen, still zu sein, damit du hören kannst. Du beherrschst dein eigenes Selbst, sodass du hören kannst, was du hören willst.

Du musst anderen Menschen nicht deinen Willen aufzwingen. Du brauchst nicht die Welt um dich herum zu verändern. Du beherrschst deine eigene Präsenz in deinem Bewusstseinskörper.

In Meisterschaft kommandierst du dich selbst. Du befehligst deinem Schlaf. Als der Meister, als die Meisterin ordnest du deinem Körper an, wann er schlafen soll. Du ordnest an, wie er schlafen soll – ob tief, ob mit intensiven Träumen, ob zu physischer Verjüngung. Du kommandierst deinen Körper, und du wirst rasch herausfinden, dass die Vorstellung sieben, acht oder neun Stunden Schlaf gar nicht nötig ist, außer wenn du das so anordnest.

Als Meister, als Meisterin kannst du Tage um Tage ohne Schlaf und dennoch von Energie erfüllt sein, und dann fällst du vielleicht in einen tiefen Winterschlaf. Es gibt einen Winterschlaf, der anders ist als der Schlaf im Traumzustand. Viele von euch haben sich tief in den Schlaf im Traumzustand eingelassen, der sehr aktiv und intensiv ist. Ihr habt aber vergessen, Winterschlaf zu halten, euch gewissermaßen in einen Kokon einzuspinnen, um euch zu verjüngen. Der wahre Meister begreift, dass er Schlafzustände anordnen kann – und das kannst du heute Nacht auch tun.

Du lernst, wie du jedem Aspekt deiner selbst und deinem Leben Anordnungen geben kannst, und du verstehst, dass deine Biologie dir dienen möchte. Bisher hast du gegen sie gearbeitet. Du wirst begreifen, dass der Verstand verdreht worden war, dass er manipuliert und mit Emotionen angefüllt wurde. Der Verstand ist nicht dafür geschaffen, mit Emotionen umzugehen, aber die Menschen haben ihre Emotionen dem Verstand übergeben.

Der Meister befiehlt dem Verstand das zu tun, wofür er entwickelt wurde. Er wurde entworfen, um dir zu helfen, in dieser Realität zu navigieren und zu reisen. Er ist so gebaut, dass er dir beim strukturellen Teil deiner menschlichen Reise helfen kann, aber nicht beim emotionalen Teil. Du kannst dir selbst ansagen, emotional zu sein, ohne dramatisch zu werden. Du kannst deinen Energien anordnen, sensibel zu sein, wenn sie sensibel sein sollen, und zu fühlen, mit deinen Sinnen zu spüren, wenn du Energien fühlen möchtest.

So, liebe Freunde, hier sind wir also – Leben in Meisterschaft. Wir denken nicht mehr darüber nach, wir studieren das nicht weiter, sondern wir tun es. Ihr tut es für euch selbst.

Biologische Verjüngung

Heilung, Wiederherstellung von Ausgleich und Verjüngung sind Fähigkeiten, die eurer Biologie innewohnen. Euer Körper kann sich heilen und reparieren ohne irgendwelche äußerlichen Mittel, Medikamente oder Therapien. Der biologische Körper besitzt ein sehr hoch entwickeltes Kommunikationssystem, das feststellt, wenn ein Teil von ihm aus dem Gleichgewicht geraten ist und weiß, welche Energien passend sind, um sie zum erneuten Ausgleich dorthin zu senden.

Die Menschen haben aufgehört, mit ihrer Biologie zu kommunizieren und haben das Vertrauen zu ihrem Körpersystem verloren. Darüber hinaus übernehmen die meisten Menschen nicht die Verantwortung für das, was in ihren Körpern vor sich geht. Stattdessen verlassen sie sich auf Ärzte und Heiler ... auf alles Mögliche, aber nicht auf sich selbst.

Im Lehrgang über »Standard Technology«, den Tobias und ich leiteten, gingen wir in die Einzelheiten des wirkungsvollen Verjüngungsnetzwerks in eurem biologischen Körper. Das ist teilweise elektrisch, teilweise magnetisch und sehr mit eurem Bewusstsein verbunden. Eure Biologie steht in ständigem Austausch mit sich selbst, um die Energien zu überprüfen und auszugleichen.

Wenn du jedoch aus dem Vertrauen in deine Biologie aussteigst, wenn du dann kein souveränes Wesen mehr bist, werden diese Kommunikationskanäle teilweise abgeschaltet. Dann wird dir ein Signal gesandt, ein sehr klares Signal. Irgendetwas fängt an wehzutun. Etwas wird krank. Manchmal besteht das Signal in einer anhaltenden Erkältung oder einer Grippe, die einfach nicht weggehen will. Eine Erkältung oder eine Grippe ab und zu sind zur Reinigung, zur Säuberung großartig. Wenn sie jedoch länger als eine Woche dauern, sendet dir dein Körper ein Zeichen: Es ist Zeit, mal wieder Vertrauen aufzubauen. Machen wir das jetzt gleich.

Warum? Warum führe ich das in diesen Kurs ein? Weil es ein Teil von interdimensionaler Lebensführung ist. Du bist nicht nur ein physischer Körper. Ein Energiekörper umgibt dich. Der Energiekörper existiert in anderen Ebenen, und beide sind ganz miteinander verbunden. Wenn sie jedoch blockiert werden, wenn man sich mit physischen Mitteln vollstopft, dann geraten sie aus dem Gleichgewicht.

Wir wollen jetzt etwas gemeinsam tun. Nimm einen tiefen Atemzug ...

... und lass deinen Bewusstseinskörper, das heißt alles, was du bist, das Ich Bin fühlen. »Ich Bin Was Ich Bin.« Anders gesagt teilst du mit, dass du wieder zu Hause bist. Du sagst damit aus, dass du Verantwortung übernimmst für deinen Körper, deinen Verstand, deinen Spirit, für das Ich Bin. Du übernimmst Verantwortung für den Moment des Jetzt.

Damit sendest du ein sehr schönes Signal an jeden Teil von dir aus. Es sagt, dass du lebendig bist, dass du hier bist, dass du das Leben wählst.

Im wahren Ausdruck des Ich Bin, in der wahren Essenz des Ich Bin, schwingt dieses Signal durch deinen gesamten physischen Körper und durch deinen Energiekörper.

Mit der deutlichen Annahme des Ich Bin fließen Wellen auf Wellen von Energie durch jeden Teil von dir.

In diesem wundervollen Augenblick kannst du deinem Bewusstseinskörper vertrauen, dass er selbst wieder ein Gleichgewicht herstellt. Dein Körper weiß, wie er sich von Unreinheiten befreit, die sich in jedem Alltagsleben ansammeln. Dein Körper weiß, wie er Energie auf jeder Ebene verwandeln und vorwärtsbewegen kann – in der DNA, in deinen Zellen und in deinen Organen.

Liebe und vertraue deinem physischen Körper. Er ist hier, um dir zu dienen. Der natürliche Zustand deiner Biologie ist Gesundheit und Balance. Erlaube deinem Körper, in diesen natürlichen Zustand zurückzukehren.

Gib dir selbst die Erlaubnis, dich wieder auszugleichen, dich zu verjüngen.

(Pause)

Erlaube all diesen kleinen Energieimpulsen, die ganz tief im Inneren sind, wieder in ihren natürlichen Zustand zurückzukehren. Sie wissen, was sie zu tun haben. *Du* weißt, was du zu tun hast.

(Pause)

Wenn du atmest, erlaube deinem Körper, sich zu verjüngen, wieder lebendig zu werden, deinen höchsten Potenzialen zu dienen.

(Pause)

Dein Körper wird sich von alten Giftstoffen befreien. Dein Körper wird einige Veränderungen durchmachen, die du vorübergehend vielleicht als unbequem empfindest, die aber letztlich dazu dienen, toxische Belastungen zu lösen und den Körper zu verjüngen. Es ist einfach. Es ist verblüffend.

Nimm einen tiefen Atemzug. Lass deinen Körper sich auf natürliche Weise reinigen, verjüngen und ausgleichen.

Multidimensional werden

Multidimensionales Leben

Eine grundlegende Annahme: Die große Mehrheit der Menschen lebt ein sehr schales, ein leeres Leben. Sie existieren nur in Verbindung zu einem sehr kleinen Bezugspunkt und sind sich im Großen und Ganzen nicht bewusst, was eigentlich wirklich vor sich geht. Sehr wenige erfahren ein wirklich multidimensionales Leben.

Ein multidimensionales Leben macht es möglich, dass ihr sehr präsent in dieser Realität seid, die wichtig ist. Es ist wichtig, im Jetzt zu sein. Das erlaubt euch, aus diesem Moment des Jetzt mit eurem Bewusstsein, mit eurer Wahrnehmung, in andere Bereiche zu gehen. Zum Beispiel gewahr zu sein, dass hier und jetzt in diesem Saal andere Wesenheiten anwesend sind.

Ihr versteht das Konzept vielleicht, aber könnt ihr wirklich fühlen, dass andere Wesenheiten hier bei uns sind, und um euch herum schweben? Einige von ihnen senden euch sogar Energien; andere sind gerade erst auf die andere Seite gegangen, also »gestorben«, und sie wundern sich, dass wir über Wesenheiten sprechen. Sie beteiligen sich an diesem Treffen, natürlich ohne dafür zu zahlen. Andere Wesenheiten assistieren mir. Das wahrzunehmen ist eine erstaunliche Sache.

Multidimensionale Bewusstheit bedeutet, dass ihr die Energie von Gaia, von Mutter Erde spüren könnt. Sie ist ein lebendiges Wesen, nicht nur Erde und Wasser. Und in den kommenden Jahrhunderten werden ihre Energien diesen Planeten verlassen, und sie übergibt ihre Aufgabe der Hüterin und Treuhänderin der Erde an die Menschen. Ob ihr das schon wisst oder nicht: Ihr seid Teil jener, die diese neue Verantwortung übernehmen.

Du besitzt die Fähigkeit, zeitlose Wirklichkeit wahrzunehmen und dich selbst offen und frei in die Potenziale deiner Zukunft einzufühlen. Was steckt alles in deinen Potenzialen? Was kommt morgen? Was in einigen Monaten? Woran arbeitest du gerade auf anderen Ebenen, was du hier auf die Erde bringen kannst?

Mit einer multidimensionalen Bewusstheit kannst du in die Vergangenheit gehen, ins Gestern, um zu entdecken, was wirklich geschehen ist, und nicht, was du dir darüber zusammengereimt hast, als du vielleicht vor Jahren ein traumatisches Erlebnis gehabt hattest. Du kannst dein Bewusstsein in die Vergangenheit ausdehnen und die anderen Potenziale wahrnehmen, die genauso real sind wie das, was du meinst, dass es passiert ist. Du kannst sehen, wie und warum du Entscheidungen getroffen hast und warum du dir nicht die Erfahrung der anderen Potenziale gewählt hattest.

Wenn du dir Freiheit der multidimensionalen Expansion zugestehst, kannst du tatsächlich in andere Teile der

Schöpfung reisen – in die kristallinen Reiche, in die Engeldimensionen und in die Ebenen, die der Erde nah sind. Du kannst deine Bewusstheit öffnen für Zivilisationen in weit entfernten Dimensionen, in denen die Lebewesen keinerlei Ähnlichkeit mit menschlichen Lebensformen haben. Du kannst dann auch die Ursprünge dieser anderen Zivilisationen erforschen.

Es ist ganz natürlich

Multidimensionale Bewusstheit ist ein natürlicher Seinszustand. Ihr habt ihn gehabt, bevor ihr zum ersten Mal auf die Erde gekommen seid. Damals war das viel leichter, weil es noch nicht die Schichten von Massenbewusstsein und die vielen Leben in der physischen Realität der Erde gegeben hatte. Es ist jedoch der natürliche Zustand. Aufgrund des Geburtsrechts als Engel besitzt ihr die Fähigkeit, auf mehr als einer Dimension gleichzeitig bewusst zu sein.

Eure Erfahrungen von vielen, vielen Leben im physischen Körper haben dazu geführt, dass ihr eure multidimensionale Bewusstheit abschaltet. Das war so auch einigermaßen beabsichtigt. In euren Lebenszeiten auf der Erde, einschließlich der Leben in der Zeit von Lemurien, hattet ihr ein starkes Verlangen, eure Engelsenergien auf die physische Realität zu richten. Das war sehr schwierig. Ihr musstet hart daran arbeiten, eure Energie zu fokussieren und eure Essenz in der irdischen Wirklichkeit aufrechtzuerhalten, also weiterhin auf biologische Weise verkörpert zu sein.

Früher in den Zeiten von Lemurien fiel es euch leicht, aus eurem physischen Körper herauszuschlüpfen. Das Ergebnis war, dass euer biologischer Körper starb. Für ein Engelwesen stellte es eine große Herausforderung dar, in die harte physikalische Realität dieses Planeten abzusteigen. Aber mit einer Menge schwerer Arbeit und Entschlossenheit habt ihr gelernt, in die unnatürliche Dichte und Begrenztheit der Erde zu gelangen.

Ihr habt das vollbracht, was ihr euch vorgenommen hattet, und nun schließt sich der Kreis. Nachdem ihr inzwischen gelernt habt, eine intensive Konzentration auf die irdische Biologie aufrechtzuerhalten, öffnet ihr euch nun wieder für das, was euch immer gehört hat? Wie dehnt ihr euch wieder in die anderen Dimensionen aus, während ihr zugleich in eurem Körper bleibt?

Dimensionen, Bewusstsein und Energie

Was ist eine Dimension? Eine Dimension ist ein Partikel, ein Teilchen von Bewusstsein. Eine Dimension ist kein Ort. Sie nimmt keinen Raum ein und kennt keine Zeit – es sei denn, dass ihr sie so geschaffen hättet. Eine Dimension ist also nicht da draußen. (Adamus zeigt zum Himmel.) Eine Dimension ist ein Teilchen Bewusstsein. Dimensionen werden NUR von beseelten Wesen erschaffen. Wie ihr das seid.

Eine Dimension enthält keine Energie, wie auch ihr keine Energie enthaltet. Im Kern von Dimensionen gibt es keine Energie. Da die Dimension indes Bewusstsein ist, wird sie Energie aus dem »Feld« anziehen, um ihr zu dienen. Energie wird dem Bewusstsein dienen, indem es ihm die Illusion von Gestalt, Tiefe, Zeit, »Flow«, Schwingung, Farbe, Potenz oder andere Eigenschaften verleiht, wie es den Wünschen des Bewusstseins entspricht.

Wo kommt Energie her? Reine Energie ist in einem neutralen Seinszustand. Neutral. Reine Energie trägt keine positive oder negative Ladung. Sie schwingt nicht. Sie befindet sich in einem reinen, neutralen Zustand. Deshalb können Wissenschaftler sie nicht sehen und Mathematiker sie nicht verstehen, weil sie Ausschau halten nach etwas Greifbarem – aber reine Energie ist tatsächlich ganz neutral.

Wenn Bewusstsein eine Dimension erschafft, braucht sie dazu Energie, um die Dimension zu manifestieren. Energie wird aus dem neutralen Feld herbeigerufen und entwickelt dann eine Schwingungsladung. Sie verwandelt sich in eine Mischung von positiven und negativen Ladungen. Das Verhältnis von positiven zu negativen Ladungen hängt von den Erfordernissen der Dimension ab, in der die Energie dienen wird.

Wo kam Energie ursprünglich her? Eine gute Frage. Vom Augenblick an, als ihr euer Zuhause verlassen habt – die Einheit von Spirit, die Quelle, Ewige Liebe –, habt ihr ein starkes Verlangen gespürt, nach Hause zu gehen. Das war ein überwältigender Seelenwunsch. Dieses Verlangen war derart stark, das daraus das entstand, was ihr Energie nennt. Man nennt das auch Engelstränen.

Metaphorisch gesprochen ist dies der Treibstoff für das Sternenschiff, welches die Engel nach Hause zurück nimmt. Allerdings fliegt das Sternenschiff nicht wirklich nach Hause. Dein Sternenboot geht in deinen dritten Kreis, in deine Souveränität, deinen Aufstieg. Selbst wenn du versuchen würdest, nach Hause zurückzukehren, würdest du das gar nicht mehr finden, weil es nicht mehr das ist, was es einmal war.

In Wirklichkeit ist dies die Substanz, die man als Energie bezeichnet, die vom Bewusstsein genutzt wird, um Dimensionen zu formen.

Eine Dimension ist ein Teilchen von Bewusstsein. Dimensionen können von Schöpferwesen jederzeit erschaffen und auch wieder aufgelöst werden. Du kannst jetzt in diesem Moment eine Dimension erschaffen, sie bestehen lassen für eine Spanne von dem, was ihr Zeit nennt und was wir die Entfaltung oder Evolution von Erfahrung nennen. Und du kannst sie jederzeit wieder aus der Schöpfung verschwinden lassen. Das tut ihr ohnehin bewusst und unbewusst die ganze Zeit über.

Als wir diesen Workshop begonnen haben, wurdet ihr gebeten, einzuatmen und einen »geschützten Raum« zu erzeugen. Diese bewusste Entscheidung erschuf buchstäblich eine neue Dimension, eine nicht physische Dimension innerhalb einer physischen Dimension. In unserem Hotelraum hier haben wir eine neue Dimension erzeugt. Wenn ihr jeden Morgen durch die Türen geht, geht ihr nicht mehr in denselben Seminarraum, in den ihr am ersten Tag beim ersten Eintreten gekommen seid. Die Türen sind am selben Platz und der physische Raum scheint derselbe zu sein. Aber ihr tretet dennoch nicht mehr in *denselben* alten Saal ein. Ihr habt für euch selbst eine neue Dimension erschaffen – einen geschützten Raum. Gleichzeitig ist diese neue Dimension direkt mit unserem Seminarraum in den Engelreichen verbunden, wo wir diesen Kurs ebenfalls abhalten. Ihr merkt, dass ihr sehr multidimensional seid, aber ihr hattet einfach noch nicht festgestellt, wie viel um euch herum los ist!

Achtet einmal darauf, wenn ihr durch die Tür in unseren Seminarraum kommt. »Hm, irgendetwas ist ein bisschen anders.« Ja, es gibt eine andere Dimension. Sie besteht gleichzeitig mit den Dimensionen des physischen Saals, den ihr am ersten Tag betreten habt und überschneidet sich mit dieser. Falls ich euch völlig verwirre, dann atmet tief ein und fühlt das einfach.

Dies ist eine Dimension. Ihr habt sie erschaffen, damit sie euch dient. Sie hat Energie aus dem Feld oder dem Großen Potenzial angefordert. Diese Dimension hat Energie herbeigerufen, damit die Energie ihr dient. Ihr habt auch Energie mitgebracht, um euch bei einigen der Transformationen zu helfen, die ihr auf einer ganz persönlichen Ebene anstrebt. Ihr habt eine Menge an Heilungs- und Hilfeenergien hereingebracht, für euch und für andere. Diese Energien wirbeln nun alle in diesem Saal herum.

Dies hier ist eine Dimension. Sie besteht aus vielen Bewusstseinspartikeln – euren. Diese Dimension, die »Workshop über Interdimensionales Leben« genannt wurde, kann immer weiter und weiter leben, durch Zeit und Raum hindurch, oder ihr könnt euch entscheiden, sie in ein paar Tagen, ein paar Monaten oder ein paar Jahren in sich zusammenfallen zu lassen. Das liegt an euch. Wenn ihr sie kollabieren lasst, wenn ihre Existenz aufhört, wird die Erinnerung oder die Aufzeichnung dieser Dimension ewig leben. Das ist in der universellen Bibliothek eingetragen worden. Nicht in den Akasha-Aufzeichnungen, sondern es wird zu einem Teil des Codes der Gesamtschöpfung. Die Erinnerung daran lebt fort.

Dimensionen stapeln sich nicht unbedingt eine über der anderen. Es gibt da einen verbreiteten Irrtum in der Auffassung von New-Age-Leuten, dass es eine Hierarchie von Dimensionen gäbe – 1. Dimension, 2. Dimension, 3. Dimension, 4. Dimension und so weiter. Einige der spirituellen Gruppen reden darüber, in die 28. Dimension zu gehen oder Besuche von Engeln aus der 312. Dimension zu empfangen. So funktioniert das aber nicht. Es gibt KEINE Hierarchie der Dimensionen. Es gibt übrigens auch im Bewusstsein keine Hierarchie. Manches Bewusstsein ist offener als ein anderes, manches ist aktiver – aber kein Bewusstsein ist besser als ein anderes. Man könnte das Argument vorbringen, dass sogar ein enges Bewusstsein in Wahrheit gar nicht eng ist. Es erlebt sich lediglich auf eine sehr »fokussierte« Weise. Hmmm. Nun sollten sich einige von euch doch besser fühlen, nicht wahr?

Dimensionen gibt es in allen möglichen Gestalten und Formen, und sie können nach totalem Chaos aussehen, obwohl sie es nicht sind. Dimensionen können rund sein, viereckig, dreieckig; sie können ein Punkt sein oder eine Linie; sie können ein Klang oder eine Farbe sein. Sie können mikro oder makro sein; eine Dimension kann ein Vakuum oder ganz erfüllt sein. Manche Dimensionen kann man mathematisch, geometrisch oder mit Licht vermessen bzw. berechnen, aber bei den meisten klappt das nicht. Die meisten Dimensionen folgen keinerlei Gesetzmäßigkeiten, weil ihr einziger Zweck darin besteht, zu SEIN. Nur sehr wenige Dimensionen haben Regeln: die irdischen Dimensionen.

Wenn du als Meister bzw. als Meisterin dein Bewusstsein in andere Dimensionen ausdehnst und auf Chaos stößt, dann atme einmal richtig gut und tief ein und begreife, dass es kein Chaos ist. Geh über die Definitionen in Begriffen der alten Energie hinaus. Erlaube dir in dem zu schwimmen, was als Chaos erscheint – und mit einem

Mal wirst du die Schönheit der ganzen Schöpfung sehen. Du wirst aufhören, Dinge heilen zu wollen. Du wirst sogar aufhören zu versuchen, dich selbst zu heilen, und du erkennst die Vollkommenheit in allen Dingen.

Was euch als Chaos erscheinen mag, sind die Farben auf der Palette eines Malers. Es sind unterschiedliche Harmonien und Frequenzen und Töne und andere Arten, die Schöpfung zu erleben. Es gab kein Übel, es gibt keinen Teufel, es existiert keine Antithese zu Gott; alles ist nur Erfahrung.

Wie ihr andere Dimensionen erfahrt, hängt am Ende nur von einer sehr, sehr einfachen Sache ab. Ihr könnt mit mir oder mit jedem anderen erleuchteten großartigen Aufgestiegenen strahlenden Meister debattieren, und doch kommt es immer wieder nur auf eine Sache an: Entscheidung*. Wie entscheidest du dich, die Schöpfung zu erfahren?

* In der Vorlage choice. Das kann mit Entscheidung, Wahl, Auswahl, Alternative, Wahlmöglichkeit übertragen werden. In ausdrücklicher Abstimmung mit den Autoren wird es hier als Entscheidung übersetzt (Anm. d. Ü.).

Noch mehr über Dimensionen

Dimensionen sind nicht unbedingt singulär bzw. linear. Wir haben hier diese Dimension, die ihr als geschützten Raum geschaffen habt, für unser Treffen hier. Schon während der Zeit unseres Treffens ist diese Energie expandiert, indem sie Energien herbeigerufen hat, um ihr zu dienen. Weil sich euer Bewusstsein ausgedehnt hat, ist auch diese Dimension expandiert.

Denkt nicht, dass Dimensionen linear seien und einfach größer würden. Eine Dimension hat auch Tiefe. Sie wird kleiner, während sie größer wird. Sie wird tiefer, während sie seichter wird.

Jedes Mal, wenn ihr in den letzten Tagen etwas überlegt habt, hat das die Natur dieser Dimension verändert, sowohl was das Bewusstsein betrifft als auch wie viel Energie zur Verfügung steht. Jedes Mal, wenn ich euch eine Frage gestellt habe und ihr geantwortet habt, hat das diese Dimension verändert. Bewusstsein erschafft und verändert Dimensionen. Damit verändert es auch das Maß an Energie, was dort wirkt.

Wendet nun das gleiche Prinzip auf euer Leben an, das in gewisser Weise auch eine Dimension ist. Auf dieses Leben, auf euer ganzes Seelenwesen, das auch eine Dimension ist, und besonders auf diese nagende Frage, die sich durch unseren gesamten Kurs zieht: Was ist euer eigenes Gefängnis? Und die Frage, die sich daran anschließt: Entscheidet ihr euch, jetzt da herauszukommen?

Eure Antwort trägt das Potenzial in sich, die gesamte Beschaffenheit eurer Dimension zu verwandeln. Das heißt, dass diese nicht unabänderlich festgelegt ist. Sie ist nicht fix definiert. Sie ist nicht vorherbestimmt, es sei denn, dass ihr es so gewählt habt. Alles ist formbar. Wenn sich das Bewusstsein ändert, ändert sich die Dimension. Wenn sich die Dimension wandelt, wandelt sich die Energie.

Was ist euer Gefängnis? Schreibt in vier Worten oder weniger die Antwort auf. Was ist euer Gefängnis? Was hält euch zurück? Was hindert euch daran, das zu tun oder zu erreichen, was ihr wollt? Wisst ihr überhaupt, was ihr möchtet? Klarheit verändert die Art und Weise, wie Energie einer Dimension dient. Wenn ihr unklar seid, und ich frage »Was ist dein Gefängnis?«, und ihr schwafelt Seite um Seite irgendwelche mentalen Antworten, dann wird die Energie euch auch entsprechend dienen. Sie wird herumschweifen, hin und her wandern und unentschlossen sein.

Wenn ihr klar seid, ist die Energie klar. Wenn ihr begreift, wie euer Bewusstsein eure Dimensionen erschaffen hat – euer Gefängnis innerhalb eurer Dimension, eure Potenziale innerhalb dieser Dimension –, dann fangt ihr an, mit Energie auf eine sehr flüssige und anmutige Weise zu arbeiten. Ihr stellt dann fest, dass es viel leichter fällt, in der physischen Realität zu wirken. Ihr werdet nicht so müde. Ihr werdet nicht so mental. Das, was man Intuition nennt, wird viel einfacher wirken. Mit Klarheit ist nichts ein Mysterium, ein Rätsel.

Der menschliche Geist, der menschliche Verstand ist ein Widerspruch in sich. Er verlangt nach Ordnung und Struktur, liebt aber gleichzeitig Komplexität. Der Verstand liebt Kompliziertheit, weil das die Suche in Gang hält. Der Verstand ist darauf programmiert, nach Antworten zu suchen, und Komplexität macht das alles möglich.

Echte Klarheit entsteht aus eurem Bewusstseinskörper, aus eurer Ganzheit, aus der Fähigkeit, absolut klarzumachen, was ihr wollt. In unseren Kursen frage ich die Menschen oft, was sie wollen. Wirklich nur sehr wenige können die Antwort in knappen klaren Worten auf ein Stück Papier schreiben, sich das ansehen und sich dann darin verlieben. Vieles kommt immer noch aus dem Verstand. Viel ist einfach Rhetorik oder das, was ihr manchmal larifari nennt, einfach versponnen. Es ist dann das, was ihr *denkt,* dass ihr es wollt, aber was wollt ihr wirklich? Klärt, was ihr wollt, und ihr werdet es bekommen.

Dimensionen sind nicht singulär. Sie können ineinanderfließen. Die Dimension, die wir hier bei unserem Treffen erschaffen haben, koexistiert mit der physikalischen Dimension in diesem Raum. Sie koexistiert auch mit den anderen Dimensionen, die hier waren, bevor ihr angekommen seid. Am ersten Tag waren diese anderen Dimensionen deutlicher. Aber jetzt, nach ein paar Tagen, kommt *diese* Dimension in den Vordergrund, aber dennoch überschneiden sich noch einige der anderen Dimensionen damit.

Dimensionen können sich verbinden und eine kleine Reise unternehmen, so wie zwei Autobahnen zusammenkommen und zu einer werden. Sie ziehen unterwegs also andere Dimensionen an. Sie rollen dahin und tanzen zusammen, und manchmal trennen sie sich auch wieder.

Letztlich kannst du jedoch eine Dimension, da sie aus einem Teilchen deines Bewusstseins entstanden ist, auch wieder zu dir zurückrufen, um singulär zu werden. Du kannst jedes beliebige Bewusstseinspartikel aus anderen Dimensionen zurückziehen.

Das tut ihr auch, wenn ihr in euren dritten Kreis geht, also in den Status des Aufstiegs wechselt. Dabei ruft ihr buchstäblich euer gesamtes Bewusstsein wieder zu euch zurück. Ihr integriert es, ihr nehmt es in euren Bewusstseinskörper hinein, und ihr nehmt es mit in den Aufstieg. Ihr nehmt auch all eure Erfahrungen und euer ganzes Bewusstsein mit euch und hinterlasst nur einen Abdruck oder eine Erinnerung.

Eine weitere wichtige Eigenschaft von Dimensionen ist diese: Jede Dimension besitzt eine Vordertür und eine Hintertür. Mit einer Ausnahme, und man kann darüber streiten, ob das eine Dimension genannt werden sollte, mit der Ausnahme von Zuhause. Von Alles Das War, die Gottheit, Spirit, der, die oder das Ewige Eine – wie ihr das auch nennen wollt. Das hatte nur eine Vordertür, einen Eingang; ihr könnt nicht wieder zurück und dort eintreten. Es gibt dort nur einen Eingang. Damit ihr nicht wieder hineingelangen könnt, denn in Spirits großer Weisheit wusste sie, dass ihr versuchen würdet, nach Hause zurückzukehren. Sie sagte: »Hinaus mit euch aus dem Vogelnest, und ihr kommt nicht zurück.« Denn das hätte ja den ganzen Sinn und Zweck zunichtegemacht. Zuhause hat also nur eine Tür, die nur in eine Richtung aufgeht – aber alle anderen Dimensionen haben eine Vordertür und eine Hintertür.

Was bedeutet das? Warum ist das wichtig? Wenn ihr interdimensionale Reisen unternehmt, geht ihr durch die Vordertür hinein und durch die Hintertür wieder heraus. Wie wendet ihr das an? Nun, wenn ihr auf die andere Seite des Universums reisen wollt, dann braucht ihr dazu kein kleines Raumschiff aus Metall und ihr müsst auch nicht Millionen von Lichtjahren durchqueren. Ihr hüpft gewissermaßen durch die Dimensionen – Vordertür, Hintertür. Ihr befindet euch vielleicht in einer anderen Zeit, an einem anderen Ort, atmet tief ein und sucht euch aus, wohin ihr gehen wollt und vertraut dann euch selbst. Häufig passiert es, dass ihr tief einatmet, dass ihr eine Wahl trefft und dann sagt: »Aber ... ich bin mir nicht ganz sicher.« Das wirkt, als ob ihr jetzt auf die Bremse steigt.

Du atmest tief ein, du triffst eine Wahl, und du schwirrst buchstäblich durch die Vordertür, durch die Hintertür dieser Dimensionen. Du kannst zurückreisen in der Zeit. Du kannst, um es genauer zu sagen, zurück zu den Potenzialen. Du kannst in der Abfolge von Erfahrungen rückwärtsreisen.

Ich schlage euch vor, eure Vorstellung von Zeit zu ändern. In den anderen Ebenen gebrauchen wir Zeit nicht. Wir bemessen Expansion, indem wir die spiralförmige Evolution von Erfahrung als Maßstab anwenden. Man kann es auch Ausdehnung des Bewusstseins nennen.

Wenn ihr in die Dimensionen reist und sie durchquert, könnt ihr unmittelbar von einem Punkt an den anderen springen. Das spielt sich jenseits von Zeit und Raum ab. Ihr könnt von jedem beliebigen Punkt zum nächsten und wieder zum nächsten so schnell springen, wie ihr wollt. Manchmal fühlt es sich, wenn ihr durch ein Dimensionstor geht, so an, als ob eine kleine Pause entstünde. Es scheint unter Umständen so, als ob ihr euch gar nicht bewegen würdet, aber das tut ihr in Wahrheit doch. Was geschieht, ist, dass ihr euren Bewusstseinskörper darauf einstellt, euch zu begleiten. Das ist eine wichtige Sache beim interdimensionalen Reisen.

Interdimensionale Reisen sind jetzt anders als früher, weil das Bewusstsein anders ist. Manche von euch haben Astralprojektion ausgeführt und immerhin geschafft, im Raum herumzuschweben. Einige wenige sind in andere Ebenen gegangen und waren dann völlig verwirrt, weil ihr erwartet hattet, Dinge zu sehen und sie mental zu verstehen. Und einige hatten wirklich wundervolle Erfahrungen, konnten aber diese Bewusstheit nicht mit sich zurücknehmen. Sie wurde herausgefiltert, als ihr wieder in diese Dimension gekommen seid.

Um interdimensional zu reisen, expandierst du aus dem Augenblick des Jetzt. Das ist die »Abschussrampe«, aber besser gesagt, ist es die Ausdehnungsrampe. Es geht nicht darum, deinen Körper zu verlassen. Zeitweise fühlt es sich vielleicht so an, als ob du deinen Körper verlassen hättest. Wenn du jedoch eine bewusste Entscheidung triffst, das nicht zu tun, dann wirst du es auch nicht machen. Möglicherweise fühlst du dich ab und an sehr desorientiert, schwindlig oder unbequem. Das ergibt sich nur, weil du dich über deine normalen Strukturen hinaus ausdehnst. Du wirst dich daran gewöhnen, und dann wird auch der Brechreiz aufhören.

Wenn du in andere Dimensionen expandierst, nimmst du dazu deinen Bewusstseinskörper. Du sendest nicht nur deinen Spirit aus. Du sendest nicht deinen Verstand aus. Als Menschen in früheren Zeiten interdimensionale Reisen unternehmen wollten, ließen sie die Essenz ihres Körpers hinter sich zurück, weil der Körper, so nahm man damals an, bei der Reise stören würde. Sie glaubten, dass ihr Menschsein dort draußen nicht hingehörte. Das Bewusstsein hat sich jedoch verändert, und nun bringt ihr alles von euch in die anderen Dimensionen mit.

Die Dimensionen überschneiden sich. Sie sind ineinander verwoben, hinein und hinaus. Die Frage tauchte auf, ob Dimensionen mathematisch sind. Erzeugt eine Mathematik Dimensionen? Nein. Manche Dimensionen lassen sich durch Mathematik oder heilige Geometrie beschreiben. In mathematischer Hinsicht gibt es etliche absolut faszinierende und einzigartige Eigenschaften von Dimensionen. Die moderne Mathematik ist wunderbar, aber noch sehr stark begrenzt. Sie definiert nur das, was sie wahrnehmen kann.

Jenseits dessen, was definiert werden kann, liegt das, was noch definiert werden muss. Es wartet darauf, dass jemand kommt und sagt: »Ah, ein Potenzial, das noch nicht beschrieben worden ist.« Energie in einem neutralen Zustand ist jetzt schon vorhanden, nur noch nicht aktiviert worden. Das alles ist jetzt ständig um euch herum: Potenzial, das noch nicht genutzt wird, Energie, die nur darauf wartet, euch zu dienen, aber nicht beachtet wird. Deshalb sind Klarheit und bewusste Auswahl so entscheidend.

Wisst ihr, dass es noch gar nicht so lange her ist, dass die Zahl »0« erkannt wurde? Das war eine ungeheure Offenbarung – Zero, Nichts. Das wurde erst relativ spät in eurer neueren Geschichte entdeckt. Stellt euch vor, was das moderne Leben ohne eine »0« wäre. Es wäre nicht modern, denn ohne »0« hättet ihr keine Computer.

Und dann gab es die Entdeckung, dass es sowohl negative als auch positive Zahlen gab. Das ist auch eine relativ neue Offenbarung. Die meisten Mathematiker wissen indes nicht, dass es eine höhere 4, eine niedrigere 4, eine seitwärts gerichtete 4, natürlich auch ein künftiges Potenzial von 4 und 4en in anderen Dimensionen gibt, die versuchen, sich mit allen anderen Zahlen zu überkreuzen. Es gibt noch so viel zu wissen!

Beim interdimensionalen Reisen braucht ihr euch nicht vorzustellen, durch diese Türen zu hüpfen. Ihr bemerkt vielleicht, dass sich die Türen mit mehr als Lichtgeschwindigkeit öffnen, wenn man zu ihnen gelangt; und dann öffnet sich eine Tür nach der anderen wie von selbst für euch. Der Weg in die anderen Dimensionen ist für euch bereits vorgezeichnet – von euch selbst! Wenn ihr dort draußen hinkommt, braucht ihr euch nicht erst am Kopf zu kratzen, nach eurem GPS-Gerät zu kramen oder eurer Landkarte, um herauszufinden, wo ihr seid. Die Wahl, die ihr trefft, die Sicherheit der Dimension, in der ihr euch jetzt gerade befindet, und der Wunsch, in eine Dimension zu gehen, werden euch dorthin bringen. Das wird euch dorthin führen. Ihr werdet zu eurer eigenen Führung.

Was ist, wenn du nun sagst: »Ich gehe hinaus und werde interdimensional reisen, aber ich weiß nicht, wohin ich gehen möchte. Ich werde einfach mal abwarten, wohin ich geführt werde.« Ja, genau dorthin wirst du geführt. Du wirst umherwandern. Es ist ein interessantes Experiment, aber es wird dich nirgendwo wirklich hinführen. Mit dem Atmen und mit der Entscheidung kannst du überall hingehen, wohin du möchtest. Sogar in Dimensionen, die du gar nicht richtig beschreiben, aber durchaus fühlen kannst.

Du bist im Laufe der Zeit deiner Existenz in eine Menge unterschiedlicher Dimensionen gegangen. Du hast eine Vielzahl dieser Dimensionen selbst erschaffen, und deshalb ist ein Teil deiner selbst dort bereits. Ein kleines Teilchen deines Bewusstseins war zum Beispiel in dieser atlantischen Dimension von gestern (eine Gruppenübung vom Vortag). Ein Partikel war in diesen kristallinen Dimensionen, in den Klangdimensionen.

Kann irgendjemand in *deine* eigene Dimension eindringen, in dein Ich Bin? Im innersten Kern vermag das keiner. Das ist dein souveränes Territorium. Es ist dein Seelenzustand, ein eigenständiger Bereich, in den kein anderer eindringen und das kein anderer unterwandern kann. Andere kommen noch nicht einmal auf deine Einladung hin hinein, sogar wenn du sagen würdest: »Louise, ich lasse dich in meinen Seelenzustand hinein.« Das gelingt keinem. Hier handelt es sich um dein Kernbewusstsein, und das kann niemand jemals wegnehmen. Die Geschichte quillt über von Versuchen, einem anderen Wesen die Seele zu stehlen, aber das geht nicht.

Du hast allerdings Aspekte von dir selbst kreiert. Du erzeugst Teile oder Erweiterungen deines eigenen Seelenzustands. Andere beseelte Wesen können diese durchaus aufsuchen oder Teil davon werden oder sie rauben, sie schädigen oder sie hypnotisieren. Das kann dazu führen, dass du – du als Mensch – glaubst, dass sie dich beherrschen würden. Das ist ein ganz alter Trick, ein Zaubertrick, der schon entwickelt wurde, lange bevor es die Erde gab. Der führt dann dazu, dass du das unter Umständen eine kurze Zeit lang als real ansiehst. Ihr alle habt das schon einmal erlebt, als ihr euch so gefühlt habt, als ob jemand anderes eure Seele »übernommen« hätte. Das funktioniert allerdings nicht. Es handelt sich dabei um eine Form der Energieräuberei, und dies ist da draußen ein großes Spiel. Sie können es aber nicht wirklich umsetzen.

Wie kommst du wieder zurück aus dem geöffneten, ausgedehnten Zustand in den fokussierten menschlichen Zustand? Durch Klarheit, tiefes Atmen und indem du dich dazu entscheidest, indem du das bewusst wählst. »Ich Bin Was Ich Bin«, das ist alles.

Mehr über Bewusstheit

Heute sind eine Menge an Erdenergien, an Energien von Gaia im Saal. Mehr als normalerweise. Das ist so, weil die Erde jetzt durch eine Vielzahl von Veränderungen geht. Die Erde sucht nach einem Weg, um ihre alte blockierte Energie zu verwandeln. Was passiert dann? In diesem Moment spürt der Spirit der Erde, dass es eine Gruppe von Menschen gibt, die wirklich begreift, was vor sich geht – und dann zieht ihr ihre Energie an, und deshalb ist sie heute hier so spürbar. Deshalb könnt ihr die Erdenergie um uns herum fühlen.

Es gibt so eine Neigung zu denken, dass dies die *eigenen* Gefühle seien. »Was ist nur heute mit mir los? Warum habe ich Schmerzen und Beschwerden? Warum würde ich am liebsten nur laut schreien?« Es sind in Wirklichkeit nicht eure eigenen, sondern ihr fühlt all die externen Energien.

Spürt das einen Moment lang. Eine Gruppe von Wesenheiten ist heute hier bei uns. Sie sind nicht physisch, aber ihre Energien sind sehr präsent. Es sind Studenten oder »Neue« von der Neuen Erde, die einen Besuch abstatten. Sie werden sehr bald in einen physischen Körper inkarnieren. Sie haben eine Inkarnation auf die biologische Ebene bisher nie erlebt, sie waren nie in physischer

Form auf der Erde. Diese neuen Wesen werden von euch angezogen. Sie sind wie ein Schatten. Sie möchten sehen, wie es ist, ein Mensch zu sein. Sie wollen mit euch essen, weil sie nie zuvor gegessen haben. Sie möchten um euch herum sein, wenn ihr lacht. Diese Wesenheiten sind von dem, was man die menschliche Erfahrung nennt, fasziniert – weil sie selbst bald eine haben werden.

Manchmal denkst du: »Warum fühle ich mich heute so dumm? Wie kommt es, dass ich einfach nicht spüre, dass ich mit der Situation jetzt klarkomme?« Das passiert, weil du *ihre* Energie fühlst. Du spürst ihre Präsenz um dich herum. Du fühlst sie, glaubst aber, dass du es wärst.

Bewusstheit. Ihr wirkt leicht auf tausend Ebenen gleichzeitig. Manche sind nicht so wichtig oder haben keine Priorität. Manche sind sehr, sehr wichtig. Die Energie von Gaia erlebt derzeit ein Allzeit-Hoch. Wettermuster, Erdbeben, Schneefälle rund um den Globus und ähnliche Dinge – das sind alles Teile eines wunderbaren Prozesses, den Gaia durchläuft, und ihr spürt das.

Wenn du bewusst atmest, nutze die Gelegenheit, ganz bewusst zu sein und wach wahrzunehmen. Sei im Gewahrsein, dass du auf vielen Ebenen zugleich wirkst, denn das tust du, aber du fühlst gleichzeitig auch in die anderen Energien hinein. Das ist sehr praktisch. Das ist keine Sache eines verträumten Zustands. Das ist auch nicht esoterisch. Das wird zu einer sehr praktischen Angelegenheit, die dir sehr gut dienen wird.

Das ist die gute Nachricht. Du wirst dir des multidimensionalen Lebens bewusst. Du wirst der vielen, vielen Facetten des Juwels gewahr, das du bist.

Das Gehirn ist kein Gefäß für Bewusstheit und Gewahrsein. Das ist es nicht. Es ist ein Gefäß für Gedächtnis und Rückruf in die Erinnerung. Wahre Bewusstheit, echtes Gewahrsein, waches Wahrnehmen ist nicht identisch mit Erinnerung, sondern es passiert im Moment. Es hat Gefühl, es besitzt Leidenschaft und wirkt darauf hin, dass es immer fließt und sich seiner selbst immer mehr gewahr wird.

Das Gehirn ruft in Erinnerung. Bewusstsein ist wach und nimmt wahr.

Wir gehen über das Gehirn hinaus. Wir bewegen uns jenseits des singulären und linearen Bewusstseins. In diesem Augenblick fliegen Schmetterlinge in diesem Saal herum, und ich mache keine Witze. Sie sind hier. Manche eurer Totemtiere schweben im Saal umher.

Du fragst dich vielleicht: »Werde ich draußen, außerhalb diesen geschützten Raums, nicht als verrückt angesehen?« Überhaupt nicht. Die Welt möchte derzeit träumen. Die Welt möchte jetzt aus ihrem Gefängnis heraus. Sie strebt ganz verzweifelt danach. Aber sie hat Zweifel. Die Menschheit wurde ja schon oft ausgenutzt, und deshalb sind die Menschen ein bisschen skeptisch.

Auf lange Sicht möchte die Menschheit wissen, was jenseits liegt. Sie möchten wissen, dass es etwas darüber hinaus gibt. Sie wollen erkennen, welchen Grund es für all dies hier gibt. Spürt einen Augenblick mit mir da hinein. Es gibt eine ganz alte Deckschicht von Gottesvorstellungen. Ich behaupte, dass die Menschen an einen *solchen* Gott nicht mehr glauben wollen, aber dass sie Angst haben. Sie sind programmiert. Es wurde ihnen gesagt, dass der Teufel sie holen wird, wenn sie nicht an diesen Gott glauben, und damit stecken sie fest. Das nenne ich Hypnose. Man kann es auch als Einfrieren eines Glaubenssystems bezeichnen. Es ist wie ein Patt, eine Energieblockade. Aber etwas von tief innen ruft sie an, ihre Seele. Sie sagt, dass es auch noch etwas anderes geben muss. Dieses andere kann nicht das sein, was uns beigebracht wurde, als wir klein waren. Es kann nicht das sein, was die Kirchen lehren. Es muss etwas anderes geben.

Wer wird ihnen das beibringen? Wer wird ihnen helfen, das in sich selbst zu finden und zu öffnen? Wer wird ihnen helfen, den Gott zu entdecken, der im Inneren ist und der absolut einzigartig und persönlich für jedes einzelne Wesen ist? Das seid ihr, das bist du!

Du und die Neue Energie

Neue Energie

Man kann die neue Ära als die Neue Energie bezeichnen, als erweitertes Bewusstsein und Integration. Integration hat mit dem Männlichen und dem Weiblichen zu tun, mit dem Göttlichen und dem Menschlichen – mit allen Aspekten der Dualität, die in den Augenblick des Hier und Jetzt gebracht werden.

Manche denken vielleicht, dass Integration sich erst vollzieht, wenn man stirbt, wenn ihr in die anderen Bereiche geht. Ihr denkt womöglich, dass ihr ein neu geschaffenes großartiges Bewusstsein erlangt, wenn ihr auf die andere Seite geht. Aber warum solltet ihr das nicht schon jetzt und hier haben wollen?

Beim Erleben von Neuer Energie geht es um Extreme – extreme Hoffnung und extreme Verzweiflung, extreme Offenheit und extreme Beschränkungen. Ihr sagt: »Aber, Adamus, das klingt ja nicht gerade nach sehr viel Spaß. Ich bin mir gar nicht sicher, ob ich zur Erfahrung solcher Extreme bereit bin.«

Jetzt die gute Nachricht. Ihr werdet die Extreme bewusst wahrnehmen, und dann werden sie miteinander verschmelzen. Aber wenn sie verschmelzen, werden sie nicht neutral oder langweilig. Sie werden expansiv, öffnend. Sie werden nicht eine gute und einen schlechte Polarität enthalten, sondern einfach prachtvoll sein. Sprechen wir nun über einige der Erfahrungen mit Neuer Energie, die ihr schon gemacht habt oder die ihr bald machen werdet.

Neue Energie entdecken

Die Neue Energie ist hier. Das ist eine Energie, die außerhalb des Zuhause erschaffen wurde. Sie ist von euch erschaffen worden. Ihre Gesetzmäßigkeiten und Eigenschaften unterscheiden sich deutlich von der alten Energie, mit der ihr so vertraut seid. Schwingungsenergie würde nun nicht völlig in eurem Leben ausgelöscht werden – überhaupt nicht. Vielmehr beginnt ihr, die Neue Energie zu integrieren.

Die alte Energie ist eine Energie der Schwingungen. Dazu sind zwei gegensätzliche Kräfte erforderlich wie positiv und negativ, um sie lebendig und aktiv werden zu lassen. Eine Schwingung wird erzeugt, wenn Kräfte gegeneinanderwirken. Nun habt ihr also Energie. Die gegensätzlichen Kräfte können männlich und weiblich sein, hell und dunkel, oben und unten, gut und schlecht, Leben und Tod – also alles, was dualistisch ist. Diese Art von Energie umgibt euch überall: im *Uni*versum und im *Omni*versum. Bis jetzt war Schwingungsenergie der fundamentale Baustein für alles – von den höchsten Engelreichen bis hinunter zu den kleinsten subatomaren Teilchen der Erde. Diese Schwingungsenergie war die *einzige* Form von Energie.

Alte Energie wurde in dem Augenblick erzeugt, als ihr euer Zuhause verlassen habt. Man nennt es oft auch »Engelstränen«, weil diese Energie aus dem tiefen Verlangen der Engel entstand, nach Hause zurückzukehren. Es gibt jetzt exakt die gleiche Menge an Schwingungsenergie wie zu dem Zeitpunkt, als ihr euer Zuhause verlassen habt. Nichts davon ist seither neu erschaffen oder zerstört worden. Die gesamte Menge oder Masse an Schwingungsenergie ist zwar unvorstellbar riesig groß, jenseits aller Messbarkeit, aber sie ist doch begrenzt.

Neue Energie ist völlig anders. Sie benötigt keine gegensätzlichen Kräfte. Sie ist vereinheitlicht. Ihr natürliches Wesen ist, sich ausdehnen zu wollen, aber sie dehnt sich in alle Richtungen gleichzeitig aus. Sie dehnt sich nicht nur nach außen aus, sondern auch nach innen.

Neue Energie unterscheidet sich ganz und gar von der alten Energie und ist nicht etwa nur ein Nebenprodukt. Sie wird erzeugt, wenn beseelte Wesen zum Gott im Inneren zurückkehren – in das wahre Zuhause. Sie ist das Ergebnis von Vollendung, während alte Energie das Resultat von Verlangen war. Neue Energie entsteht, wenn Elemente der Dualität vollständig und absolut integriert werden, wenn wahre Einheit eintritt. Neue Energie war ganze Zeitalter hindurch eine bloße Theorie, die Ende 1997 begann, in die Realität zu gelangen. Während alte Energie auch »Engelstränen« heißt, nennt man Neue Energie »Seelenliebe«.

Keiner versteht voll und ganz, wie die Neue Energie funktioniert und wirkt, noch nicht einmal die Engelwesen, weil sie so neu ist. Wir haben Theorien darüber. Wir haben

Ideen, besonders jene, die noch vor Kurzem hier auf der Erde gelebt haben. Wir haben einige allgemeine Vorstellungen davon, wie sie sich in eurem Leben auswirken wird. Sie ist aber so neu, dass keiner sie umfassend versteht.

Ein paar wenige Dinge wissen wir darüber. Sie begründet keine Muster oder Zyklen, wie es die alte Energie tat. Schwingungsenergie wird allgemein unter denselben Bedingungen auf die gleiche Art und Weise reagieren. Wenn du also heute den Schalter an der Schreibtischlampe betätigst, um das Licht einzuschalten, wird das morgen höchstwahrscheinlich genauso funktionieren. Wenn in diesem Jahr Äpfel vom Baum fallen, werden sie das im nächsten Jahr wahrscheinlich auch. Dieses simple Prinzip könnt ihr auf nahezu alles anwenden in der physischen und auch in der nicht physischen Realität.

Schwingungsenergie ist aufgrund ihrer berechenbaren, vorhersagbaren, sich wiederholenden Muster stabil. Die Schwingungsmuster wiederholen sich immer wieder und wieder, bis eine von außen einwirkende Kraft sie aus ihrem Rhythmus wirft. Eine Glühbirne brennt zum Beispiel so lange, bis sie wieder ausgeschaltet wird. Der Apfel wird weiterhin vom Baum fallen, bis der Baum stirbt. Selbst das Lebens- und Todesmuster des Baums ist vorhersehbar.

Dieses Konzept erstreckt sich auf alles, einschließlich mentaler und emotionaler Abläufe. Das haben viele von euch in den letzten paar Jahren durchgemacht. Ihr wart frustriert und, ja, auch gelangweilt, und deshalb versucht ihr, aus den alten Mustern der alten Energie in eurem Leben herauszukommen. Dann kreiert ihr häufig ein Ereignis in eurem Leben, meistens ein traumatisches, um aus diesen alten Mustern auszubrechen. Die Kraft von außen verändert die Muster. Reinkarnation ist auch ein Muster, und man kann sehr leicht darin stecken bleiben. Die spirituelle Suche ist ein Muster, der Mangel an Fülle, schlechte Gesundheit, miese Beziehungen – all diese Dinge neigen dazu, zu Mustern zu werden.

Fangt ihr an zu bemerken, worum es hier geht? Ihr spürt, meine lieben Freunde, dass Neue Energie hier ist. Die Schablonen der alten Energie erschöpfen und langweilen euch. Aber ihr scheint ihren Fängen nicht entrinnen zu können und ihr vertraut euch selbst nicht genug, um Neue Energie hereinzulassen. Ihr wollt alles über sie wissen, auf einer mentalen Ebene, bevor ihr bereit seid, sie in euer Leben zu integrieren. Und derweil wiederholen sich die Zyklen der alten Energie immer wieder ...

Noch einmal: Neue Energie ist anders. Sie wirkt sich in zwei genau gleichen Situationen möglicherweise mit zwei völlig unterschiedlichen Ergebnissen aus. Sie kreiert keine vorgefertigten Muster oder Schablonen, sondern erzeugt anscheinend eine Vielfalt von verschiedenen neuen Potenzialen.

Sie ist potent. Manchmal frustriert euch die alte Energie, weil sie so ineffizient wirkt. Das habt ihr bisher damit kompensiert, dass ihr mehr und wieder mehr alte Energie versucht habt zu erlangen. Ihr musstet alte Energie speichern, wie man Geld oder Macht anhäuft. Ihr musstet das sprichwörtliche Vorratslager für alte Energie bauen, weil sie auch zeitlich begrenzt war. Sie hat sich also nicht im Jetzt manifestiert. Sie war sehr mühselig. Ein Teil eurer

Ungeduld oder Sorge in der letzten Zeit hatte mit der Einsicht zu tun: »Es muss einen besseren Weg geben. Es muss eine andere Art und Weise geben, das zu erledigen.« Und hier ist sie. Deshalb seid ihr hier; deshalb bist du hier. Deshalb bin ich hier.

Neue Energie existiert um euch herum, nahe eurem menschlichen Energiefeld, aber sie ist noch nicht in dieses Feld eingedrungen, weil das Timing dafür noch nicht passend war. Ihr seid so sehr darin vertieft, eine Menge von Themen aufzulösen und einem Verarbeitungsprozess zu unterziehen, dass es noch nicht stimmig war, dass sie hereingekommen wäre. Das hätte eure Schaltkreise durchschmoren lassen. Ihr habt eure Finger nur leicht und vorsichtig daraufgelegt und nur ein kleines bisschen davon ertastet und geschmeckt, aber jetzt ist Zeit, sie in eure Leben zu bringen. Es gibt an der Neuen Energie nichts zu befürchten. Manchmal stellt sich eine Angst ein, die mit der alten Schwingungsenergie zu tun hat, weil diese Polarität enthält. Du spürst eine Welle alter Energie in dein Leben schwappen und machst dir Sorgen darüber, weil darin eine Menge alter Energiemuster steckt. So sehr ihr euch Energie wünscht und euch danach sehnt, seid ihr doch auch zögerlich gewesen ... weil, na ja, ihr gedacht habt, es wäre einfach noch mehr von demselben alten Zeugs.

Neue Energie ist jetzt in einem reinen Zustand. Sie existiert in einem sehr schlichten Wesenszustand. Sie ist bereit hereinzukommen. Für euch, und sogar für uns, ist allerdings der Umstand knifflig, dass sie sich völlig anders verhält und reagiert und dass ihre Wirkungsmacht ziemlich unbekannt ist.

Neue Energie und Geist

Neue Energie ist sehr wirksam und sehr rein. Sie hat etwas an sich, was uns um unseren Verstand bringt. Sie arbeitet nicht sehr gut mit dem Verstand zusammen. Das haben wir ja selbst festgestellt. Es ist ganz logisch, oder sollte ich sagen: ganz natürlich, dass sie nicht gut mit eurem Verstand zusammenarbeitet. Euer Verstand ist ein Werkzeug der alten Energie. Wir haben ja den Verstand in diesen Lehrgängen bereits ziemlich eingehend besprochen. Euer Verstand gebraucht Schwingungsenergie und hat sehr eng mit Schwingungsmustern gewirkt. Euer Verstand ist durch alte Energie in Mustern verfestigt und geprägt worden.

Neue Energie funktioniert nicht gut mit dem Verstand. Sie fordert euch unter anderem damit heraus, euch selbst genug zu vertrauen, um den Verstand loszulassen. Damit berühren wir einige der göttlichen Prinzipien, über die wir seit Jahrtausenden in den Mysterienschulen gesprochen haben. Wir gehen über den menschlichen Verstand, den menschlichen Geist hinaus; wir öffnen uns für den göttlichen Geist, die göttliche Intelligenz. Göttliche Intelligenz kennt keine Bewertungen und urteilt nicht; sie bedient sich nicht dessen, was ihr Analyse nennt, und sie gebraucht keine lineare und keine hierarchische Logik. Der göttliche Geist ist mitfühlend, achtsam und respektvoll sowie einfach, während der menschliche Verstand sehr kompliziert wird. Er ist stolz auf seine Komplexität. Kluge Leute neigen dazu, sehr komplexe Menschen zu sein, aber früher oder später werden sie zu sehr langweiligen, uninspirierten Leuten.

Ihr werdet selbstverständlich auf Herausforderungen stoßen – und dazu habt ihr euch ja bereiterklärt –, wenn ihr beginnt, mit der göttlichen Intelligenz zu arbeiten. Sie geht weit über die menschliche Intelligenz hinaus. Sie ist keine Datenbank, und sie begründet ihre Zukunftsperspektiven und Potenziale nicht darauf, was sich in der Vergangenheit ereignet hat. Das tut das Göttliche in keiner Weise. Das Göttliche beruht auf einem sehr simplen Prinzip: Alles ist gut in der gesamten Schöpfung, und deshalb ist alles eine großartige Erfahrung.

Der göttliche Geist ist ein sehr vertrauensvoller Geist. Er begreift, dass es – nach Tobias' Worten – gar nicht wichtig ist. Er strebt eher danach zu erforschen als zu beschützen, und das wird für manche von euch eine Herausforderung darstellen. Während eure menschliche Existenz und ihr Verstand nach Schutz streben, nach Sicherheit und Geborgenheit, kümmert sich das Göttliche in Verbindung mit der Neuen Energie überhaupt nicht darum. Es wird Zeiten geben, in denen dein menschliches Selbst laut ruft: »Schütze mich, rette mich!«

Begreift, dass sich das Göttliche nicht darum kümmert. Es muss euch vor nichts beschützen. Das ist ein künstliches Glaubensmuster. Schützen wovor? Vor der Liebe, die schon in euch vorhanden ist? Vor dem Status des Aufstiegs, den ihr bereits erreicht habt (und jetzt erlebt ihr, wie ihr dorthin gekommen seid)? Müsst ihr euch selbst vor der Tatsache schützen, dass sich alles in einem perfekten Zustand befindet? Es ist Zeit, die alten Glaubenssätze loszulassen, die euch vor langer Zeit eingepflanzt wurden – dass eine Dunkelheit oder irgendeine andere Kraft euch erobern und beherrschen könnte. So geht das nicht vor sich. Es hat Versuche gegeben, ihr habt es mit anderen selbst versucht, aber es funktioniert nicht.

Du kannst nicht von einem anderen Wesen verzehrt oder ausgelöscht werden. Man kann dich nicht in einer bestimmten Realität, zum Beispiel jener der Erde, für immer gefangen halten. Ihr seid alle wahrhaft souveräne Wesen. Ihr müsst euch um nichts Sorgen machen. Die Vorstellung von Schutz und Verschanzung und Abwehr hat euch in mehr Schwierigkeiten und Frustrationen geführt, als es je wert gewesen war.

Neue Energie

Neue Energie ist hier. Sie wartet. Sie ist *real.* Sie ist nicht nur eine Vorstellung. Äonen hindurch war sie nur ein Konzept. Sie wurde vorhergesagt; ihr habt sie die Wiederkunft* genannt. Ihr habt euch früher in anderen Leben inkarniert in der Überzeugung, dass sie fast schon da wäre, ihr habt sie erwartet, euch vorbereitet und über die neue Ära und die neuen Zeiten gesprochen. Die Neue Energie ist jetzt hier, symbolisiert durch diesen Ball. (Adamus wirft einen Ball ins Publikum.)

Die Frage ist: Seid ihr bereit? Seid ihr bereit?

Die Neue Energie unterscheidet sich sehr von der alten Energie. Alte Energie ... (jemand wird vom Ball getroffen und sagt: »Aua«; Adamus schmunzelt) ... ihr seht, Neue Energie kann durchaus etwas bewirken! (Viel Lachen) Sie sieht harmlos aus, aber sie ist ziemlich mächtig, wenn sie mit Glaubenssätzen über alte Energie zusammenstößt.

* In der Vorlage: Second Coming; bezieht sich auf die biblische Aussage von Jesus, dass er bzw. die Christuskraft wieder zurückkommen werde (Anm. d. Ü.).

Alte Energie entstand aufgrund des Verlangens der Seele, nach Hause zurückzukehren. Neue Energie ist das Ergebnis aus der Rückkehr zum Selbst bzw. aus der Fusion, der Verschmelzung von Dualität.

Wenn sich diese Fusion vollzieht, habt ihr nicht mehr die Trennung von männlich und weiblich, von Licht und Dunkel, die Trennung von Mensch und Spirit. Die Illusion verschwindet. Sie verdunstet. Die Illusion der Getrenntheit löst sich auf. Hört auf, die Energie der Göttin zurückbringen zu wollen – das ist so sehr die Energie der 70er-Jahre. Ihr braucht kein Licht in die Welt zu bringen – das ist die Energie von Sozialarbeitern. Ihr braucht euer höheres Selbst nicht zu suchen, weil es kein höheres Selbst gibt. Es gibt nur euch! Nur dich!

Ihr braucht keine philosophischen Diskussionen und keine religiösen Debatten zu führen. Das Bedürfnis nach Religion wird sogar aufhören zu existieren, wenn ihr erkennt, dass es keine Trennung gibt. Es gibt keine Erlösung. Es gibt keine Errettung. Es gibt nur Bewusstheit.

Wenn die Dualität eins wird, wenn es keine Illusion über Licht und Dunkel, männlich und weiblich, gut und schlecht mehr gibt, dann entsteht Neue Energie, *dann wird sie erschaffen.*

Sie ist anders als alte Energie. Alte Energie war der Raketentreibstoff, den ihr gebrauchen wolltet, um nach Hause zurückzukehren. Wenn Dualität beginnt, zur Ganzheit zu verschmelzen, erzeugt sie Neue Energie. Was glaubt ihr, woher die Neue Energie kam? Von Gott? Gott hat keine Ahnung. Wirklich! Gott ist alte Energie … und ihr habt gesehen, dass mich kein Blitz von oben erschlagen hat, als ich das gesagt habe. Gott lächelt jetzt gerade sehr.

Gott ist alte Energie, weil ihr alte Energie seid.

Spirit hat euch die Gabe der Souveränität verliehen. Spirit hat voll bewusster Absicht seine eigene Trennung kreiert, und was meint ihr, was mit Spirit jetzt gerade passiert? Die Fusion, das Verschmelzen zurück in euch. Spirit kommt *zu euch* zurück, Spirit kommt *zu dir* zurück. Ihr geht nicht heim zu Spirit, du gehst nicht heim zu Spirit. Spirit kommt heim zu euch, Spirit kommt heim zu dir.

Hu! Atmen wir alle gemeinsam einmal tief ein.

Spirit ist zunächst einmal alte Energie, weil ihr in alter Energie empfangen worden seid; deshalb ist Spirit das, was er jetzt ist. Wenn ihr euch jedoch erkennt, ganzheitlich und vollständig, wird Spirit nicht mehr länger alte Energie sein. Spirit und ihr, ihr werdet euch immer daran erinnern, woher ihr gekommen seid und euch auch an die Reise erinnern, die euch hierhergebracht hat. Das wird nie vergessen. Das wird nie ausgelöscht. Ihr werdet euch, mit großer Freude, an jede schwierige Erfahrung erinnern und an jeden wundervollen Augenblick in jedem Leben, das ihr geführt habt. Ihr fragt euch, warum ihr euch nicht schon während der Reise erlaubt habt, euch zu erinnern. Oder ihr wundert euch, warum ihr die Trennung überhaupt geschaffen habt. Ihr werdet sagen, und das habe ich ja früher auch schon öfters gehört:

»Warum habe ich mir selbst nicht einen kleinen Krümel an Erinnerungsvermögen gegeben, dann wäre meine Reise doch viel leichter verlaufen?«

Neue Energie wird erzeugt, wenn ihr zu euch zurückkehrt und nicht mehr getrennt seid, nicht mehr in viele Stücke zerbrochen. Ihr habt noch immer viele Einflüsse aus der alten Energie in eurem Leben, weil das in der Welt um euch herum so ist. Sie steckt überall im Massenbewusstsein. Sie steckt in euren Aspekten, die ihr noch nicht integriert habt. Aber ihr werdet auch ein Element der Neuen Energie in eurem Leben haben. Das ist jetzt hier.

Neue Energie expandiert, sie schwingt nicht. Sie dehnt sich gleichzeitig in jede Richtung aus, sogar durch Zeit und Raum hindurch. Man kann sie jetzt also auch im Kontext von Raum und Zeit verwenden. Sie wird jedoch nicht durch Zeit, Raum, Verstand, Regeln, Muster oder Geschichte begrenzt. Versucht nicht, diese Neue Energie, die in eure Realität tritt, einzuschränken.

Erinnert ihr euch noch an Tobias' brillante Darstellung der vier Elemente anhand von vier Murmeln? Er sprach zunächst von drei Elementen: einem Lichtelement, einem Element der Dunkelheit und einem neutralen Element. Das waren die grundlegenden Elemente oder Faktoren der Wirklichkeit. Das Energiegleichgewicht schwankte ständig zwischen hell, dunkel und grau. Das stellte das Gleichgewicht und die Veränderung der Dualität dar, oder – wie es manche ausdrücken würden – den ständigen Kampf zwischen Licht und Dunkel um Vorherrschaft und Machtkontrolle.

Das Wesen der Wirklichkeit beruhte auf den Bewegungen dieser Elemente, bis plötzlich ein neues, viertes Element auftauchte. Es war ganz anders als die anderen drei, denn es war klar, durchsichtig, transparent. Die Klarheit dieses neuen Elements war den anderen drei ursprünglichen Elementen durchaus fremd. Licht und Dunkel, die sich bis dahin gehasst und um die Vorherrschaft gekämpft hatten, vereinigten ihre Kräfte plötzlich. Sie versuchten, die Existenz der durchsichtigen Murmel auszulöschen, weil sie so ... anders war und damit althergebrachten Kampf zwischen Licht und Dunkel möglicherweise würde beenden können.

Wenn sich die Neue Energie in eurem Bewusstsein bemerkbar macht, werden Teile in euch versuchen, sie abzuwehren, weil sie nicht in die alten Muster passt. Teile von euch, besonders euer Verstand, wird diese Neue Energie als eine Bedrohung eurer ganzen Existenz betrachten. Das Licht und das Dunkel in euch werden sich dagegen richtiggehend auflehnen; alle Überbleibsel der Dualität in euch werden durch ihr Auftauchen in Angst und Schrecken versetzt. Warum? Weil sie das Ende der alten Spielchen ankündigt. Und wer bist du ohne deine Spielchen? (Das fragt sich zumindest eure alte Identität.)

Deine Neue Energie

Du hast Neue Energie erzeugt, weil du im Sinn gehabt hattest herauszufinden, wie es sein würde, wenn du zu dir selbst zurückkehrst, wenn du ein integrierter Bewusstseinskörper wärst. Sie gehört dir; du hast sie geschaffen. Sie ist für dich jetzt etwas sehr Persönliches. Aber sie wird sich in die gesamte Schöpfung hinaus ausdehnen, weil du nie das allein besitzen kannst, was du erschaffst.

Du kannst sie anwenden. Du kannst sie lieben. Du kannst für deine Schöpfungen eine große Leidenschaft entwickeln, aber du kannst sie nie besitzen. Früher oder später suchen sie nach Ausdruck in eigenem Recht. Früher oder später muss die Energie fließen. Die heiligste Gabe, die Spirit dir gegeben hat, ist dein souveräner göttlicher Wille. Spirit erklärte: »Geht fort und erkennt euch selbst.«

Neue Energie kommt jetzt also in euer Leben. Sie sieht anders aus. Sie fühlt sich anders an. Sie riecht anders. Ihr *seid* sie, aber auf eine Weise, die ihr bislang noch nie erfahren habt. Sie kommt nicht von Gott. Sie kommt nicht von mir. Es ist eure eigene. Beobachtet sie. Spielt mit ihr. Lasst euren Verstand beiseite.

In einem Vortrag vor einiger Zeit habe ich sehr eindringlich über Fühlen, über Sinneswahrnehmung, über sensorische Bewusstheit gesprochen. Lasst euren Verstand beiseite, denn der Verstand wird Neue Energie nicht begreifen. Deswegen habe ich euch empfohlen, keine Worte zu gebrauchen, wenn ihr mit Engelwesen oder Haustieren kommuniziert, denn Worte kommen aus dem Verstand. Euer Verständnis für eure Neue Energie wird aber nicht von hier kommen. (Adamus deutet auf den Kopf eines Zuhörers.) Es wird von dort kommen. (Er deutet auf das Herz eines anderen Zuhörers.) Und es wird einfach sein.

Ihr habt eine Neigung, sie zu sezieren und zu analysieren und sie zu definieren. Bitte macht das nicht. Manche von euch werden später auf das Message Board von Crimson Circle gehen und sich dort äußern: »Ich habe Neue Energie entdeckt und sie ist so ...« Nein, versucht nicht, sie zu beschreiben. *Erlebt* sie. Versucht, nicht, eurem Sitznachbarn zu erklären, wie er seine Neue Energie findet, denn das ist etwas sehr Persönliches. Wenn ihr versucht, sie zu definieren, landet ihr geradewegs wieder in den alten Energiemustern. Du musst nicht der oder die Erste sein. Anders gesagt: Lasst euch nicht auf den Egotrip ein, sagen zu wollen: »Ich habe sie vor dir bekommen.«

Es ist eine persönliche, heilige Erfahrung jenseits von Worten. Es ist eine göttliche sexuelle Erfahrung, und ich spreche dabei nicht die reproduktiven Geschlechtsorgane an; ich spreche über ein reines sexuelles Erleben aus dem Herzen. Wahre Liebe ist, wenn sich das Männliche und das Weibliche in dir ineinander verlieben bis zu einem Punkt, dass sie nicht mehr länger ihre getrennten Identitäten aufrechterhalten müssen.

Neue Energie nutzen

Du fragst nun vermutlich: »Wie wende ich Neue Energie in meinem Leben an? Was soll ich als Nächstes tun?« Atme bewusst und tief. Das ist ein guter Anfang. Atme einfach.

Neue Energie ist zeitlos und raumlos. Manche von euch haben sich mit der wissenschaftlichen, andere mit der medialen Erforschung von Zeit und Raum beschäftigt. Das ist ein spannendes Thema – aber ihr müsst darauf achten, dass ihr Zeit und Raum nicht linear untersucht, das wäre nicht genau.

Ihr fragt euch: »Geschieht nicht alles zur selben Zeit?« Nein, nicht wirklich. Und ihr wollt wissen: »Wie kann ich in der Zeit zurückreisen? Ich möchte zurück, um meine Vergangenheit zu ändern.« Das ist mental und linear und kann deshalb nicht funktionieren. Ihr könnt Zeit und Raum transzendieren bzw. überschreiten, aber nicht auf die Weise, wie ihr denkt.

Ihr sagt: »Ich möchte in die Zukunft gehen, um zu sehen, was an der Börse passiert.« Ihr wollt wissen, was geschehen wird. Das funktioniert aber nicht von hier und jetzt aus, weil ihr damit voraussetzt, dass Wirklichkeit ein lineares Wesen hat.

Neue Energie ist zeitlos und raumlos. Sie kennt die Beschränkungen einer linearen Existenz nicht. Ich kann auch sagen: Fangt gar nicht erst an, so etwas zu planen. Schafft euch keine Ziele. Hegt keine Erwartungen über das, was morgen ist.

Die echte Neue Energie passiert in diesem Augenblick. Dieser Moment ist ohne Zeit und Raum. Das bedeutet nicht, dass ihr jetzt alles, was eure Seele erfährt, auf einmal im selben Augenblick erlebt. Vielmehr heißt es, in den großartigen Worten von Tobias, dass es keine Rolle spielt. Es kommt nicht darauf an. In diesem Moment spielt es keine Rolle, was gestern passiert ist oder was morgen geschehen wird. Darauf kommt es nicht mehr an.

Die menschliche Reise beruht auf dem Verlangen nach linearer Erfahrung. Anders ausgedrückt: »Was geschieht morgen?« Wenn du dein tiefstes Selbst zum Ausdruck bringen möchtest, das niemals wirklich getrennt war, dann vollzieht sich das in diesem Moment.

Worauf wartet ihr? Auf 2012? Wartest du, bis du dieses Projekt fertig hast, bis du an einen anderen Ort umgezogen bist, bis ein Meister auftaucht und mit dir spricht, bis du abgenommen hast? Wenn man erst noch auf einen Meilenstein wartet, wird das die Erfahrung der Neuen Energie hinausschieben, weil die Neue Energie eben bis dahin auch noch wartet.

Das Wartespiel, das ich auch das Schicksalsspiel nenne – »Ich muss abwarten, was als Nächstes in meinem Leben passiert. Ich muss warten, bis ich damit fertig bin.« Hört auf damit. Es geht um das Jetzt. Die Energie ist jetzt hier. Mir ist es gleich, für wie verrückt ihr euch haltet, wie viele schlimme Dinge ihr getan habt, wie viele schlechte Angewohnheiten ihr habt oder wie viele Fehlschläge ihr erlebt habt. Wisst ihr, wie viele Misserfolge ich hatte, bevor ich ein Meister wurde? Nur einen.

Das ist eine wahre Aussage, denn letztlich ist nichts ein Versagen. Mein Misserfolg bestand darin, dass es so verdammt lange gedauert hatte, bis ich herausfand, wie ich mich aus meinem Kristallgefängnis selbst befreien konnte – und die Antwort war die ganze Zeit über vorhanden. Aber wie manche von euch hatte ich dieses Spiel gespielt. Ich spielte das Spiel der Fragerei und Überlegungen von »Wie komme ich hier raus?«, anstatt es einfach zu tun.

Jetzt ist der Augenblick – gerade jetzt ist der Moment jenseits von Zeit und Raum, über alles Abwarten hinaus, jetzt und hier, gerade jetzt – um die Verbindung mit dir selbst wirklich und absolut zu erlangen, um Neue Energie hereinzubringen, um den Verstand beiseitezulassen und in Bewusstheit einzusteigen. Warte keinen weiteren Augenblick mehr ab. Es geschieht jetzt.

Bewusstseinsveränderungen

Es gab bereits mehrere Veränderungen im Bewusstsein. Eine unmittelbar nach dem Zweiten Weltkrieg, das war ein großer Bewusstseinswandel. Dem folgten Veränderungen durch Technologie. In den frühen 60er-Jahren fand ein weiterer Wandel statt, eine riesige Bewusstseinsveränderung, die das Tor zu technologischem Fortschritt erneut weit öffnete.

Schaut euch an, was in den späten 60er- und den frühen 70er-Jahren passierte. Eine Explosion neuer Technologien. Wenn sich Bewusstsein ausdehnt, folgen dieser Ausdehnung Veränderungen in Technologie, Medizin, Naturwissenschaft, Wirtschaft und Gesellschaftsordnungen.

Ihr wisst, dass sich 2001 eine große Wandlung vollzog. Sie erstreckte sich auf Werte und Moral und führt nun zu praktischen Veränderungen im Finanzwesen und bei Regierungen, und in einem gewissen Ausmaß auch in der Religion. Der Bewusstseinswandel von damals manifestiert sich jetzt in der Realität.

Eine weitere Veränderung gab es 2007. Die meisten Menschen auf der Erde haben sie gar nicht bemerkt, sie war jedoch monumental. Sie erfolgte als eine Einladung, als eine Art von Willkommensgruß. Man nannte das den Quantensprung, und die meisten von euch haben daran auf die eine oder andere Weise teilgenommen. Er öffnete das Tor zu erstaunlichen neuen Technologien. Viele von ihnen liegen noch sozusagen auf dem Schreibtisch. Sie sind noch nicht umgesetzt worden.

Die Veränderungen, die sich 2007 ereigneten, werden am Ende zu neuen Energielösungen führen, zu unglaublichen medizinischen Lösungen wie Stammzellenregeneration, zu unvorstellbaren Entdeckungen in Bezug auf eine der größten Herausforderungen, denen sich die Menschheit gegenübersieht: Brennstoff. Die meisten Menschen wollen sich immer noch nicht mit der Tatsache auseinandersetzen, dass die Welt alte fossile Energien so rasch und stark verbraucht, dass die Reserven innerhalb der nächsten etwa dreißig Jahre aufgebraucht sind.

Sicher gibt es da unten noch eine Menge an Öl und Gas. Euer gesunder Menschenverstand wird euch allerdings sagen: »Selbst wenn noch genug fossiler Brennstoff für zehntausend Jahre vorhanden wäre, verschmutzen wir damit doch unsere Umwelt. Wir schaden damit diesem Geschenk, das Erde genannt wird, und das Gaia in unsere Hände legt.« Auch wenn es also noch sehr viel mehr Energiereserven dieser Art gäbe, sagt der Verstand: »Wenn wir so weitermachen, werden wir uns selbst Probleme mit dem Klima und der Umwelt verursachen.«

Bedürfnisse, das Verlangen nach etwas, erzeugen Lösungen. Es gibt einige glänzende technologische Durchbrüche, die kurz bevorstehen, und sie haben nichts, liebe Freunde, mit Sonne oder Wind zu tun. Das sind nach meiner Auffassung Ablenkungen, reine Ablenkungsmanöver. Es gibt eine erstaunliche, reine Energie, die zur Verfügung steht. Nehmen wir zum Beispiel »kalte Fusion«. Es hat bereits einige erfolgreiche Laborexperimente mit kalter Fusion gegeben. Aber dann ist etwas Komisches passiert: Sie haben ihre Ergebnisse nicht duplizieren, nicht wiederholen können. Hmmm!

Die Experimente mit kalter Fusion haben tatsächlich funktioniert. Dabei wurde Energie erzeugt ohne nennenswerte negative Nebenprodukte wie bei der Atomenergie. Die Forscher konnten jedoch ihre Ergebnisse nicht wiederholen und wurden deshalb von ihren Standesgenossen und Kollegen kritisiert. Was meint ihr, was sich da abgespielt hat? Es ist Neue Energie! Sie reagiert nicht immer wieder auf die ähnliche Weise, sogar dann nicht, wenn die Bedingungen genau gleich sind.

Die Wissenschaftler konnten etwas anwenden, was der Neuen Energie sehr nahe kommt. Es war nicht exakt Neue Energie, sondern eher so etwas wie ein Schatten von Neuer Energie. Sie haben sie über Zeit und Raum hinaus angezapft und nutzbar gemacht und kalte Fusion hergestellt. Das ist eine der vielen Energiequellen der Neuen Energie, die ihr erleben werdet.

Achtet auf die Technologie und ihre Entwicklung. Es gibt technologische Durchbrüche, die kurz bevorstehen. Sie arbeiten in den Laboratorien daran, aber ihnen fehlt eine kleine Komponente. Sie sind schon auf der richtigen Spur, aber noch nicht ganz am Ziel angekommen. Diese fehlende Komponente bzw. dieses kleine frustrierende Element finden sie so lange nicht, bis sich das Bewusstsein noch ein bisschen weiter öffnet. Technologie und Wissenschaft folgen immer dem Bewusstsein.

Was vollzieht sich, während ihr euer Bewusstsein hier in diesem Lehrgang öffnet und ausdehnt? Ihr schafft Potenziale für andere, für diejenigen, die an einigen dieser Probleme arbeiten – an Herausforderungen im Bereich von Krankheiten, Treibstoffen, globalen Umweltthemen. Die Arbeit, die ihr in und mit eurem eigenen Bewusstsein vollbringt, wirkt sich auf die Potenziale, auf die Möglichkeiten für die gesamte Menschheit aus. Das Bewusstsein einer einzelnen Person bewirkt etwas, kann einen Unterschied ausmachen. Deshalb ist es eine Ehre für mich, mit euch zu arbeiten.

Potenziale und Manifestation

Potenziale und multiple Wirklichkeiten

Du kannst mehr als eine Realität gleichzeitig erfahren. Du bist daran gewöhnt, dir eine Wirklichkeit auszusuchen, auf die du dich konzentrierst, und dann glaubst du vielleicht, das wäre das Einzige, was passiert. Vergangenheit, Gegenwart und Zukunft werden jedoch von einer Myriade von Potenzialen erfüllt, und diese Potenziale sind genauso aktiv und gültig wie das Potenzial, das du jetzt gerade erlebst.

Ihr habt euch in einer einzigen manifestierten Erfahrung bequem eingerichtet. Ihr seid euch im Allgemeinen nur einer linearen Realität bewusst. Du entscheidest dich zum Beispiel, heute Abend etwas im Fernsehen anzusehen. Das ist sehr schön und bequem, aber die Realität ist, dass du tatsächlich viele verschiedene Programme gleichzeitig sehen kannst. Das nennt man multiple Manifestationen oder die Bewusstheit, dass verschiedene

Ereignisse gleichzeitig ablaufen. Das klingt faszinierend, kann aber anfangs ziemlich unbehaglich sein. Du hast viele Leben damit zugebracht, dich nur auf jeweils eine Manifestation von Wirklichkeit zu fokussieren, und der mentale Geist glaubt deshalb, dass er nur eine lineare Erfahrung zu einer Zeit verarbeiten könnte. Du kannst jedoch mit vielen umgehen.

Dein analytischer Verstand wird sich fragen, wie das denn überhaupt möglich sein kann. Wie kann man mehrere Träume gleichzeitig haben, wie kann man ein Buch lesen und zugleich eine Party planen? Wie kann man im Zug sitzen und gleichzeitig am Meer entlangspazieren und Fotos machen?

Das wird euch vermutlich stark herausfordern, und ihr werdet vielleicht sogar denken, dass ihr euch selbst verliert, dass ihr eure Identität verliert, dass ihr in einen Kaninchenbau fallt.* Das kann geschehen, weil eure Identität auf einer singulären, linearen Realität beruht, obwohl das nicht unbedingt so sein müsste. Ihr könntet simultan multiple Manifestationen erleben. Fang an, damit spielerisch umzugehen, es zu imaginieren, und du wirst feststellen, dass dies tatsächlich ein sehr natürlicher Zustand des Seins ist.

* Wohl eine Anspielung auf Alice im Wunderland, die in ein Kaninchenloch fällt und in einer völlig anderen Realität wieder auftaucht (Anm. d. Ü.).

Persönliche Vision

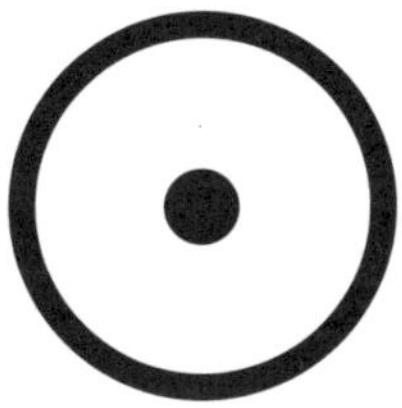

Dieses Symbol, der von einem Kreis umgebene Punkt, heißt auch »circumpunct«. Der Punkt in der Mitte repräsentiert die Urquelle, Alles Was War, den Ewigen Einen beziehungsweise das Ewige Eine. Man könnte auch sagen, dass dies ein Symbol für deine Seele, deine Göttlichkeit ist. Der Kreis herum repräsentiert die Ausdehnung deiner Seele bzw. die Reise deiner Seele. In diesem Kreis sind alle Erfahrungen enthalten, die du je gemacht hast – frühere Leben, vergangene Erfahrungen, alles, was bis zu diesem Punkt geschehen ist.

Der Kreis repräsentiert noch etwas anderes, was sehr bedeutsam ist. Er ist eine schützende Schale. Was schützt du? Deine Seele, das Göttliche in dir. Warum? Weil du denkst, dass deine Seele, der Punkt, rein und verletzlich ist. Du willst sie nicht mit all der Verschmutzung durch äußere Einflüsse oder die Mächte der Dualität belasten.

Ihr hegt einen irrtümlichen Glauben, dass die Dunkelheit nicht eindringen könnte, weil ihr eine schützende Hülle um eure Göttlichkeit gelegt habt. In Wahrheit ist es jedoch so, dass sowohl eure Dunkelheit als auch euer Licht bereits drinnen *ist*.

Das echte Problem ist, dass ihr nicht etwa die Dunkelheit draußen lasst, sondern ihr schließt sie im Inneren ein. Dieser Versuch, das Göttliche zu schützen, hat die Expansion eures Bewusstseins beschränkt, aber das lässt sich leicht wieder ändern.

Atme tief ein, entscheide dich bewusst, dich kühn und furchtlos zu öffnen und auszudehnen, erinnere dich daran, dass es wirklich nichts gibt, worüber du dir hier »draußen«, außerhalb des Kreises, Sorgen machen müsstest. Hier außerhalb des Kreises sind nur die Potenziale deiner Zukunft, und da du göttlichen Willen und Wahlfähigkeit besitzt, wirst du nur etwas auswählen, was deinem Höchsten und Besten dient. Und wenn es *dir* zum höchsten Nutzen gereicht, dann darfst du davon ausgehen, dass es auch allen anderen zum Besten ist.

Da draußen (Adamus zeigt wieder auf den Bereich außerhalb des Kreises) gibt es wunderbare Möglichkeiten. Fast unbegrenzte Potenziale. Diese Potenziale sind so weit und groß, wie du sie dir vorstellen kannst, und – ob du es glaubst oder nicht – du selbst hast alle geschaffen. Sie können beglücken und inspirieren, oder deprimierend und kummervoll sein. Sie können furchterregend sein oder voller Freude. Du und nur du allein kannst auswählen, welche Potenziale du erfahren möchtest. Du kannst dich auch für mehr als ein Potenzial entscheiden, wie wir letzthin besprochen haben, um zu erleben, wie ein Bewusstsein ist, das multiple Manifestationen erfährt.

Kein Potenzial eines anderen kann jemals in dein Feld von Potenzialen eingreifen, es sei denn, dass du das zulässt bzw. dich dafür entscheidest. Und du kannst dich nicht in das Feld von Potenzialen anderer einmischen, es sei denn, sie erlauben dies. Offensichtlich lassen die meisten Menschen so etwas zu, zumindest unbewusst. Wenn du dich jedoch für deine Souveränität entscheidest, dich aus dem festen Griff des Massenbewusstseins löst und den Glauben an eine (Vorher-)Bestimmung aufgibst, dann kannst du die Schönheit deiner eigenen, persönlichen Möglichkeiten erfahren.

In deinem Feld von Potenzialen, außerhalb des Kreises, werden Bestimmung, Schicksal, vorgezeichnete Wege oder die Herrschaft eines Gottes von außen nicht mehr gebraucht. Es liegt alles bei dir. Ziemlich einfach, nicht wahr? Warum haben Menschen die Tendenz, alles so komplex zu machen? Vielleicht lieben sie die Illusion einer äußerlichen Macht, die ihr Leben führt bzw. kontrolliert. Vielleicht wollen sie ihr Potenzial erleben, das Schlechte zusammen mit dem Guten zu haben. In diesem geschützten und heiligen Augenblick, in dem wir jetzt zusammen sind, hast du die Wahl. Du kannst wählen, was *du* willst.

Imaginieren

Der Verstand ist wie eine Schachtel. Anders gesagt: Er hat Grenzen. Er ist linear. Dein Verstand kann nicht wirklich imaginieren. Er behauptet, er könnte es, aber das Einzige, was der Verstand kann, ist etwas aus dem Gedächtnis herauszuziehen und zu versuchen, daraus ein Bild für die Zukunft zu erzeugen. Die Vorstellungen des Verstands sind also meistens sehr begrenzt.

Der Verstand hat gar keine Möglichkeit, in dein Feld von Potenzialen zu blicken und dort etwas wahrzunehmen. Das ist der Grund, warum so oft das, was ihr für eure Träume oder Ziele haltet, sich niemals in eurem Leben so manifestiert, wie ihr es erwartet, weil es eben aus einer falschen Quelle kommt. Du als Bewusstseinskörper kannst jedoch imaginieren und etwas erträumen.

Es spielt keine Rolle, was vor zehn Jahren passiert ist; das bist du nicht wirklich. Manchmal möchtest du glauben, du wärest es, aber das trifft nicht zu. Was in deinem letzten Leben geschehen ist, bist du auch nicht. Es ist Teil deiner Seelenerfahrung, sicher, aber das bist nicht du. Du bist dein Bewusstsein im Augenblick des Jetzt.

Dein Bewusstsein des Jetzt wird durch den Raum innerhalb des Kreises repräsentiert. Die Potenziale für deine neuen Erfahrungen befinden sich außerhalb des Kreises. Wie bringst du also Potenziale in deinen »Stützpunkt«? Du reist dazu nicht in die Zukunft, sondern erweiterst dein Bewusstsein in diesem Moment, um all das mit zu umfassen, was du sein *kannst.* Das ist eine grundlegende spirituelle Gesetzmäßigkeit, Adamus 101.* Du erweiterst dein Bewusstsein mithilfe von Imagination und achtest dabei darauf, dass nicht dein Verstand, dein Denken dabei wirken, sondern vielmehr dein gesamter Bewusstseinskörper.

Dann kommt die grosse Frage: Was willst du? Was wollt ihr?

Diese Frage habe ich vor Zuhörern früher bereits gestellt und ich bin bis heute mit den Antworten nicht zufrieden. Ich meine, dass die Menschen – selbst halberleuchtete Leute – immer noch nicht wissen, was sie wollen. Sie sind in der Lage zu definieren, was sie *nicht* möchten, aber ich bin inzwischen so weit zu glauben, dass sie regelrecht Angst haben zu definieren, was sie möchten.

Was geschieht, wenn du kühn und furchtlos bist, wenn du deine Imagination aktivierst und in dein Feld von Potenzialen gehst und dann wirklich einige daraus auswählst?

Dabei erhebt sich auch die Frage, wie du ein Potenzial aussuchst. Wendest du dazu einen weiten Begriff an wie

* An amerikanischen Universitäten heißen alle Grund- bzw. Einführungskurse 101 plus der Titel des Unterrichtsfachs (Anm. d. Ü.).

»Freude und Glück«? Oder nutzt du spezielle Potenziale wie »den besten Job, der hundertfünfzigtausend Dollar im Jahr einbringt, ein 7er BMW und einen *Golden Retriever*«?

Ich vertrete die Ansicht, dass eine sehr allgemeine Wahl wie »Ich will glücklich sein« ziemlich schwach ist, weil ich mir nicht sicher bin, dass ihr wisst, was Glück ist – außer einen 7er BMW zu fahren. Eine Wahl zu treffen wie »Ich möchte, dass in meinem ersten Kurs dreißig Personen sind«, ist sehr begrenzt und hängt zudem von anderen Menschen ab, um sich zu erfüllen. Die Frage ist also, wie ein bewusster Schöpfer, eine bewusste Schöpferin auswählt. Das ist übrigens keine Fangfrage.

Du wählst das aus, was dich *inspiriert*! Was macht dich offener und weiter? Wodurch fühlst du dich vollständig und ganz? Du gehst also nach deinen Gefühlen. Was ist für dich stimmig, *was fühlt sich für dich gut an?*

Du musst nun keine Etiketten oder Begriffe für diese Potenziale suchen und draufkleben. Man muss das nicht »Arbeit«, »Geld«, »Erleuchtung« und so fort nennen, denn Potenziale haben keine Etiketten oder menschgemachten Definitionen.

Potenziale sind Energien in einem neutralen Zustand, die du aktivieren kannst. Das Feld deiner Potenziale wird nicht durch Dinge wie Gesundheit, Geld, Erleuchtung oder andere menschlich-irdischen Faktoren bestimmt.

Deine Potenziale sind wirklich tiefe Sinnesempfindungen, sensorische Gefühle. Ich schlage dir vor:

1. Schließe deine Augen, entspanne dich und atme fünf Minuten lang ganz bewusst.
2. Stell dir deinen Augenblick im Jetzt vor, der vom äußeren Kreis des Diagramms symbolisiert wird, der sich nach außen hin ausdehnt.
3. Lächle. Entspanne dich. Erwarte nicht, dass du Bilder sehen oder Stimmen hören wirst. Erlaube dir jedoch zu spüren.
4. Ohne mental zu werden, »fühle« in die Energien hinein. Spiele mit ihnen. Erlebe die Veränderungen und Unterschiede, während du dich weiter öffnest und ausdehnst.
5. Nachdem du mit den Energien eine Weile lang gespielt hast, wähle dir etwas aus und stelle dir vor, dass du das mit deinem Zeigefinger berührst.
6. Atme tief ein und aus. Entspanne dich.
7. Vergiss das Ganze. Anders gesagt: Grüble nicht darüber nach. Kehre zu dem zurück, womit du vorher beschäftigt warst im Wissen, dass diese Energien nun hereinfließen werden, um dir zu dienen.

Die spirituellen Gesetze bewusster Entscheidung

Aus irgendeinem Grund fällt es mir schwerer als alles andere, dieses Konzept der Auswahl, der freien Entscheidung Menschen zu vermitteln. Ich kann mit Menschen darüber sprechen, wie Yeshua am Kreuz gestorben ist, in Spirit zurückkam, um mit Maria Magdalena zu wirken, sie mit seinem Lichtkörper geschwängert hat und sie zwei gemeinsame Kinder hatten. Darüber zu sprechen fällt Menschen leichter als darüber, Entscheidungen in ihrem Leben zu treffen. Das ist die Wahrheit.

Es ist leichter für mich, mit Menschen über außerirdische Lebensformen zu reden, über kleine Raumschiffe, welche die Erde besuchen, als darüber, Entscheidungen zu treffen. Wenn ihr bekanntgeben würdet, dass morgen fünf Ufos über Mexico-Stadt gesichtet würden, und eines von ihnen tatsächlich Kontakt mit Menschen aufnehmen würde, würdet ihr zum Internet laufen und es allen, die ihr kennt, weitersagen.

Aber seid ihr genauso begeistert, eine bewusste Wahl zu treffen und eure Wirklichkeit zu erschaffen? So aufgeregt, dass ihr in der Nacht kaum ins Bett kommt? So enthusiastisch, dass ihr gar nicht auf morgen warten könnt, weil morgen euch gehört? Vermutlich nicht.

Die Vorstellung von bewusster Auswahl und Entscheidung, deine eigene Realität zu kreieren, ist starker Tobak. Sie ist nicht sehr dramatisch, aber wunderschön.

Dieser Punkt auf dem Papier, in der Mitte des Kreises, repräsentiert das Zuhause, was manche von euch Himmel nennen, oder Alles Das War, Gott, die Quelle. Gott fragte: »Wer bin ich? Ich existiere, ich bin, aber wer bin ich?« Diese Frage bewirkte, dass Gott sich in Gott verliebte, denn sobald du anfängst, darüber nachzusinnen, wer du wirklich bist, kannst du gar nicht anders als dich in dich selbst zu verlieben.

Diese Liebe verursachte eine gewaltige Explosion. Die Astronomen nennen das den Urknall, den Big Bang, aber es war in der Tat das Ergebnis davon, dass Spirit sich ins Selbst verliebte. Diese Liebe erzeugte Funken von Gott, »Gottesfunken«, beseelte Wesen – euch und mich –, damit Spirit sich selbst immer wieder und immer wieder neu würde erfahren können. Durch euch erfährt Spirit Sonnenuntergänge, was es bedeutet, Nahrung zu essen, die Intimität einer Beziehung. Spirit erkennt und kennt Leben jetzt euretwegen.

Als du das Bewusstsein von Zuhause verlassen hast, das Wohlbefinden der ursprünglichen Quelle, gab es nichts außer Zuhause. Selbst Spirit wusste nicht, was da draußen war. Denn es gab dort nichts. Du hast die Feuerwand durchschritten – eine Metapher für die Grenzen von Bewusstsein. Es wird manchmal auch die »große Zentralsonne« genannt. Ein anderer Ausdruck für »Zuhause«.

Als du an den Rand des Bewusstseins gelangt bist, an die Feuerwand, zerbrach deine neue Seele in Milliarden und Abermilliarden von Stücken. Diese Alchemie bildete deine einzigartige Seelen-Identität, die dir nie weggenommen werden kann.

Bei der Zerschlagung inmitten der Feuerwand hast du alle Potenziale von allem kreiert, was du jemals würdest erleben können. Das ist für den menschlichen Verstand fast unbegreiflich. Du hast das Potenzial jeden Lebens, jeder Handlung, jeden Gedankens und jeden Wortes kreiert. Und zwar nicht nur derjenigen, die du erlebt hast, sondern auch jener, die du niemals erfahren wirst. In der Feuerwand hast du jedes Potenzial erzeugt und gespürt, das deine Seele jemals kennen würde. Deshalb existiert das Potenzial von allem bereits, was du jemals wirst tun können, und von allem, was du jemals sein kannst. Jetzt hast du die Wahl, dich zu entscheiden, welches Potenzial du manifestieren willst. Aus diesem Blickwinkel kannst du sehen, wie leicht es ist, ein Schöpfer, eine Schöpferin zu sein – weil du bereits alles erschaffen hast. Nichts ist wirklich neu außer der Erfahrung, das Potenzial nun zu leben.

Wenn ich also sage »Was passiert morgen?« und ich sage »Das entscheidest du selbst«, dann suchst du dir in Wahrheit etwas aus einer wunderbaren Vielfalt an Möglichkeiten aus, die bereits existieren. Wenn ich sage »Wähle, was du möchtest«, dann ist das fast so, als ob du zurückreichst in die Feuerwand und ein Potenzial geradewegs in das Hier und Jetzt bringst. Alles ist möglich. Du hast das Potenzial dafür bereits kreiert, und nun wählst du dir nur aus, was du erleben willst. Es ist alles schon vorhanden.

Im Verlauf von sehr vielen Lebenszeiten habt ihr vergessen auszuwählen und zu manifestieren, und ihr habt aufgehört, euch selbst zu vertrauen. Wenn ihr versucht, euch zu entscheiden, dann kommt dies vom Verstand her und fühlt sich hölzern an. Außerdem seid ihr von hypnotisch wirkenden Schichten bedeckt, die euch dazu veranlassen, quasi automatisch in Sachen wie Karma, Vorherbestimmung und Schicksal zu rutschen.

Liebe Freunde, ihr seid faul geworden. Ihr habt euch damit zufriedengegeben, eure göttliche Eigenverantwortung an jemand anderen oder an etwas anderes zu übergeben, und dann beschwert ihr euch über euer Leben. Ich behaupte, dass das gar nicht mehr euer Leben ist. Deshalb sage ich auch, dass die Menschen in Wirklichkeit gar keinen freien Willen mehr haben. Sie haben ihn abgegeben.

Wenn ihr mit diesen Ansätzen und Sichtweisen arbeitet, werdet ihr feststellen, dass es sehr leichtfällt, jedes beliebige Potenzial auszusuchen und zu manifestieren. Es besteht ja schon. Es liegt nur an dir, dich zu entscheiden, ob du es zum Ausdruck bringen und erfahren möchtest.

Die Vergangenheit erschliessen

Am nächsten Thema habe ich ein großes persönliches Interesse. Wir werden die verschlossenen oder verborgenen Potenziale der Vergangenheit erkunden. In der Vergangenheit steckt eine enorme Menge an Liebe. Die Vergangenheit versucht, sich mit der Neuen Energie zu verbinden, aber so vieles aus der Vergangenheit steckt in Glaubensmustern und Geschichte fest.

Ihr könnt die Geschichte auch auf den Müllhaufen werfen, denn sie wird sehr linear niedergeschrieben. Das bezieht sich sowohl auf eure persönliche als auch auf die planetarische Geschichte. Und dazu kommt noch alles, was ihr glaubt darüber zu wissen, wie die Erde erschaffen wurde und wie sie sich entwickelt hat. Was ihr »denkt«, über die Erde zu wissen, ist nichts als ein Scheibchen der Wahrheit.

Du blickst in deine Vergangenheit und sagst: »Adamus, meine Vergangenheit ist klar definiert.« Überhaupt nicht. Du sagst: »Aber, Adamus, hier sind alle meine Fotos. Ich kann dir Bilder zeigen von der Zeit, als ich geboren wurde bis gestern. Alles ist ganz klar festgehalten.« Du siehst trotzdem nur ein kleines Scheibchen deiner Vergangenheit.

Die »anderen« Möglichkeiten der Vergangenheit sind weggeschlossen worden. Sie wurden versteckt, sehr clever vergraben, damit du glaubst, du seiest nur eine Sache, anstatt zu erkennen, wer du wirklich bist.

Ihr habt sie weggeschlossen, ihr habt anderen erlaubt, sie für euch wegzuschließen, und ihr habt euch selbst innerhalb eines sehr engen Spektrums definiert. Die Person, die du denkst zu sein, ist *nicht,* wer du wirklich bist. Vielleicht ist das ja für manche von euch sogar ein Segen! Ich möchte jetzt diesen Moment nutzen, um dich DIR selbst vorzustellen.

Die Potenziale aus der Vergangenheit leben und es geht ihnen gut. Das sind die »anderen« Wirklichkeiten, auf die du dich nie fokussiert hast, und doch sind sie genau so real wie das, worauf du deine Aufmerksamkeit gerichtet hattest.

Dies sind die Drachen und Dämonen, welche die Tore der Vergangenheit bewachen. Du hast sie teilweise dorthin gesetzt, um dich zu schützen, teilweise aufgrund von Illusion, teilweise wegen der Scham, die du sonst vielleicht fühlen würdest im Hinblick auf all die Dinge, die du früher mal gemacht hast. Wir gehen nun in die Vergangenheit zurück und besuchen die »anderen« Potenziale. Das wird deine Vergangenheit verändern. Es wird sich nicht unbedingt auf die Vergangenheit von anderen auswirken, aber es wird deine Vergangenheit ändern. Bist du dazu bereit? Na ja, sag nicht »Ja«, bevor du das Kleingedruckte gelesen hast!

Die Person, die du im Spiegel siehst, ist kein gutes Bild dessen, wer du wirklich bist. Wenn wir in die Vergangenheit gehen, wirst du etliche Dinge sehen, die du vielleicht gar nicht sehen willst – mit den Augen des Menschen, der du bis jetzt gewesen bist. Anders gesagt: Vor einem Jahr oder vor zwei Jahren wärst du dazu noch gar nicht bereit gewesen, aber jetzt bist du es.

ICH WERDE BEI JEDEM SCHRITT AUF DEM WEG BEI DIR SEIN. DAS IST MEIN VERSPRECHEN AN DICH.

Es gibt eine ganze Entourage, die mit mir zusammenarbeitet. Das sind Aufgestiegene Meister, die auf die Erde zurückkommen und mit denen wir verbunden sind; es sind Aspekte deiner selbst, mit denen wir uns ständig verbinden und kommunizieren. Ich werde bei jedem Schritt des Weges bei dir sein. Bitte mich nicht darum, den Weg für dich zu gehen, erwarte nicht die Antwort von mir; aber ich werde bei dir sein.

Lauf nicht vor mir weg und versteck dich nicht; aber ich weiß, dass du es machen wirst. Es wird Zeiten geben, wenn du dich so schämst über dich und deine Handlungsweise, dass du dir wünschen wirst, ich wäre nicht da. Du wirst so tun, als ob ich nicht da wäre, und deshalb werde ich es, von dir aus betrachtet, auch nicht sein. Aber ich für mich werde da sein.

Liebe Freunde: Wir sind dabei, in die Vergangenheit einzutauchen, um die Zukunft zu entdecken. Das wiederhole ich, falls ihr gerade eingeschlafen seid. Ihr werdet in eure Vergangenheit gehen, um eure Zukunft zu sehen. Wir gehen in die Vergangenheit, um eine sehr dynamische, von Liebe erfüllte, dabei bisweilen jedoch auch erschreckende Energie zu erschließen und zu befreien, damit ihr nicht mehr länger in eurem Gefängnis eingesperrt bleibt. Ihr habt gelacht, als ich sagte, dass ich einhunderttausend Jahre lang in einem Kristall gefangen war. Wie lange seid ihr in euren gewesen? Euer Gefängnis ist eure Vergangenheit, und dazu seid ihr verurteilt worden.

Wenn ihr in die Vergangenheit geht und jeden Teil darin entriegelt, dann verändert das die Gegenwart. Es verändert die Vergangenheit. Es verändert den Kurs eurer Geschichte. Es verändert alles. Ihr werdet Dinge über euch selbst entdecken, die euch staunen machen.

(An diesem Punkt leitete Adamus die Gruppen zu einer Erfahrung an, damit die TeilnehmerInnen ihre jeweilige Vergangenheit erfahren und »andere« Potenziale aus ihren bisherigen Lebenszeiten sehen könnten. Wenn du diese Übung auch durchführen möchtest, dann suche dir bitte einen ruhigen Ort, an dem du mindestens 45 Minuten Zeit ohne Unterbrechungen hast, und dann bitte Adamus ausdrücklich, dich in die Erfahrung zu begleiten.)

Die Zukunft und das Jetzt

Jetzt gehen wir in die Zukunft und deren Potenziale. Wir erschaffen nicht die Zukunft für die Menschheit, wir aktivieren keine Portale und vollziehen keine Einweihungen für die Erde. Wir fühlen uns in *eure* Potenziale ein. Wir sehen uns *eure* Garnitur von Potenzialen an, die da draußen in der Zukunft sind. Ich freue mich darauf, diese Reise gemeinsam mit euch zu machen, damit ihr euch über eure zukünftigen Potenziale bewusst werdet.

Einige von euch haben da draußen einen Schrottplatz. Manche von euch fürchten sich derart vor ihrer Zukunft, dass die Zukunft anzuhalten scheint. Wenn ein übliches Medium in eure Zukunft blicken würde, würde es schlucken und sagen: »Es geht nicht mehr sehr viel weiter vorwärts.« Das tut es aber doch, aber da draußen sind so viele Wände von Angst, dass die Zukunft scheinbar zu Ende ist.

Einige von euch haben das Schlechteste aus ihrer Vergangenheit genommen und es in die Zukunft gesteckt und sich damit vorher festgelegt, sich zu wiederholen. Warum? Nun, ihr meint, dass ihr ein anderes Ergebnis erzielt, wenn ihr dasselbe immer wieder und wieder macht? Aber das stimmt nicht. Ihr bekommt dieselben Resultate, wenn ihr dieselben Handlungen und Glaubensmuster wiederholt. Ihr habt die Gräber aus der Vergangenheit genommen und sie in die Zukunft versetzt. Nun ist es zu eurer Bestimmung geworden, euch zu wiederholen.

Manche von euch haben nichts oder nur wenig in ihrer Zukunft vor sich, so wie sie diese sehen. Ihr habt Angst, euch für die Zukunft zu öffnen, in sie zu expandieren – ihr habt Angst, in die Zukunft hinein schöpferisch zu sein und etwas zu kreieren. Ihr habt Angst, dass ihr vielleicht das Falsche macht, und deshalb sieht es so aus, als ob dort draußen nichts wäre. Was geschieht dann mit euch? Ihr werdet zum Objekt des Schicksals und der Launen anderer Leute. Ihr habt nicht für euch selbst etwas erschaffen, also werden andere das für euch tun. Manche von euch sind damit ganz zufrieden. Ihr könnt dann den anderen die Schuld geben, anstatt euer eigener Schöpfer zu sein.

Ich will einen Spaten auch einen Spaten nennen. Ich meine, dass ihr in eurem Verstand feststeckt, und das möchte ich euch gerne direkt sagen dürfen. Ich finde, dass ihr euch von mir oder anderen energetisch nährt – auch das möchte ich sagen dürfen. Ich denke, dass ihr vollgestopft mit Mist seid – auch das sage ich in echter Achtung.

Wenn wir nun in unserer Arbeit weitermachen, werde ich euch um mehrere Dinge bitten. Zunächst einmal realisiert bitte und nehmt es an, dass ich bei jedem Schritt, in jedem Augenblick bei euch bin. Wenn ihr privat und ungestört sein wollt, räume ich euch das selbstverständlich ein, aber ich werde noch anwesend sein. Ich störe allerdings nicht und mische mich auch nicht ein. Ich werde mich einfach etwas abwenden.

(An diesem Punkt leitete Adamus die Gruppen zu einer Erfahrung an, damit die TeilnehmerInnen Potenziale für ihr jetziges Leben sehen könnten. Wenn du diese Übung auch durchführen möchtest, dann suche dir bitte einen ruhigen Ort, an dem du mindestens 45 Minuten Zeit ohne Unterbrechungen hast und dann bitte Adamus ausdrücklich, dich in die Erfahrung zu begleiten.)

Die Zukunft und Bestimmung

Ist die Zukunft vorherbestimmt? Nein. Aber bei einer Umfrage würden 99,7 Prozent der Menschen angeben, dass sie ihr Leben tatsächlich so führen, als ob es bereits festgelegt sei. Sie erlauben ihren Aspekten die Kontrolle über ihre Lebensführung. Sie haben sich selbst aufgegeben. Diese Leute *sind* festgelegt. Sie folgen ihrem karmischen Weg und lassen zu, was passieren mag. Sie sagen: »Es ist mein Karma«, auch wenn sie nicht genau diese Worte gebrauchen.

Sie glauben an einen linearen Fortschritt der Seele, und dieser Linie folgen sie. Sie glauben auch an die Vorherbestimmung des Kollektivbewusstseins, das sehr, sehr dick, sehr, sehr schwer ist. Eine andere Wahl zu treffen, sich anders zu entscheiden, könnte gar nicht leichter fallen – aber dann würde sich ja das Leben solcher Menschen auch verändern. Die meisten wollen genau das nicht. Ich kritisiere das nicht, ich beobachte und beschreibe nur. Ihr mögt das euch nicht anhören? Ich bewerte nicht, ich beobachte nur.

Menschen führen auch ein schicksalsbestimmtes Leben, wenn sie sehr starke Glaubensmuster haben, besonders wenn es um religiöse oder spirituelle Glaubenssysteme geht. Das erzeugt Schicksal. Bestimmung. Sie glauben vielleicht, dass es einen Pfad zum Himmel und einen anderen Pfad zur Hölle gibt.

Die meisten Menschen leben wie nach einem unveränderlichen Schicksal, und die meisten Menschen glauben vor allem auch an Vorherbestimmung. Sie glauben an einen Gott, der ziemlich mies drauf ist, ihr Schicksal vorherbestimmt und ihnen nie sagt, nach welchen Regeln das Leben eigentlich gespielt wird. Und es ist ihnen egal, sie nehmen es hin und denken nicht weiter nach ... Wisst ihr, so begrenzt der Verstand ja ist, bedarf es doch keines sehr starken Geistes, um einmal innezuhalten und nachzudenken: »Na ja, Spirit ist es doch sowieso egal. Warum sollte Spirit mich veranlassen, all das Zeugs hier zu tun? Was, um mich wem gegenüber zu beweisen?« So sehr Logik sich verändert, ist das doch nun überhaupt nicht logisch. Das ergibt doch gar keinen Sinn. Die Programmierung jedoch, eine Art von Hypnose, die Schichten, die über allem liegen, sind allerdings so stark, dass sie aus sonst glänzenden Männern und Frauen dumme, sehr dumme Leute machen.

Realität erschaffen

Als ein bewusstes Wesen ziehst du Energie in dein Bewusstsein an, um deine Kreationen mit Leben zu erfüllen.

Du *ziehst* es an. Das wahre Gesetz der Anziehung und der Fähigkeit, Wirklichkeit zu erschaffen, beruht auf Leidenschaft und Verlangen. Die innerste Leidenschaft jeder Seele ist zum Selbst zurückzukehren. Diese Verbindung wirst du niemals, niemals verlieren. Ich weiß, dass sich manche von euch Sorgen machen – »Was passiert, wenn ich verloren gehe?« Das geht gar nicht. Ihr könnt euch scheinbar eine ganze Ewigkeit verloren fühlen, aber ihr könnt niemals die Verbindung mit eurem Selbst verlieren.

Dies sind die Leidenschaften der Seele:

1. Erkenne dich selbst
2. Bringe dich selbst zum Ausdruck
3. Entwickle dich selbst
4. Kehre zu dir selbst zurück

Das sind also die Leidenschaften der Seele.

Viele unter euch fragen: »Warum kann ich nicht das kreieren und manifestieren, was ich möchte?« Na ja, ihr tut das bereits. Dann sagt ihr: »Aber, Adamus, das hier stinkt mir.« Stimmt, ja. Deshalb seid ihr ja jetzt hier, denn es ist ja gar nicht mehr nötig, dass euch das die

Energie raussaugt und euch alles stinkt. Ihr müsst eure Energie bewusst ausdrücken.

Spüre einen Moment lang die Leidenschaft deiner Seele.

(Pause)

Das ist es, was eure Realität bewirkt. Man kann das auf ganz unterschiedliche Weise formulieren; ich habe euch einfach vier grundlegende Feststellungen über die Seele und ihr Verlangen formuliert. Man kann das auch anders ausdrücken, aber es geht darum, dich selbst zu erkennen, dich zum Ausdruck zu bringen, dich wieder zusammenzubringen und dich selbst in Ebenen zu bewegen, die du vorher nie erkannt hast.

Es sind diese Leidenschaften, die deine Wirklichkeit erzeugen. Entgegen einer populären Annahme sind es nicht deine Gedanken, welche die Wirklichkeit erschaffen. Mentale Gedanken besitzen sehr wenig Leidenschaft, deshalb ziehen sie wenig oder keine Energie an.

Vor Kurzem kam bei einem Treffen eine Teilnehmerin nach vorn, um eine Frage zu stellen. Jennifer sagt: »Adamus, was stimmt in meinem Leben nicht? Ich habe meine Arbeit verloren, meine Kinder, meinen Selbstwert, meine Beziehungen zu anderen, meinen Beruf. Es ist alles weg. Was ist schiefgelaufen?«

Meine Antwort: nichts.

Deine tieferen inneren Gefühle erzeugen deine Wirklichkeit, nicht deine Gedanken. In Jennifers Fall sehnte sie sich sehr stark nach einer Verbindung mit Spirit. Sie hatte Hunderte von Leben danach gesucht. Sie *dachte,* sie müsste alles in ihrem Leben auflösen und rauswerfen, um Spirit erkennen zu können. In früheren Leben war sie dadurch von ihrer Suche nach Spirit abgelenkt worden, weil sie zu viel hatte – zu viel Macht, zu viel Geld, zu viele Beziehungen. Und an einem gewissen Punkt, als sie sich wirklich nach Spirit sehnte, sagte sie: »So niemals wieder. So möge es sein. So möge es sein.« Sie hatte ihre Schönheit in diesem Leben zwar bewahrt, weil ihre Schönheit sie an die Schönheit von Spirit erinnerte, aber sie war nahe dran, sie auch noch zu verlieren, weil sie meinte, dass sogar ihre Schönheit der Erkenntnis von Spirit im Wege stehen könnte.

So müsst ihr das nicht machen. Manche von euch haben extreme Maßnahmen ergriffen, um euch selbst zu entfalten. Ihr habt extreme Dinge unternommen im Glauben, dass euer Menschsein kein Teil eures Spiritseins wäre. Das ist ein sehr altes Glaubensmuster.

Wenn du zu dir selbst zurückkommst, integrierst du das Männliche und das Weibliche in dir, dein Licht und deinen Schatten, dein Menschsein und deinen Spirit. Du zerstörst dein Menschsein nicht, um erst dann dein »Spiritsein« zu erfahren; du bringst beide zusammen. Sie wollen auch von sich aus zusammenkommen.

Jennifer ist in Wahrheit eine machtvolle Schöpferin. Sie hat alles aus ihrem Leben geworfen, um Ablenkungsmanöver zu vermeiden. Doch dann hat sie sich gefragt: »Was mache ich falsch?« Absolut gar nichts! Sie hat eine Leere für sich erzeugt. Nun hat sie die Chance, Spirit zu erkennen ... sich selbst.

Das bringt uns zur Frage zurück: Was möchtest du? Und denk daran: Du kannst alles wählen, was du willst. Du *kannst* alle menschlichen Bedürfnisse erfüllen und trotzdem eine tiefe und schöne Verbindung mit Spirit haben.

Was willst du?

Eines eurer größten Probleme ist, dass ihr nicht wisst, was ihr wollt. Ihr habt keinen blassen Schimmer, oder das ändert sich jeden Tag! Ihr verbringt euer Leben damit herumzurätseln, was ihr wollt. An einem Tag ist es dies, am nächsten Tag jenes. Dann deprimiert euch das und ärgert euch, und ihr seid frustriert, weil ihr nicht wisst, was ihr nun wollt.

Ihr werdet in die Irre geführt von dem, was ihr glaubt, was ihr wollen solltet, was man von euch als Wunsch *erwartet*. Ihr geratet in einen bestimmten Trott oder in Fallen, weil ihr »dies« an einem Tag und »jenes« am nächsten Tag wollt. An einem Tag haben eure menschlichen Bedürfnisse die Priorität und am nächsten Tag eure spirituellen. *Ihr wisst nicht, was ihr wollt.*

Die gute Nachricht ist: Ihr seid genau dort, wo ihr sein sollt. Ja, exakt, wo ihr sein sollt! (Publikum jubelt und klatscht.)

Atmen wir tief ein und danken wir Gott. (Publikum sagt: Gott sei Dank.) Dankt euch selbst. Ihr seid exakt dort, wo ihr bei dieser Sache sein sollt – nämlich nicht zu wissen, was ihr wollt.

Das scheint ein Dilemma zu sein und kann einen schönen Tag richtig mies machen (Lachen). Aber das ist absolut stimmig. Warum? Weil ihr eine Metamorphose durchmacht, eine Verwandlung davon, nur ein Mensch zu sein, zu einem göttlichen, erleuchteten Menschen hin. Obwohl ihr mehr als eintausend Lebenszeiten erfahren habt, ist die die größte Veränderung, die ihr je erleben werdet, solange ihr auf der Erde inkarniert seid.

Ihr macht einen gewaltigen Übergang mit. Ihr seid nicht mehr nur ein Mensch mit begrenzten menschlichen Bedürfnissen, sondern nun erlaubt ihr dem Göttlichen, dem Gott im Inneren, sich in euer Leben zu integrieren.

Ihr lasst die Integration von Menschlichem und Göttlichem in diesem Augenblick geschehen – nicht mehr nur als eine philosophische Betrachtung, nur als irgendwelche Worte, nicht mehr als eine beliebige Studiengruppe, zu der man einmal im Monat geht, um danach alles schnell wieder zu vergessen, wenn man in der eigenen Welt zurück ist. Nein, jetzt lasst ihr das tatsächlich geschehen. Ihr vollzieht es wirklich.

In diesem Prozess deiner Integration wird alles, was du gedacht hast, haben zu wollen, undeutlich und verworren. Alles, was du als wichtig betrachtet hattest, zweifelst du jetzt an. Zukunftsziele machen plötzlich keinen großen Sinn mehr. Was du geglaubt hattest, was dir leidenschaftlichen Spaß macht, ist plötzlich gar nicht mehr so aufregend. Es wird sich bis morgen völlig verändern – und das ist gut so. Wirklich wahr! Da ist nichts falsch bei dir, alles ist in Ordnung.

Du erlebst, wie jetzt gerade eine riesige Menge an kreativer Energie durch dich fließt. Du bekommst Inspirationen auf einer Vielzahl von Ebenen, während du dennoch weiterhin menschliche Wünsche und Bedürfnisse hast. Es scheint ein einziges Chaos zu sein. Aber ihr wisst ja, was ich vorhin über Chaos gesagt habe. Es ist in Wahrheit keins. Es ist nur dann Chaos, wenn du es so betrachtest, wie man einen Webstuhl von unten ansieht, da sieht es chaotisch aus. Aber wenn du von oben blickst, siehst du einen wunderschönen Teppich.

Du lebst in einem Zustand des Übergangs, der Transmutation und Alchemie. Hast du bemerkt, wie du es trotzdem immer noch schaffst, über die Runden zu kommen? Anders gesagt: Du bist nicht zusammengebrochen. Du denkst, du würdest zusammenbrechen. Du fühlst dich, als ob du jeden Moment zusammenbrechen würdest. Du gehst am Abend zu Bett und sagst: »Gott sei Dank bin ich heute nicht zusammengebrochen. Vielleicht wird es ja morgen so weit sein, aber heute habe ich durchgehalten.«

Du wirst nicht zusammenbrechen.

Die meisten Menschen haben ein Ziel oder einen Plan. Das führt sie von Punkt A nach Punkt B; das bringt sie dorthin, und sie fühlen sich einigermaßen erleichtert. Und dann gehen sie von Punkt B zu Punkt C. Das ist ein interessantes Phänomen. Sie verwenden die Ziele, um von einem Schritt zum nächsten zu gelangen, und dann immer wieder so weiter. So etwa seid ihr bisher durch euer Leben gekommen.

Ihr hattet ein Ziel, als ihr jung wart, um durch die Schule zu kommen. Dann hattet ihr ein Ziel, um eine

Karriere und eine Familie zu haben. Ihr hattet ein Ziel nach dem anderen. Ihr habt jetzt ein Ziel – was es auch sein mag; vielleicht, einfach durch den Rest dieser Zusammenkunft zu kommen.

So, und jetzt tretet einen Schritt zurück. Das ist doch eine ziemlich beschränkte Lebensweise, nicht wahr? Vielleicht steckt da auch Angst dahinter? Es ist eine Lebensweise, die nicht sehr erfüllend ist, oder? So leben aber die meisten Leute, und so habt ihr früher auch gelebt – lacht also nicht allzu laut darüber.

Deshalb frage ich: »Was möchtest du?« Das rüttelt euch ein bisschen auf, damit ihr etwas fühlt. Wenn ihr mir sagt, was ihr wollt, dann werde ich das infrage stellen.

Du glaubst, du willst etwas Bestimmtes, aber du weißt eigentlich nicht genau, was du willst? Das ist vollkommen in Ordnung.

Nehmen wir uns einfach einen Augenblick in dieser wundervollen Energie und lassen wir alles, wie es ist.

(Pause)

Lass deine Ziele los, gib sie frei.

Lass deine Wünsche los, gib sie frei.

Lass alte Erwartungen los, weil sich jetzt alles ändert. Alles wird sich ändern.

Leidenschaft

Manche Menschen werden vorbringen: »Ja, ich *weiß* ja, was ich will«, aber ich würde das infrage stellen. Nein, ihr wisst das nicht wirklich. Könnt ihr das einfach akzeptieren?

Ihr werdet das »Wollen« transzendieren. Stattdessen werdet ihr eine tiefe, bedeutungsvolle Leidenschaft haben, und mir ihr geht Klarheit einher. Die Klarheit wird euch helfen zu verstehen, wie ihr eure Realität erschaffen habt.

Du wirst eine *Leidenschaft* für dich selbst haben, eine Liebe für dich selbst, die intensiv und ausdrucksstark ist.

Von diesem Punkt an spielt es wirklich keine Rolle mehr. Mit echter Seelenleidenschaft ist es nicht mehr wichtig (was du willst). Es muss auch keine Rolle mehr spielen. Du gehst über Wünsche hinaus, in die Leidenschaft.

Leidenschaft ist das wahre Verständnis des Ich Bin.

Neue Energie

Und noch etwas geschieht. Manche von euch erleben das schon in den letzten paar Monaten, und das ist eine sehr wichtige Angelegenheit. Ihr habt bereits Neue Energie in euer Leben eingeladen. Ihr habt das Göttliche in euer Leben eingeladen. Wie wir vorhin besprochen haben, entsteht Energie aufgrund der Leidenschaft, nach Hause zurückzukehren. Euer Bewusstsein hat diese Energie seither verwendet, um Wirklichkeit zu erschaffen.

Neue Energie kommt jetzt herein, während das Zuhause zu euch kommt – indem Gott, indem ihr selbst zurück zu euch gelangt. Das ist Neue Energie. Das sind keine gerichteten Schwingungen. Es ist eine Ausdehnung, es öffnet sich alles und dehnt sich gleichzeitig in alle Richtungen aus. Es sieht auch nicht wie die alte Energie aus, fühlt sich nicht so an und wirkt auch nicht so. Allerdings gibt es einen Teil von euch, der das gern hätte. Ihr möchtet die Neue Energie mit Begriffen der alten Energie definieren. Ihr denkt, dass Neue Energie einfache mächtigere alte Energie sei. Das ist sie nicht. Sie ist völlig anders.

Neue Energie ist das »Nebenprodukt« der Integration von Menschlichem und Göttlichem. Selbst für die Wesen in den Engelreichen ist das etwas Neues. Die Engel haben großes Interesse daran, was auf der Erde passiert, denn: »Wie sich die Menschen auf der Erde entwickeln, so wird die gesamte Schöpfung.« Sie haben also ein äußerst starkes Interesse daran zu sehen, wie die Neue Energie wirkt.

Der Grund, warum die Dinge ein bisschen aus dem Lot sind, ein bisschen ohne jede Orientierung – ehrlich gesagt, *völlig* ohne Orientierung –, die Ursache, warum die Dinge auf dem Kopf stehen, ist doch: Die Neue Energie ist da!

Sie wird sich in euer Leben hier auf der Erde integrieren. Sie erforscht euch jetzt. Sie erforscht eure Emotionen, denn beim Prozess der Integration muss sie verstehen, woher ihr kommt, wo ihr steht und was euch ausmacht. Sie möchte wissen, wie sie sich in eurem Leben auswirken kann. Sie will nicht gegen euch ankämpfen. Sie möchte wissen, wie sie ein Teil eures Lebens sein kann. Es ist die göttliche Energie, nach der ihr immer schon gesucht habt, und sie ist jetzt hier. Sie »untersucht« euch.

Es ist eure Energie. Das ist keine außerirdische Untersuchung; die ist ganz anders. Es handelt sich auch nicht um eine aufdringliche Energie von außen. Aber trotz dieser Klarstellung wird es manche geben, die diese Energie überhaupt nicht verstehen oder definieren können und deshalb meinen, sie hätten eine außerirdische Begegnung. Nein, das hier ist die Neue Energie, die etwas ausfindig machen möchte und fragt: »Wie tickst du?«

Die Neue Energie kommt auf die Erde, zu euch. Sie bleibt nicht auf einem Servierteller vor euch liegen. Sie geht *in* euch hinein. Ihr werdet sie fühlen. Sie erkundet jeden Teil von euch. Sie möchte verstehen, wie euer Geist funktioniert. Wie funktioniert euer Verstand, eure Logik? Sie geht in den physischen Körper hinein. Manche von euch haben letzthin Reaktionen gespürt. »Was ist mit meinem Körper nur los?« Denn ihr fühlt, dass sie auch da hineingeht. Sie verschmilzt mit jedem Teil von euch.

Wenn sie auf einen besonders verletzlichen Fleck trifft – eine Erinnerung oder eine Wunde, die noch sehr, sehr empfindlich ist –, wird man das spüren. Diese Gefühle tauchen plötzlich an der Oberfläche auf, und du wirst sagen: »Warum ist das denn jetzt hochgekommen?« Bis heute würdet ihr gesagt haben: »Welche Lektion will Gott mir beibringen? Was versucht Spirit, mir zu vermitteln?« Nichts. Es ist einfach eine Reaktion auf die Neue Energie, die in dein Leben gelangt und es untersucht, um besser zu verstehen, wer du bist. Die Neue Energie will begreifen, wie sie mit dir zusammenleben kann.

Obwohl sie deine eigene Schöpfung ist, ist sie doch bisher noch niemals in dieser Realität gewesen. Sie möchte dich entdecken, und sie wird dich dazu veranlassen, dass du manche Dinge über dich selbst entdeckst, die du noch gar nicht gewusst hattest.

Potenziale

Du bist in der Zone des Erwachens, und du sagst: »Was kommt als Nächstes dran?« Das ist wirklich eine sehr gute Frage. »Was kommt jetzt? Es ist verblüffend, es ist interessant, aber was mache ich als Nächstes?«

Du gehst in deine Potenziale. Potenziale befinden sich übrigens nicht in der Zukunft. Es klingt, als ob sie das täten, aber dort sind sie nicht. Das Potenzial für alles und jedes außerhalb unserer unmittelbaren Erfahrung im Hier und Jetzt ist bereits hier und jetzt vorhanden. Sehr wenige Menschen imaginieren Potenziale überhaupt. Allzu oft benutzt man den analytischen Verstand anstelle der Imagination, der Vorstellungskraft. Euer Verstand wird aufgrund seiner Begrenzungen die großartigsten Potenziale wegfiltern.

Es gibt bereits jetzt und schon hier wunderbare Potenziale für dich für die Frage »Und als Nächstes?« Erstaunliche Möglichkeiten – manche würdet ihr alte Energie nennen, manche sehr Neue Energie. Sie sind das Feld, aus dem du auswählen musst, und dieses Feld ist fast unbegrenzt.

Du gelangst in dieses Feld der Potenziale nicht über dein Gehirn, weil es so nicht funktioniert bzw. weil es Dinge nicht begreift, die über die physikalischen Dimensionen hinausgehen. Im Feld ist deine Imagination der Schlüssel. Die Imagination kann sich in die Höhe schwingen. Sie ist überwiegend frei und unbelastet. Sie hat sogar Spaß daran, über die menschlichen 3-D-Dimensionen hinauszugehen.

Wenn du deine Potenziale erkundest, dann denke nicht über sie nach. Erforsche sie ohne irgendeine Bewertung. Fühle dich ein. Mehrere Jahre hindurch hat Tobias über den Unterschied zwischen Fühlen und Denken gesprochen – und ihr trippelt vorsichtig wie auf Zehenspitzen ins Fühlen. Taucht ein! Ihr habt doch nicht viel zu verlieren. Erlaube dir wirklich, alle deine Potenziale zu *fühlen,* oder so viele, wie du möchtest.

Wie fühlt sich »fühlen« an? Es sollte in deinem Herzen anklingen, und nicht etwa Druck oder Spannung im Kopf erzeugen. Ein Gefühl ist eine Erfahrung, die du in deinem ganzen Bewusstseinskörper spüren kannst, während ein Gedanke nur deinen Geist, deinen Verstand berührt. Ein Gefühl ist etwas Volles, während ein Gedanke ziemlich platt und matt ist. Du weißt, dass du etwas fühlst, wenn du ein Kribbeln spürst, das von deinem Kopf durch dein Rückgrat bis hin in deine Füße läuft, oder wenn du fühlst, wie sich dein Brustraum und dein Herz ausdehnen.

Stell dir alle deine Potenziale wie Blasen vor, die um dich herumschweben. Erlaube dir, dich in sie hinein auszudehnen und dich wieder aus ihnen zurückzuziehen. Erfühle sie. Du musst jetzt im Moment gar keine Auswahl treffen, hab also keine Angst davor, etwas zu spüren. Fühlt es sich aufregend an, dramatisch? Fühlt es sich gut an? Fühlt es sich an wie du selbst? Viele von diesen Blasen werden sich irgendwie uninteressant oder kalt anfühlen, und mit einem Mal, während du durch deine Potenziale schwebst, wird etwas in Resonanz geraten. Irgendetwas wird es klingeln lassen, es wird sich stimmig anfühlen oder sogar richtig aufregend. Du fühlst einen energetischen Schauer – manche nennen das Liebesschwingung –, der vom Kopf bis zu den Füßen geht. So ... jetzt bist du im Fühlen angekommen!

Die Energiekrise

Es gibt eine Energiekrise auf der Erde. Das beginnt bei der Energie, die vom Bewusstsein gebraucht wird, bei einer Energie, die aus dem »Feld« abgerufen wird. Diese Energie wird vom Bewusstsein hervorgerufen bzw. abgerufen, von dir, von euch allen, von anderen.

Die alte Art und Weise, wie man diese psychische und nichtphysikalische Energie erzeugt oder hervorruft, verändert sich. Deshalb verändert sich auch die Welt. Symbolisch gesprochen versiegen die alten Energie- und Treibstoffquellen. Sie spielen zwar mit Sonne und Wind, aber bitte, nein. Das sind Mullbinden auf offenen Wunden. Das ist nicht die Antwort für die Menschheit. Das sind Ablenkungsmanöver.

Die Welt steht in jeder Hinsicht einer Energiekrise gegenüber. Die guten Nachrichten sind, dass das die Menschheit motiviert, nach Alternativen zu suchen.

Wie ich in einer früheren Botschaft sagte, läuft das Öl von der Plattform im Golf aus.* Das führt kurzfristig zu Umweltproblemen, aber in Wahrheit ruft es Bewusstheit hervor. Es stößt das Bewusstsein dafür an, dass man

* Bezieht sich auf das Ölleck im Golf von Mexico im April 2010 und in den Folgemonaten.

nicht mehr in der Erde nach Energie bohrt, weil das keine Antwort für die Zukunft darstellt. Überall um uns herum existiert Energie in einem neutralen Zustand; in diesem Raum ist genug Energie, um die größten Städte der Welt zu versorgen. Energie ist in der Luft, im Wasser, in euren Körpern – aber sie wird nicht genutzt. Man denkt, sie würde nicht existieren, aber sie tut es. Wie ihr wisst, dachte man in einer gewissen Zeit auch, dass die Erde eine Scheibe sei.

Lasst uns etwas ausprobieren. Wir wollen mal Spaß haben. Lasst uns die Energiepotenziale für diese Welt erspüren.

Bevor wir das jetzt tun, möchte ich etwas über das Kleingedruckte sagen. Nehmen wir einmal an, dass es eine hohe Wahrscheinlichkeit dafür gibt, dass 2013 eine neue Energiequelle entdeckt wird. Das zieht dramatische Folgen für die Infrastruktur des Alltagslebens nach sich. Automobilfabriken, Leute, die Öfen und Heizungen herstellen, die Firmen, die Maschinen bauen, die Menschen, die nach Kohle graben oder Öl heraufpumpen – sie alle verlieren ihre Jobs. Die neue Energiequelle ist sehr potent, extrem machtvoll. Was, wenn sie in falsche Hände gerät?

Verwandte Themen tauchen auf. Ich weiß, die Vorstellung einer neuen Energiequelle klingt unglaubwürdig. Aber man wird sie entdecken. Allerdings muss man sich über die Folgen im Klaren sein – und ihr seid euch darüber im Klaren, weil ihr das schon erfahren habt –, wenn ihr eure eigene Neue Energie eurem Bewusstseinskörper hinzufügt. Das wird die Art und Weise zu leben genauso verändern, wie die neue Treibstoffquelle die Art und Weise verändern wird, wie die Welt lebt.

Erforschen wir die Potenziale für eine neue Treibstoffquelle. Diese Potenziale hat es immer gegeben, die Menschen haben sie nur nicht entdeckt. Sie waren nicht versteckt, sondern blieben einfach unbemerkt, denn mit einer begrenzten Bewusstheit könnt ihr die echten Potenziale nicht wahrnehmen.

Gehen wir also auf eine Reise. Alle Potenziale sind jetzt um uns herum.

»Potenzieren« bzw. Potenziale zu erforschen ist eine Kunst. Es ist keine Wissenschaft. Es ist etwas, wozu man Übung und Gewandtheit braucht sowie Vertrauen und Mitgefühl. Man geht beim Vorgang des Potenzierens über den Verstand hinaus. Du denkst nicht an die neue Treibstoffquelle. Du versuchst nicht, den neuen Treibstoff, diese neue Energiequelle, zu sehen, sondern du erlebst sie. Du fühlst sie. Du lässt sie in deinem Herzen brummen oder sirren. Du spürst, wie sie in deinem Körper vibriert oder sich ausdehnt. Manchmal fühlst du eine Emotion dabei, aber das ist dann kein Gedanke. Wir versuchen nicht, irgendetwas zu analysieren.

Wie *fühlt* sich Neue Energie an?

Du kannst deine Augen schließen oder sie offen lassen, wie du magst. Ich summe gerne, wenn ich potenziere. (Publikum beginnt zu summen.) Das hilft mir zu spüren, anstatt zu denken.

Wie fühlt sich Neue Energie an?

(Pause)

Spüre das Lied der neuen Antriebsenergie der Erde.

(Pause)

Wie fühlt sich das an?

(Pause)

Tanze mit ihr.

(Pause)

Atme mit ihr.

(Pause)

Neue Antriebsenergie ...

(Pause)

Wenn du potenzierst, dann denkst du nicht. Wenn du fühlst, dann ziehst du an. Du rufst dieses Potenzial hervor. Du bringst es in eine deutliche Wahrnehmung.

(Pause)

Dieser Planet ist bereit für eine neue Antriebsenergie. Vor zwanzig Jahren war er noch nicht so weit. Es besteht eine wunderbare Verbindung zwischen Verlangen und Bedarf, und nun kommt der Potenzgeber, du – eine Person, die sich in Potenziale einfühlen kann. Das ist die wahre Bedeutung des Gesetzes der Anziehung. Es geht nicht darum, etwas mental zu forcieren. Es geht um das Erspüren. Wenn du die Potenziale fühlst und eine Resonanz zu den Potenzialen, die für dich stimmig ist, dann ziehst du sie regelrecht in deine menschliche Wirklichkeit hinein.

Es ist wie bei einem Samen. Potenziale sind Samen. Der Same wartet nur, bis er aktiviert wird, bis er gepflanzt und in der Erde eingesetzt ist. So funktionieren Potenziale. Sie sind Samen, unsichtbare Samen, die nur darauf warten, eingepflanzt zu werden. Man pflanzt sie mit bewusster Achtsamkeit und nach entsprechender Auswahl. Dann keimen und blühen sie in dieser Realität auf.

Potenzieren funktioniert auf der individuellen Ebene ebenso wie auf der globalen. Damit fügt man keinem etwas zu oder verhängt etwas über einen anderen – aber wer weiß: Vielleicht wacht ein Naturwissenschaftler eines Nachts auf und sagt »Wo ist denn *dieser* Einfall nur hergekommen?« und entdeckt oder entwickelt eine neue Energiequelle. Wo *ist* es hergekommen? Vielleicht geradewegs von hier.

Deine Souveränität

Ich war in einer meiner Lebenszeiten ein geistesabwesender Sklavenjunge in den Tempeln von Atlantis. Eines Tages machte ich den Fehler, aus Versehen in eine der heiligen Kammern einzutreten, in der viele von euch Trancegesänge ausführten.

Als ich in eure Trancezeremonie hineinging, wurde ich sofort in eine andere Dimension gehoben, aufgrund der starken psychischen Energien. Es war, als ob ich mit einem Zauber belegt würde, obwohl ich mir sicher bin, dass dies nicht in eurer Absicht lag. 100 000 Jahre lang war ich in einem Energiekristall gefangen. Ich versuchte alle möglichen Mittel und Methoden, um herauszukommen, aber alles schlug fehl. Ich lebte nicht, aber ich war auch nicht tot. Ich war in meinen Glaubensmustern gefangen, in diesem Kristall.

Ich versuchte, mit aller Macht und ganzem Willen auszubrechen, und das machte mein Grab nur noch fester. Dann versuchte ich euch zuzurufen, die ihr unabsichtlich diesen Bann auf mich gelegt hattet, und ich flehte euch an, mich herauszulassen. Aber ihr konntet mich nicht hören. Ihr hattet noch nicht einmal bemerkt, was mit mir geschehen war. Dann betete ich verzweifelt zu den Göttern, mir zu vergeben und mich aus meinem

Kristallsarg zu erlösen. Ohne Erfolg dabei, die Götter dazu zu bewegen, sich meiner zu erbarmen, verharrte ich in diesem Schwebezustand wie in einer Vorhölle hundert Jahrtausende hindurch.

Das war der schlimmste Albtraum, den ihr euch nur vorstellen könnt. Nach 100 000 Jahren gab ich schließlich ganz auf, ich kapitulierte – kein Widerstand mehr, keine Anstrengung mehr – nur der Tod meines Selbst.

In diesem Zustand der totalen Aufgabe erkannte ich etwas, was mir 100 000 Jahre lang entgangen war. Es ist so simpel, dass ich mich fast schäme, es überhaupt zu erwähnen, aber um euretwillen sage ich es trotzdem. Ich erkannte plötzlich, dass ich mich aus allem, worein ich mich verstrickt hatte, auch selbst wieder herausbringen konnte.

Es war tatsächlich so einfach. Zu begreifen, dass es nicht andere waren, die mich in meinen Kristallsarg gesperrt hatten, sondern ich selbst. Es war auch nicht Gott, der mich damit irgendwie bestrafen wollte. Ich selbst hatte das erschaffen. In dem Augenblick, als ich erkannte, dass nur ich für meine Schöpfungen verantwortlich war, fiel es mir leicht, meine Realität, also das, was ich »erschaffen« hatte, auch wieder »abzuschaffen«, sie zu verändern.

Sobald ich mich selbst befreit hatte, kam ich für viele Inkarnationen auf die Erde zurück und war dabei frei und klar. Nie wieder würde ich mich in der Falle von Illusionen verfangen, so dass sie wie ein Grab wirken könnten. In der eher modernen Zeit habe ich in Mysterienschulen genau dieses sehr grundlegende Prinzip gelehrt: In was auch immer du dich selbst verstrickst, davon kannst du und nur du allein dich auch wieder befreien.

Viele von euch haben bei mir in den Mysterienschulen gelernt. Ihr habt die Grundlagen von Souveränität verstanden. Aber aus irgendeinem Grund habt ihr euch erlaubt, in die Illusion von Trennung zurückzufallen, in die Illusion, ihr müsstet noch nach Antworten suchen und in die vielen, vielen anderen Illusionen, die ihr noch jetzt in euch aufrechterhaltet.

Eine der größten Illusionen, in denen ihr derzeit lebt, ist, dass ihr Teil der Einheit, des Eins-Sein wäret. Ihr glaubt, dass ihr an einem bestimmten Punkt eurer Seelenreise zurück in die Einheit gehen würdet. Es tut mir leid euch zu sagen, dass ihr niemals nach Hause gehen werdet.

Die Gesetzmäßigkeit dahinter ist sehr einfach: Es gibt kein Zuhause mehr. Es gibt keine Einheit mehr. Wie sollte es das auch geben – nachdem ihr aus der Einheit geboren seid, das Potenzial der Souveränität erhalten habt, die Gabe ein Schöpfer nach eigenem Recht zu sein. Warum solltet ihr zurückgehen wollen? Das würde dem ganzen Sinn und Zweck der Schöpfung zuwiderlaufen, genauso wie allem, was ihr bis jetzt gelernt habt.

Die ursprüngliche Frage deiner Seele war: »Wer bin ich?« Deine Reise hat dich durch eine Reihe von Abenteuern geführt, die dir geholfen haben, dich zu erkennen und zu definieren. Warum solltest du zurück in eine große, langweilige, homogene Einheit gehen wollen?

Nein, stattdessen werdet ihr euer eigener »Eine«. Ihr werdet zu einem völlig souveränen und freien Wesen, zu einem Gott nach eigenem Recht. Und da steckt das Problem. In eurer eigenen Einheit seid ihr nicht mehr mit dem menschlichen Bewusstsein verbunden. In eurer eigenen Einheit seid ihr nicht mehr mit dem verbunden, was ihr Gott nennt. Ihr seid kein Teil des Feldes, des Energiespeichers. Ihr seid kein Meister, der in dieser Matrix zu manövrieren weiß. Ihr seid keinem und keiner Sache mehr verbunden oder verpflichtet. Du bist dann dein eigener Einer, wie ich mein eigener Einer bin.

Als ganz mein Eigen bin ich frei zu reisen, zu erfahren und auf jede Weise schöpferisch zu wirken, wie ich das möchte. Als mein eigener Einer habe ich Mitgefühl mit allen anderen Wesen, aber es ist nicht meine Aufgabe, sie zu retten. Es ist nicht an mir, die Energien in allen Universen und Dimensionen zu verändern oder umzufunktionieren. Es ist nicht meine Sache, die Menschheit zu retten, denn in meiner eigenen Einheit verstehe und achte ich die Reise jedes anderen beseelten Wesens.

Als ein souveränes Wesen habe ich jeden Teil von mir, von meinem Selbst integriert – die Vergangenheit, die Gegenwart und die Zukunft. Es gibt keine Vorstellung von Gott oder Spirit mehr. Ich habe Spirit in mir verkörpert; ich erfahre das, anstatt es zu suchen. In meiner eigenen Einheit, in meinem Eins-Sein, gibt es keine Abwehr, keinen Widerstand, keinen Konflikt, keine Ziele und keine Absichten. Ich Bin Was Ich Bin.

Wir kommen an einen Punkt, an dem es heißt, eine Linie im Sand zu ziehen. Manche von euch werden sich über mich ärgern, manche werden verstehen, was ich zu vermitteln versuche. Und manche von euch sind in einem

Zustand wie im Schlaf, weil euch diese Botschaft irgendwo anders hinschickt.

Hier ist eine Einladung, dass du dein eigenes Eines, dein eigenes souveränes Wesen wirst; dass du aufhörst, zurückzugehen, dass du Schluss damit machst, von anderen Menschen oder Engeln abhängig zu sein, und dass du aufhörst, das Opferspiel zu spielen.

Ja nun, sicher kommen wir alle aus derselben Urquelle, aber die Gabe der Quelle an euch war, dass ihr zu eurer eigenen Quelle werdet. Meine Einladung an euch, an dich lautet, die Linie zu überqueren, die euch, die dich als ein von allem abhängiges Wesen trennt von euch, von dir als ein souveränes Wesen.

Was hält euch zurück? Drama – auf der anderen Seite der Linie gibt es kein Drama. Man braucht auf der anderen Seite der Linie keine anderen zu retten und zu erlösen. Es gibt dort nichts mehr zu lernen, du *musst* dort nichts tun, es gibt kein Karma zu klären, keine Lebensmission. Auf der anderen Seite der Linie gibt es kein Drama.

Ich bin zu euch als ein Aufgestiegener Meister gekommen, als ein voll integriertes Wesen, um euch zu sagen, dass ihr auch Gott seid. Du bist ein souveränes Wesen, und es ist Zeit, dass du dich daran erinnerst.

Ich weiß, dass ihr eure Existenz rechtfertigt, indem ihr sagt, dass ihr hier seid, um anderen Menschen zu helfen. Das ist jedoch keine annehmbare Entschuldigung, um sich deshalb die eigene Souveränität zu verweigern. Wann hört ihr mit euren Meditationen auf? Seid ihr nicht von Gurus übermäßig aktiviert worden? Seid ihr derselben alten Zeremonien noch nicht müde? Wann werdet ihr eure

Garderoben und Schubladen von Heilsteinen, magischen Pendeln, ägyptischen Zauberstäben, aktiviertem weißen Gold, Gebetsgruppenlisten, Weihwasser, Amuletten und anderen Kultrequisiten befreien, die ihr im Laufe der Jahre angesammelt habt? Nehmt Bibeln, Räucherstäbchen, Kristalle, Gebräupulver und Alchemie-Öfen aus anderen Lebenszeiten dazu, und ihr hättet genug Inventar beisammen, um eine Religion zu starten.

Ich werde die anderen Redner einladen*, wenn sie den Mut dazu haben, all ihre Notizen zu zerreißen und euch als reife spirituelle Wesen anzusprechen statt als Kinder (lauter Applaus des Publikums) – ohne ihre vorbereiteten Notizen. Denn jeder und jede von ihnen weiß, wer ihr seid, aber sie sind wie ihr auch in ihren eigenen Särgen von Illusionen gefangen. Ihr und eure Lehrer und Lehrerinnen bemüht euch, aus dieser Illusion auszubrechen, aber ihr bringt höchst gekünstelte, selbst fabrizierte und unwesentliche Lehren hervor, um auszubrechen. Ihr verfangt euch in eurem eigenen Ablenkungsmanöver.

Lehrer, Lehrerinnen: Sprecht eure höchste Wahrheit aus. Hört auf, dasselbe wieder zu lehren, was ihr bisher schon vermittelt habt. Lehrt, was für diese Gruppe von Menschen heute neu ist (Applaus des Publikums). Dazu zählen auch Cauldre (Geoffrey Hoppe), Linda und alle anderen. Ihr spirituellen Wesen – ihr Menschen, die ihr auf diesen Stühlen hier sitzt – übernehmt die Verantwor-

* Bezieht sich auf die SprecherInnen bei einer Konferenz in Solothurn mit 350 TeilnehmerInnen, wo diese Botschaft öffentlich übermittelt wurde.

tung für eure eigenen Schöpfungen. Begreift, dass ihr selbst das Grab der Illusion erschaffen habt und dass ihr ganz einfach wieder herauskommt, indem ihr euch dafür entscheidet.

Dieser Planet Erde ist jetzt tatsächlich so etwas wie die Notaufnahmestation. Manche von euch versuchen, Arzt und Schwester zu spielen, aber das ist so, als ob die Kranken andere Kranke heilen wollten. Solange ihr nicht eure Souveränität akzeptiert und die Illusion loslasst, dass ihr in irgendeinen Mischmasch von Einheit zurückkehren könntet, macht ihr die Probleme nur noch größer.

Wenn du akzeptierst, dass du ein souveränes Wesen bist, dann wirst du verstehen, wie die Schöpfung funktioniert. Du wirst verstehen, warum die Welt so ist, wie sie jetzt ist. Du wirst erkennen, dass die Menschheit jetzt vor einer bedeutsamen Entscheidung steht: Ob sie im Grab des Bewusstseins stecken bleiben will, in dem sich die Erde derzeit befindet, oder ob sie sich für ein neues Bewusstsein und eine Neue Energie öffnen möchte.

Die Menschen suchen nach jemandem, der dabei hilft, sie zu führen, aber sie wollen keine Gurus, sie wollen keine Lehrer und Lehrerinnen der alten Energie und sie wollen keine Lehrer und Lehrerinnen*, die sie kontrollieren und manipulieren. Sie wollen euch Lehrer und Lehrerinnen ansehen und erkennen, dass ihr ein souveränes Wesen seid, sie wollen erkennen, dass ihr in eurer Existenz von nichts und niemandem abhängig seid. Sie

* Adamus wandte sich direkt an die anderen Vortragenden. (Anm. d. Ü., der selbst dabei war.)

möchten wissen, dass ihr keine alten Rituale vollzieht, weil es jetzt nicht um die alten Zeiten geht, sondern um unsere Zeit heute. Und ganz ehrlich: Sie wollen noch nicht einmal diese Sache erleben, die ihr Channeling nennt, denn selbst das ist nicht die ganze Wahrheit. Sie wollen sehen, dass ihr real seid, dass ihr auch Gott seid und dass ihr euer Eins-Sein angenommen habt.

Es gibt Menschen, die mit ihren Gebeten um Hilfe rufen, mit ihren Traumzuständen und mit ihren Tränen. Sie bitten um Hilfe ähnlich wie ich in meinem Kristallsarg 100 000 Jahre lang darum gefleht habe. Sie bitten um Führung, Inspiration und weise Einsichten während ihres Übergangs in ihre eigene Einheit. Sie wollen wissen, dass ihr (die LehrerInnen sind gemeint) echt seid und aufrichtig und souverän.

Fahren wir also mit diesem *Gathering*, mit diesem Treffen, fort. Ihr seid hier, um euch zu integrieren. Vergesst in den nächsten Tagen den Rest der Welt, eure Familien und alles andere. Seid hier, um aufrichtig mit euch selbst zu sein. Seid hier, um euch in euch selbst zu verlieben. Seid hier, um euch auf eine Weise zu erkennen, die ihr euch bislang noch nie getraut hattet zu versuchen. Und seid hier, um zu verstehen, dass ihr euer eigener Einer seid.

Meine Zeit ist um. Ich habe meine Botschaft übermittelt, und vielleicht muss ich jetzt fluchtartig die Stadt verlassen, aber ich weiß, dass ich euch meine Wahrheit mitgeteilt habe.

Und nur noch eine kleine Erinnerung: Bringt den Boten nicht um (Lachen und lang anhaltender Applaus des Publikums mit Jubelrufen).

Du bist schon ganz und vollständig

Alles, wirklich alles, ist schon in dir enthalten. Als du dein Zuhause verlassen hast, das »Alles Das War«, Gott, hattest du schon alles, jedes Werkzeug, das du brauchen würdest. Du hattest jede Antwort auf jede Frage. Du hattest jede Fähigkeit schon in dir. Es gab also nichts mehr zusätzlich zu erreichen, es gab keine unvollständigen Teile, keine fehlenden Teile, keine Seelenpartner, mit denen du dich erst noch würdest verbinden müssen. Alles war schon da. Du wolltest nur noch entdecken, wie sich das alles auf dich persönlich beziehen und für dich anwenden lassen würde. Wie es sich anfühlte, all das zu erfahren. Bei der Reise ging es also nicht um unvollständige Dinge, sondern darum, wie du dir selbst erlauben würdest, all das zu erleben, wie du dich selbst von innen aus deinem Selbst heraus erfahren wolltest. Du Bist Was Du Bist. Es ist schon alles im Inneren.

Eine der größten Herausforderungen, denen wir gegenüberstehen, jene von uns in den anderen Bereichen, die mit Menschen arbeiten, ist, euch dabei zu helfen, die Vorstellung zu überwinden, dass es etwas zu entdecken gäbe, dass es einen unvollständigen Teil gäbe oder dass Spirit irgendein Labyrinth gebaut oder einen Hinderniskurs aufgestellt hätte, um zu prüfen, ob ihr es wert seid, ob ihr »würdig« genug seid. So ist das jedoch nicht. Alles, was ihr braucht, ist schon vorhanden.

Spürt in die Essenz des »Ich Bin Was Ich Bin« hinein. Atmet das ein: Ich Bin Was Ich Bin. Atmet es ein und fühlt die Vollständigkeit, die Ganzheit. Sie existiert bereits.

Alles, was ich hier sage, wisst ihr in Wahrheit schon. Ich helfe euch, euch an das zu erinnern, was bereits vorhanden ist. Ihr kennt schon all das Wissen in der gesamten Schöpfung, sei es über Physik, Mathematik oder spirituelle Energien. Es kommt darauf an, euch selbst zu vertrauen. Atme das »Ich Bin Was Ich Bin« ein.

Natürlich gab es eine Menge an Hindernissen auf deinem Weg. Eine Vielzahl von Glaubensmustern hat Barrieren gebildet zwischen deinem Leben und dem, was du in Wahrheit längst weißt. Und das tun wir nun: Wir helfen dabei, einige dieser Hindernisse beiseitezuräumen.

Energie-Management

Wenn du Kapitän eines Schiffs wärst, hättest du deine Crew unter Kontrolle? Würdest du ihnen sagen, was sie zu tun haben, wie sie es machen sollen, wann und wie viel Lohn sie dafür erhalten? Ja! Eine ausgezeichnete Antwort, denn es gibt hier einen wichtigen Faktor. Du bist der Kapitän eines Schiffs mit einer großen Mannschaft, und wenn du deine Erwartungen nicht klar festlegst, wirst du es bald mit einer Meuterei zu tun haben. Du musst deine Führung und deine Ansprüche also sehr deutlich machen. Du musst das direkt ansagen und sie dann ihren Job machen lassen.

Du wirst jedem an Bord sehr deutlich klarmachen, dass du der Kapitän bist. Du machst die Ansagen und übernimmst die volle Verantwortung.

Nun erhebt sich die Frage, ob du als Kapitän deines *eigenen* Schiffs – von Körper, Geist, Seele, deine Aspekte aus der Vergangenheit, jeder Teil von dir – tatsächlich die Kontrolle ausübst? Nein, das tust du nicht, denn *alles* bist ja *du*. Du hast keine anderen Menschen in dir. Du hast keine Absichten und Wünsche anderer Menschen in dir, die dir deine Macht entwinden wollten. Du bist es. Du bist der Kapitän deines eigenen Schiffs. Du bist der Boss. Du bist das souveräne Wesen.

Du hast die Kommunikation mit den anderen Teilen deiner selbst verloren. Weil die Dinge so gelaufen sind und so getan wurden, wie es geschehen ist, haben sie keinen Respekt vor dir. Diese anderen Teile deiner selbst achten dich nicht, wie sie es einmal getan haben und wie sie es gerne tun würden.

Und *du* vertraust dir selbst nicht mehr. Du bist bei dir selbst in Ungnade gefallen, bei diesen Teilen von dir, und deshalb funktioniert eine Menge an Kommunikation über Geist, Körper und vor allem über Spirit nicht mehr – du hast abgeschaltet. Du hast dein Selbstvertrauen verloren und dich damit in diesem kleinen Wesen isoliert. In einem kleinen Wesen, das nicht dem vertraut, wer du wirklich bist.

Das erste Opfer ist natürlich dein Spirit, deine Seele. Ich höre schon manche von euch sagen: »Ich habe ja absichtlich vergessen, wer ich bin.« Also bitte, wirklich, nun einmal langsam. Du hast das absichtlich vergessen? Du wolltest vergessen, wer du bist? Wer hat dir das erzählt? Warum glaubst du denn so etwas?

Du hast das Vertrauen und die Kommunikation mit dir selbst verloren. Deshalb verlierst du auch jede Verbindung zu deinem Spirit. Er ist jedoch immer noch da. Er ist noch da. Er ist jetzt da, er war immer da, aber du hast aufgehört, mit ihm zu kommunizieren, mit jedem Teil deiner selbst. Du vertraust deinem Körper nicht. Du vertraust deinem Geist und deinem Verstand nicht. Du hast keinen blassen Schimmer von deinem Spirit. Du hast lange Zeit danach gesucht, und das hat auch irgendwie Spaß gemacht – »Jetzt suchen wir mal unseren Spirit«.

Wo denn suchen? Du bist es doch selbst. Du sagst: »Ich doch nicht? Ich soll Spirit sein?« Ganz genau. Du bist Spirit, der keine Kommunikation mit sich selbst hat, aufgrund eines Mangels an Vertrauen.

Du bist der Kapitän deines eigenen Schiffs, dessen Kommunikation mit sich selbst abgeschaltet ist, und du hast begrenzte (limited) Vorstellungen von Gott und Spiritualität. Deine alten Konzepte von Gott machen es den Engeln manchmal sehr schwer, mit dir zu arbeiten.

Meine Definition von Gott ist, na ja ... sie ist nicht singulär. Das ist kein zorniger alter weißer Mann mit einem Bart da oben im Himmel. Das mag ja der Gott von irgendwelchen Leuten sein, aber hoffentlich nicht deiner.

Was wäre, wenn Gott alle angesammelten Potenziale der Vergangenheit ist, alles, was war und was hätte sein können, und alle Potenziale der Zukunft, alles, was sein könnte? Was wäre, wenn Gott alles ist außer dieser Augenblick? Und was wäre, wenn *du* Gott in diesem Augenblick bist?

Potenziale – einschließlich all der Dinge, die du erfahren hast und jener, die du nicht erfahren hast und allem, was du noch erfahren wirst und was nicht – was wäre, wenn das Gott ist? Und du als Auch Gott bist hier in diesem Augenblick und ziehst diese Energien herein und bringst sie in diesem Moment in die Realität, damit eine Erfahrung entsteht? Jeder Teil von dir – dein Körper, Verstand, Spirit, deine Aspekte, Gott im Inneren, deine Göttlichkeit, jedes Potenzial, ob du es nun erfahren hast oder nicht, jedes künftige Potenzial – möchte dir wahrhaft dienen. Es *ist* du. Das *bist* du.

Vertraue mir und lass los. Lass vollkommen los. Was passiert, wenn du loslässt? Es ist *wirklich* beängstigend. Es ist das Furchterregendste, was du bisher je unternommen hast! Es wird dich auf den Kopf stellen. Dein Bewusstsein wird in seinen Grundfesten erschüttert. Du weißt doch, wie das ist, wenn etwas aus der richtigen Anpassung rutscht und dann anfängt zu zittern und zu beben. Wenn zum Beispiel beim Auto die Räder nicht richtig ausgewuchtet und an die Achsen richtig angepasst sind, und man bei einer bestimmten Geschwindigkeit merkt, dass sie wackeln und eiern – was machst du dann? Langsamer werden? Was machst du? Beschleunigen und durchatmen! Ja! Du atmest tief ein und lässt es mal richtig krachen. Wenn du alles loslässt, dann beschleunigst du. Abzubremsen heißt langsamer werden, Einschränkung, den Fluss stoppen. Du lässt alles raus.

Wird sich dein Leben ändern? Oder versuchst du zu bestimmen, wie die Veränderungen aussehen sollten? Du wirst *ganz sicher* versuchen, die Veränderung zu bestimmen. Das ist aber okay. Das ist in Ordnung, solange du dir darüber im Klaren bist, dass sich nichts so vollzieht, wie du es erwartest.

Du lässt also los. Das ist der Energiekurs. Wir haben schon früher davon gesprochen, und ihr habt darüber nachgedacht. Das Problem ist allerdings, dass ihr darüber nachgedacht, aber es nicht gelebt habt. Ich weiß, dass manche von euch große und großartige Schritte gemacht haben, aber jetzt werden wir es leben und verwirklichen. Wir leben es am Ort des absoluten Vertrauens in das Selbst.

Das wird deine Themen und Probleme aufwerfen. Jeden Fehler, den du je gemacht hast. Jedes Mal, wenn dein Körper aus dem Gleichgewicht geriet, jedes Mal, wenn du dich lächerlich gemacht hast, schlechte Leben geführt und schlimme Dinge getan hast. All diese Angelegenheiten werden hochkommen. Wie kannst du dir selbst vertrauen, wenn du doch all diese Fehler gemacht hast? Aha! Definiere mal »Fehler«.

Ich möchte dich ermuntern, dass du dich immer wieder auf dein Selbstvertrauen besinnst. Nicht auf Kontrolle. Der Kapitän kontrolliert sein Schiff, aber du als Kapitän deines eigenen Schicksals brauchst keine Kontrolle. Du bist der Träumer, der Schöpfer, der Imaginierer. Lass die anderen Teile deiner selbst ihren Beitrag leisten, um dich zu unterstützen. Man braucht dazu keine Menge an festen Strukturen. Du brauchst Herz. Du brauchst Gefühl. Es ist nicht nötig, dass sich das Gehirn überlegt, wie es Muster erzeugen kann, um ein paar Extradollar oder Extraeuros in dein Leben zu bringen. Hier geht es um lebendige Leidenschaft, darum, auf viel einfachere Weise zu manifestieren – viel, sehr viel einfacher.

Deine fünf Engelsinne

Menschen besitzen fünf Grundsinne: sehen, hören, berühren, riechen und schmecken. Das sind eure biologischen Antennen, über die ihr Informationen über die Welt um euch herum empfangt. Sie entsprechen auch euren Engelsinnen.

Es gibt fünf Engelsinne. Manche sagen, dass es viel mehr gibt, aber im Crimson Council definieren wir sie als fünf grundlegende »himmlische« Sinne. Wenn wir diese Engelsinne verstehen, werden wir die menschlichen Sinne besser verstehen. Und wenn ihr die irdischen und die himmlischen Sinne integriert, werdet ihr mehr Bewusstheit sowohl eurer physischen als auch der nicht physischen Realitäten erlangen. Wenn ihr durch eure menschlichen Sinne einatmet, wird das ihre sensorische Reichweite weiter öffnen und wirksam ausdehnen, und schließlich expandiert ihr mit eurer Wahrnehmung in die nicht physischen Reiche. Man kann es auch so ausdrücken: Ihr könnt den Geruchssinn nicht nur hier unmittelbar beim Körper, sondern auch in anderen Ebenen nutzen. Ihr könnt euren Gehörsinn ausdehnen, sodass ihr Himmelsmusik »hört«. Ihr könnt den menschlichen Geschmackssinn ausweiten, sodass ihr Energien in anderen Dimensionen entdeckt, die bitter oder süß sein können.

Eure irdischen Sinne helfen euch, Energien in den physikalischen Ebenen zu erspüren und zu unterscheiden, ob diese Energien sich euch nun als Klang oder Gestalt, Geruch oder Berührung zeigen. Es sind dennoch nichts anderes als Energien, die ihr mit euren menschlichen Sinnen wahrnehmt. Durch das bewusste und tiefere Atmen und die Öffnung dafür kann jeder dieser physischen Sinne erweitert werden, um euch auf eine größere und bessere Art und Weise zu dienen.

Ihr könnt (und solltet) euren Geschmackssinn für mehr anwenden als nur beim Essen. Ihr könnt Musik schmecken. Ihr könnt Farben hören. Ihr könnt Masse oder physikalische Dichte riechen. Ihr könnt süße Düfte sehen. Anders gesagt: Jeder eurer fünf physischen Sinne kann und sollte sich mit anderen austauschen. Warum solltet ihr euren Gehörsinn nur auf Schwingungsklänge begrenzen, wenn ihr ihn auch benutzen könnt, um Energien bei Farben oder im gesundheitlichen Gleichgewicht eines anderen Menschen festzustellen?

Bewusstheit

Dein erster Engelsinn ist Bewusstheit. Als du dein Zuhause verlassen hast und durch die Feuerwand gegangen bist, wurde der Sinn der Bewusstheit lebendig. Du wurdest dir bewusst, dass du nicht mehr zu Hause bist und dann wurdest du dir deines Selbst bewusst.

Das war das erste Mal, dass du dir deiner selbst jemals bewusst geworden bist. Davor warst du im großen Eins-Sein, in der Einheit. Damals hattest du keine Definition beziehungsweise Festlegung deiner eigenen Seele, weil du einfach ein Teil des großartigen, allumfassenden singulären Bewusstseins warst. Mit der Gabe der Bewusstheit hast du dich zum ersten Mal selbst gespürt. Das war ein tief greifender, inniger Augenblick. Das war die ursprüngliche Bewusstheit des »Ich Bin«.

Das war eine profunde Erfahrung, weil sich Spirit bis zu dem Augenblick, als sie das Zuhause verließ, nicht selbst spüren konnte. Als Spirit fragte: »Wer bin ich?«, fing die Reise an und erschuf dich und euch alle. *Du* hilfst Spirit gerade dabei, sich selbst zu erforschen, und dabei entdeckst du dich ebenfalls selbst.

Die Bewusstheit des Selbst führte zur großen Frage, zur ursprünglichen Frage deiner Seele: »Wer bin ich?« Diese tief schürfende Frage trieb dich voran in Tausende von Lebenszeiten und zu Milliarden von Erfahrungen, alles nur, um die Antwort auf die Frage »Wer bin ich?« zu finden und »Was ist eigentlich los? Was kommt als Nächstes? Was wird aus mir? Bin ich sicher?«

Ich liebe es immer noch, in diese allererste Bewusstheit meines Selbst zurückzugehen. Sie ist so rein, so innig und persönlich. Das ist eine ganz erstaunliche Erfahrung, und du kannst sie auch jederzeit machen. Du möchtest dich wirklich mit dir selbst verbinden? Erlaube dir, wieder in die Erfahrung deiner allerersten Bewusstheit einzutauchen.

Im Laufe deiner vielen Inkarnationen auf der Erde ist dieser Engelsinn der Bewusstheit sehr träge und dumpf geworden. Er ist bis zu einem Punkt »ausgeschaltet«, an dem du dir kaum noch deines totalen, deines ganzen Selbst bewusst bist, das über dein begrenztes menschliches Selbst hinausgeht.

Bewusstsein ist Bewusstheit, Gewahrsein, Wahrnehmung. Bewusstsein besitzt das natürliche Verlangen, sich auszudehnen, sich mehr und mehr und auf immer neue und unterschiedliche Weise zu erfahren und zu erkennen. Sogar, wenn man Bewusstsein begrenzt oder behindert, wird es einen Weg finden, sich erneut zu öffnen und auszudehnen. Bewusstheit kann man nicht ein für alle Mal einsperren oder unterdrücken. Sie wird immer einen Weg finden zu expandieren, auch wenn das bedeutet, dass künstliche Barrieren zerstört werden, die sie eingeschränkt haben. Man kann die Evolution des Bewusstseins einfach nicht aufhalten.

Wenn du magst, atme tief ein und erlaube dir jetzt, wacher und bewusster zu sein. Das ist eine bewusste Wahl.

Atme tief ein und dann vertraue dir selbst. Du musst nichts manipulieren. Du hast soeben eine bewusste Entscheidung getroffen. Lass alles ganz einfach sein. »Ich entscheide mich, auf allen Ebenen bewusst zu sein.«

O, nachdem du diese Wahl jetzt schon getroffen hast – ich habe ganz vergessen, das Kleingedruckte zu sagen (Lachen). Das vergesse ich immer wieder. Was passiert, wenn du wacher wirst, bewusster? Du wirst wacher und bewusster!

Dir wird bewusster, dass ihr nicht allein seid. Es gibt um euch herum andere Wesen – es sei denn, dass du absichtlich allein sein willst. Dir wird bewusster, dass derzeit eine große Welle von Spannung und Konflikt auf die Erde schwappt. Manchmal ist es bequem, unwissend zu sein, denn dann spürt man nicht all die anderen Energien. Aber du kannst dir ja immer stille Zeiten für dich selbst aussuchen, wenn du das brauchst.

Die gute Seite von Bewusstheit ist, dass du dir zum Beispiel ein Gemälde ansehen kannst und es dann zum Leben erwacht, weil du Energie, Einstellung und Bewegung des Malers fühlst. Viele Bilder großer Meister waren nicht nur Gemälde. Sie waren mediale Schöpfungen. Natürlich wurden sie mit Ölfarbe und Pinseln ausgeführt, aber im Inneren dieser Bilder gibt es zahlreiche Schichten verborgener Energien. Diese Bilder sind in sich wie ganze Filme und mit Bewusstheit kannst du das tatsächlich erspüren. Es ist sodann ein lebendiges Gemälde, nicht nur alte Ölfarbe.

Musik besitzt so viele Ebenen, und sie kann dich an Orte mitnehmen, aber dazu musst du dessen gewahr sein. Du musst dich öffnen. Die Liste geht endlos weiter – Bewusstheit der Energie in deiner Nahrung, Gewahrwerden von Elfen und Devas in der Natur, Wahrnehmung von Engelwesen um euch herum, Bewusstheit deiner Aspekte und vor allem deiner Potenziale.

In diesem Augenblick, den wir gemeinsam erleben, öffne dich für jene Energien, die Bewusstheit stärken. Aufmerksamkeit dafür, dass es direkt neben dir eine Chance gibt, die sich dir anbieten möchte; dass es bedeutende Vorhaben gibt, an denen du mithilfe der anderen Seite gearbeitet hast, Dinge, die bereit sind, sich hier zu manifestieren. Du musst dir jedoch bewusst sein, dass es diese Möglichkeiten überhaupt gibt, um sie von den anderen Ebenen in diese zu bringen.

Mitgefühl

Der zweite Engelsinn ist Mitgefühl. Diesen Sinn liebe ich sehr.

Mitgefühl bedeutet bedingungslose Akzeptanz. Das fängt mit der bedingungslosen Akzeptanz deiner selbst an. Das ist vielleicht die größte Herausforderung, vor der du je stehen wirst – dich selbst absolut anzunehmen. Kein »Ja aber …« oder »Falls …«. Keine Haltung von: »Ich werde mich akzeptieren können, wenn …« Mitgefühl bedeutet, dich unmittelbar jetzt anzunehmen. Das klingt so einfach, kann einem aber doch so schwerfallen. Du sagst: »Wie kann ich mich selbst akzeptieren, wenn ich Fehler habe?« Die Illusionen von Schwächen werden unwichtig, wenn du Mitgefühl für das Selbst hast. Sogar weltliche Angelegenheiten, über die ihr euch oft Sorgen macht, verdienen bedingungslose Akzeptanz – zum Beispiel Gewicht, Alter, Sehvermögen, Aussehen, Frisur und so fort.

Mitgefühl heisst nicht Mitleid oder Kummer.
Es ist einfach bedingungslose Annahme.

Du kannst kein echtes Mitgefühl für irgendjemanden oder für irgendetwas haben, solange du es nicht für dich selbst hast. Ich weiß von vielen Leuten, die glauben, dass sie Mitgefühl hätten, weil sie sich dafür einsetzen, die Wale zu retten, die Regenwälder, hungernde Kinder und die Welt ganz allgemein. Andere reisen sogar in andere Ebenen, um all die verlorenen Seelen zu erlösen – aber mal ganz frank und frei gesprochen: Sie haben kein Recht darauf, dort draußen zu sein. Das sind sehr unechte Mitgefühle, und manchmal wirken sie sogar wie Ablenkungsmanöver. Wahres Mitgefühl ist das Mitgefühl, die völlige Annahme des Selbst.

Wenn du bedingungslose Akzeptanz für dich selbst hast, dann kannst du anfangen, Mitgefühl für andere zu erfassen. Bei echtem Mitgefühl für andere versuchst du nicht, irgendetwas zu ändern. Keiner muss gerettet werden. Es gibt vollständige Annahme und Achtung. Du musst mit dem Bettler kein Mitleid haben – und so viele unter euch haben das. Manche von euch fühlen sich auch noch *wohl* dabei, Mitleid mit dem Bettler an der Straßenecke zu haben und sagen: »So soll man das doch fühlen, oder?«

Anstatt Mitleid für den Bettler an der Straßenecke zu haben, würdest du ihn, wenn du Mitgefühl hast, bewundern. »Das ist ein Held, ein Vorbild. Jemand, der so tief in seine Reise einsteigen kann, in seine Story, seine Illusionen; jemand, der auf diese Ebene gehen kann, an der Straße zu betteln. Das ist eine unglaubliche Erschaffung.«

Solltest du Mitleid für einen behinderten Menschen haben? Nein. Segne ihn mit unglaublichem Mitgefühl, ehre die Reise, die diese Person sich gewählt hat, und achte Gott in ihr vom Gott in dir aus. »Welch eine erstaunliche Kreierung! Ich hätte das zwar nicht gemacht, aber du hast wirklich eine staunenswerte Erfahrung kreiert.« Im Mitgefühl wird dir bewusst, dass dies der Weg dieser Person ist, eine Antwort auf die Frage zu bekommen: »Wer bin ich?«

Ich beende unsere Gespräche ja gerne mit dem Satz: »Alles ist gut in der gesamten Schöpfung.« Das ist eine Aussage aus Mitgefühl heraus. Alles wird sich richten, oder besser, alles läuft *bereits* und *hat* sich gerichtet. Das ist die natürliche Form spiritueller Physik: Energie strebt nach Bewegung und Lösung, Bewusstsein entwickelt und entfaltet sich, und so etwas wie Chaos gibt es in Wirklichkeit gar nicht. Es gibt nur einen Mangel an Bewusstheit darüber, was sich wirklich abspielt.

Du kannst die Illusion haben, dass du für eine ganze Ewigkeit in die Gruben der Hölle gefallen bist. Ich weiß, dass manche Leute das sogar gern haben. Es gibt Millionen davon auf der anderen Seite, die nach drüben gegangen sind und Angst haben, sie würden in die Hölle kommen. Es ist wirklich verblüffend, was man sich alles erschaffen kann, welche Wirklichkeiten man kreieren kann – in der Hölle zu sein. Am Ende werden sie sich wieder davon befreien. Nach einhunderttausend Jahren in einem Kristall habe ich mich selbst befreit. Sie kommen wieder raus. Sie warten auf Yeshua bzw. Jesus, wie sie ihn nennen. Sie warten darauf, errettet zu werden.

Wir schauen mal bei ihnen kurz vorbei und sagen, »Du wirst es nicht glauben, aber ihr seid Gott«, und dann laufen wir weg (Lachen). Wir sausen fort, weil sie so wütend werden. Wenn sie sauer genug sind, bauen sie vielleicht genug Energie auf, um zu erkennen: »Was für ein Spiel. Was für ein Spiel.«

Mitgefühl bedeutet zu verstehen, dass die Welt ganz genau dort ist, wo sie jetzt sein sollte. Exakt. Ihr blickt nun auf die Welt und sagt: »Es gibt viel Chaos und Kriege und viele Tierarten gehen weg.« Ja, das trifft zu. Eine Menge von ihnen geht fort, weil sie für euch die Energie gehalten haben und ihre Zeit als Spezies vorbei ist. Und was meint ihr wohl? Sie werden durch neue Spezies ersetzt, durch weiter entwickelte. Das sollte man also nicht voller Kümmernis und Trauer ansehen. Ich weiß, dass ihr sagt: »Aber die Menschen töten die Wale.« Das stimmt, und vielleicht gäbe es eine bessere Möglichkeit, aber vielleicht ist es auch gerade das, wie die Wale von hier fortgehen wollen.

Ich liebe Wale. Wale und Delphine waren einige der ersten Lebensformen, in denen wir inkarniert haben. Ihr habt versucht, eure Energie in Steinen zu speichern, aber das hat nicht sehr gut funktioniert. Wir haben uns damals in Salzwasser-Tierarten inkarniert wie in Delphinen und Walen. Wir haben eine starke Verbindung mit ihnen. Warum sollten sie dann jetzt von hier fortgehen wollen? Weil sie einen großen Teil eures Potenzials für die biologische Inkarnation bewahrt und gehütet haben und ihr nun dabei seid, die ganze Verantwortung dafür selbst zu übernehmen. Wenn sie abreisen, dann hinterlassen sie eine Energiesaat für die nächste Evolution von Wasserspezies, die nicht mehr nur Hüter von Energie sind. Die nächste Tierart wird zu Energieentwicklern.

Wahre Akzeptanz bedeutet keinen Widerstand, nichts ist zu verbessern, nichts muss repariert werden. In einem solchen Bewusstseinszustand gleicht sich alles ganz automatisch und von selbst aus. Nur wenn man anfängt, herumzubasteln und zu bewerten, geraten die Dinge aus dem Gleichgewicht. Der Körper kann sich selbst heilen, auch ohne Medikamente. Wenn ihr eine Menge von Medikamenten nehmt ... na ja, das bedeutet nicht, dass ihr Mitgefühl mit euch selbst habt oder euch selbst vertraut. Die Leute behandeln sich mit Nahrungsergänzungsmitteln und heiligem Wasser und magischen Goldpulvern ebenso wie pharmazeutischen Mitteln. Was werden manche von ihnen in der nächste Woche drannehmen? Eine Wunderkur nach der anderen ...

Es gibt nur eine Sache, die dich wirklich heilen kann. Du selbst. So ist es. Keine heiligen Zeremonien, keine speziellen Zubereitungen, nichts. Jeder, der euch etwas anders verkaufen will, profitiert nur von eurer Verwundbarkeit.

Hab Mitgefühl für jeden, indem du akzeptierst, dass er exakt dort ist, wo er sein möchte. Ich weiß, dass sich manche von euch bei diesem Thema gern mit mir im Armdrücken messen würden, aber wenn ich euch über euer Leben befrage, sage ich: »Warum ist dies oder jenes in deinem Leben? Warum herrscht ein Mangel an Fülle? Warum bist du krank?« Und ihr sagt: »Keine Ahnung. Ich will das nicht.« Aber in Wahrheit wollt ihr das doch, denn sonst wäret ihr nicht dort. Es gibt keinen anderen, der euch das auferlegt. Durch Mitgefühl verjüngt sich euer Bewusstseinskörper ständig von selbst.

Hab Mitgefühl für jeden. Hör auf, Menschen ändern zu wollen. Hör auf, die Welt ändern zu wollen, und sie wird aufhören, dich ändern zu wollen. Wenn du Widerstand von außen spürst, dann ist das so, weil du Widerstand erzeugst. In dem Moment, in dem du versuchst, alles andere zu ändern, wird das versuchen, dich zu ändern.

Das ist ein wichtiger Ansatz, um interdimensionale Reisen zu machen. Es gibt da auch ätherische Ebenen, ein ziemlich unbekanntes Territorium, in dem Spukgestalten und Geister umherziehen. Wenn du versuchst, sie zu ändern, dann werden sie versuchen, dich zu ändern. Wenn du sie akzeptierst, werden sie dich akzeptieren und vielleicht deine göttliche Ausstrahlung sehen.

Mitgefühl ist mein Favorit unter den Engelsinnen.

Imagination

Imagination ist einer der schönsten Engelsinne. Sie wird viel zu wenig genutzt, und oft verwechselt man sie mit mentaler Bildvorstellung oder damit, dass man ein geistiges Bild erzeugt.

Dafür möchte ich ein Beispiel geben. Da steht ein rotes Cabrio auf deiner Einfahrt. Ein schnittiges, sportliches, sexy Cabrio. Du gehst da hin, bewunderst die tolle Handwerkskunst des Herstellers, die glänzenden Felgen und die Ledersitze.

Du öffnest die Tür, steigst ein und drehst den Zündschlüssel um. Du hörst das Brummen der 400 Pferdestärken unter der Motorhaube. Du legst den Rückwärtsgang ein, fährst aus der Einfahrt raus, legst den Vorwärtsgang ein und beginnst, langsam die Straße hinunterzufahren.

Du fühlst dich frei, befreit.

Während du die Straße hinunterfährst, kommen die Leute aus ihren Häusern und Wohnungen, einfach um zu schauen und das Auto zu bewundern. Kinder hören auf zu spielen, um dir nachzugaffen, während du in deinem teuren Sportwagen entlangfährst.

Du fährst in die Vororte der Stadt, hinaus auf die offene Landstraße, andere Autos sind nicht da. Die Straße gehört dir. Perfekter Asphalt, sich schlängelnde Straßen, du trittst aufs Gaspedal und fährst etwas schneller.

Der Wind ist in deinem Gesicht und in deinem Haar. Es ist ein wundervoller sonniger Tag. Du atmest in tiefen Zügen ein und lässt einen Riesenseufzer der Befreiung heraus, während du in deinem roten Sportwagen die Straße entlanggleitest.

Du fährst schneller, noch schneller und noch schneller, und du spürst ein Hochgefühl.

Keine Sorgen, keine Verpflichtungen, nur du, der die Straße entlangsaust. Du brauchst dir keine Gedanken über Rechnungen zu machen, die zu zahlen sind, keine Besorgungen, die erledigt werden müssen, oder irgendetwas anderes. Nur die Straße hinunterkreuzen.

Nun halte einen Augenblick lang inne. Was stimmt nicht bei diesem Bild? Kein Gefühl! Kein Gefühl, überhaupt kein Gefühl.

Es ist zwar ein nettes Bild, aber relativ mental und damit begrenzt. Und ich weiß, dass einige von euch Kurse in mentaler Kontrolle absolviert haben, auch damals in Atlantis.

Ich weiß, dass manche von euch Visualisierungen geübt haben, mit begrenztem Erfolg. Es funktioniert ein bisschen, ist aber meistens doch sehr beschränkt, weil es kein echtes Gefühl dabei gibt und auch, weil ihr nicht wirklich daran glaubt. Ihr schaut in den Spiegel und sagt: »Ich bin schön. Ich bin schön. Ich bin schön.« Ihr tragt einen Satz vor, aber in eurem Herzen glaubt ihr nicht unbedingt daran. Es ist kein Gefühl dabei vorhanden.

Imagination ist Fühlen. Imagination ist Spüren, nicht Denken. Vor langer Zeit haben die Menschen das Fühlen abgestellt. Sie sind ins Denken gegangen. Imagination ist dieses offene Spüren. In der Imagination sieht man nicht unbedingt Bilder, sondern macht vielmehr eine absolut sinnenhafte, sensorische Erfahrung.

Also wollen wir das noch einmal machen. Schließe die Augen. Und anstatt dass ich dich nun im roten Sportwagen die Straße hinunterbegleite, atme tief ein und *fühle* das selbst ... spüre selbst.

(Lange Pause)

Das ist Imagination und nicht nur Visualisierung. Fühlen ist mit dabei. Hier ist Energie, nicht nur ein mentaler Fokus. Vor langer Zeit, noch als Engelwesen, habt ihr erkannt, dass ihr die Fähigkeit der Imagination besitzt, und ihr habt begonnen, damit zu wirken. Aus dem Nichts, aus der Leere, habt ihr Realität erschaffen, weil ihr sie euch *imaginiert* habt. Imaginieren bedeutet, in alle Potenziale hineinzuspüren. Das ist keine mentale Übung.

Ich möchte ein weiteres Beispiel anführen. Ich bitte dich, dich auf deine Imagination einzustimmen, nicht unbedingt auf deinen Verstand oder mentalen Geist, und nun stelle dir bitte Chaos vor. Öffne dich und dehne dich hinein ins Chaos aus.

(Pause)

Atme tief ein.

Der Grund, warum ich dich gebeten habe, dich darauf einzustellen, ist, damit du den Unterschied begreifst zwischen Visualisieren, was eine mentale Aktivität ist, und Imaginieren, was eine Erfahrung des Fühlens oder Spürens ist.

Als ich dich gebeten hatte, dir Chaos vorzustellen, meldet sich gleich der Verstand und versucht, danach zu greifen und etwas damit zu machen. Aber es fällt dem Verstand sehr schwer, Chaos zu deuten. Er ist nicht auf Chaos programmiert. Es ist darauf programmiert, Ordnung aus den Dingen zu machen – und das ist eines der angeborenen Probleme des Verstands, dass er immer versucht, Dinge in Ordnung zu bringen. Wenn du dir also Chaos vorstellst, wird der Verstand ziemlich verwirrt und erlaubt dir damit, dass du ins Imaginieren übergehst. Du kannst Chaos imaginieren.

So, und was war das jetzt? Ein Gefühl, ein Mangel an Ordnung, fehlende menschliche Vorbilder – einfach nur Chaos. *Das* ist jetzt Imaginieren, das ist Imagination.

Imagination ist ein erstaunliches Werkzeug, wenn du es in deinem Alltagsleben anwendest. Als ich darüber gesprochen habe, dass du dich aus deinem Gefängnis befreist, habe ich dich aufgefordert, dir die Möglichkeiten vorzustellen. Wie würde sich das wohl anfühlen, frei zu sein? Wie ist das Gefühl? Was du dabei machst, ist, dir Potenziale vorzustellen.

Potenziale sind Erfahrungsblasen, unter denen du wählen kannst. Du hast diese Möglichkeiten geschaffen, jede Einzelne von ihnen, als du durch die Feuerwand gegangen bist. Sie sind fast unbegrenzt. Und wenn du deine Vorstellungskraft anwendest, spürst du in diese Potenziale hinein. Dann kannst du bestimmen, für welche du dich entscheiden willst.

Die Menschen begreifen oft nicht den Unterschied zwischen Visualisierung und Imagination. Sich etwas vorstellen, zu imaginieren, ist weit geöffnet und frei. Es ist eher ein *Gefühl* als Gedankenmuster.

Das andere Problem ist, dass die Menschen aufhören zu wählen. Sie entscheiden sich nicht mehr. Sie haben diese Glaubensüberzeugungen erschaffen, die sie »Schicksal« oder »Bestimmung« nennen. Und wisst ihr was? Das begrenzt auf dramatische Weise die Wahlmöglichkeiten und beseitigt sie in manchen Fällen sogar ganz.

Klar, es gibt bestimmte Wünsche und Dinge, die du in dieser Lebenszeit erfüllen und erfahren möchtest, aber sie sind nicht als Lektionen oder Prüfungen gemeint, sondern sie sind nur Möglichkeiten. Und ihr könnt diese Potenziale jederzeit verändern, wenn ihr das wollt. Wie macht man das? Ihr imaginiert in sie hinein. Und dann wählt ihr aus.

Ihr müsst dabei nicht konkret werden. Ihr braucht nicht zu sagen, »Ich möchte ein rotes Auto in meiner Einfahrt stehen haben«, denn Imagination ist viel weiter. Das ist ein Gefühl. Ihr müsst nicht buchstabengetreu vorgehen. Das kann später kommen, wenn ihr mehr Erfahrung mit Imagination gewonnen habt.

Bei Imagination geht es um das Hineinfühlen in Möglichkeiten, darum, dein Bewusstsein auszudehnen und sehr interdimensional zu werden. Auch hier taucht wieder das Problem des begrenzten Verstands auf, dem es sehr schwerfällt, in anderen Dimensionen zu wirken außerhalb der physischen Realität, in der ihr existiert. Er versteht Potenziale sehr wohl, hat aber Probleme damit, sie zu imaginieren.

Manche der größten Erfinder, Wissenschaftler und Denker eurer Zeit waren auch die größten Imaginierer. Sie haben sich geöffnet und freigegeben und sich aufs Fühlen eingelassen, nicht aufs Denken. Thomas Edison hat es geliebt, sich etwas vorzustellen. Er hat darüber nicht mit allzu vielen Menschen geredet, weil sie sonst hätten denken können, dass es doch etwas merkwürdig sei, sich in eine Art von Traumzustand zu begeben. Imagination geht jedoch sogar noch darüber hinaus.

Nikola Tesla war selbstverständlich ein großer Imaginierer. Albert Einstein, Beethoven, Mozart – alle diese Größen haben aktiv imaginiert. Das hat sie groß gemacht. Sie sind über ihren Verstand hinausgegangen. Sie haben ihre Vorstellungskraft angewandt. Das ist eines der mächtigsten Werkzeuge, die ihr habt und dabei sehr leicht anzuwenden. *Imagination und bewusste Entscheidung erzeugen Realität.* Das ist es, was alles außerhalb von Zuhause erschaffen hat. Tagträumerei ist eine Form von Imagination. Du gehst aus dir heraus und betrachtest deine Möglichkeiten. Das Problem dabei ist nur, dass du die Energien nicht auf die Erde zurückbringst. Du lässt einige dieser großartigen Potenziale, dieser wunderbaren Imaginationen in den anderen Ebenen. Was wir hier tun, ist, die Wege zu öffnen, die es der Essenz erlauben, aus den anderen Ebenen in dein menschliches Leben zu fließen.

Atme tief ein und erlaube dir zu imaginieren. Imaginiere offen, frei, hemmungslos.

Fokus

Sprechen wir vom nächsten Engelsinn, von Fokus bzw. Konzentrationsfähigkeit.

Ihr habt die Gaben von Bewusstheit, Mitgefühl und Imagination. Engel und Menschen brauchen jedoch die Fähigkeit, ihr Bewusstsein und ihre Energie auszurichten, auf bestimmte Teile im breiten Spektrum zu fokussieren, um ihre Schöpfungen zu verstehen und die gesamte Schöpfung um sie herum.

Menschen sind ziemlich gut damit geworden, vielleicht zu gut. In früherer Zeit in Lemurien habt ihr eure Engelenergie auf dichte Materie und die Biologie konzentriert, um eure Fähigkeit des Fokussierens auszubilden. In Atlantis wurden enorme Anstrengungen unternommen, um die mentale Ebene für die Konzentrationskraft zu schulen.

Jetzt seid ihr fähig, euer menschliches Bewusstsein auf nur einige wenige Dinge gleichzeitig zu fokussieren. Ihr seid jetzt auf mich konzentriert, ein bisschen auf Linda, ein bisschen darauf, wie sich euer Körper anfühlt, und ein bisschen von euch denkt darüber nach, welche Dinge ihr noch erledigen müsst, welche Arbeit oder Aufgaben noch warten. Aber das ist dennoch allgemein gesprochen recht begrenzt.

Ein Mensch sollte sich auf 77 verschiedene Dinge zugleich fokussieren und sie alle gut erledigen können! In meiner letzten Inkarnation als Saint-Germain war ich in der Lage, simultan mit einer Hand eine Musikkomposition niederzuschreiben, mit der anderen Hand einen Brief an einen Freund, zugleich ein Gespräch mit jemandem zu führen, über eine neue Erfindung nachzudenken ... und das alles, während ich geschlafen habe (Lachen). Etwas übertrieben, aber nicht viel.

Die Engelgabe des Fokus ist ein großes Geschenk. Wenn ihr eure Bewusstheit öffnet, werdet ihr eine Menge verschiedener Dinge hier hören oder fühlen können. In diesem Raum geschehen viele, viele Dinge gleichzeitig. Ohne Konzentrationsfähigkeit würde das einen ziemlich überwältigen bzw. alles ineinander verschwimmen.

Lassen wir uns auf eine Erfahrung ein. Ihr seid auf mich fokussiert. Konzentriert euch nun auch auf Kuthumi lal Singh, der hier bei euch ist, während ihr euch auf das Mittagessen einstellt ... und dazu erinnert ihr euch noch an euren letzten Traum. Tut das alles gleichzeitig, ohne hin und her zu springen. Versucht es.

(Kurze Pause)

Was passiert? Ihr stellt fest, dass ihr von einem Thema zum anderen springt – von mir zu Kuthumi, zum Mittagessen, zu den Träumen –, da der menschliche Geist auf Singularität programmiert ist: eine Sache zu einer Zeit. Der Geist will jedoch wieder zurück zu einem weiteren Fokus, zu einem »Multi-Fokus«. Diese Fähigkeit besitzt er. Spiel mit dem Multifokus, erlaube ihm, sich zu zeigen.

Multifokus ist ein wunderbares Werkzeug, mit dem man spielerisch umgehen kann. Wenn ihr euch für andere Dimensionen öffnet, ist die Konzentration nicht mehr singulär, nicht mehr einfältig, sondern vielfältig. Sehr multidimensional – viele Dinge geschehen gleichzeitig. Der Verstand möchte sich nur auf eine bestimmte Sache oder eine andere konzentrieren. Hoffentlich können wir unseren Verstand hinter uns lassen, den Verstand verlieren. Die Gabe, mehrere Fokusstrahlen gleichzeitig aufrechtzuerhalten, wird zu einer wichtigen Fähigkeit. Ihr könnt dann so viele Dinge gleichzeitig tun. Ich glaube, das nennt ihr »Multi-Tasking«.

Ausdrucksfähigkeit

Der fünfte Engelsinn ist Ausdrucksfähigkeit, Expression. Du hast alle diese großartigen Gaben – Bewusstheit, Mitgefühl, Imagination, Fokus – und auch die Fähigkeit zum Ausdruck.

Spirit, das heißt du, hat ein innewohnendes Verlangen, sich selbst zu erkennen, sich zu erfahren und sich auszudrücken. Das ist die Vorliebe von Spirit. Wozu soll all diese unglaubliche Liebe und Mitgefühl und Freude dienen, ohne fähig zu sein, sie auch auszudrücken?

Expressivität ist eine natürliche Gabe. Die Kraft zum Ausdruck hat Engelreiche erschaffen und die Erde; diese Gabe hat der Leere Form gegeben.

Das Ausatmen ist der Ausdruck, ist Expression. Anders gesagt: Spirit atmete aus und fand dadurch Ausdruck. Dazu ein paar Bibelstellen:

Im Anfang war das Wort, und das Wort war bei Gott, und das Wort war Gott.
Im Anfang war *Ausdruck,* und die *Ausdruckskraft* war bei Gott, und der *Ausdruck* war Gott.

Am Anfang schuf Gott den Himmel und die Erde.
Das war die ursprüngliche Ausdrucksform von Spirit.

Und die Erde war wüst (d.h. ohne Form) *und leer, und Finsternis war über der Tiefe; und der Geist Gottes schwebte über den Wassern.*
Vor dem Ausdruck gab es nichts, nur Leere. Als Spirit sich »bewegte« oder sich zum Ausdruck brachte, erzeugte er Substanz, eine Ausdrucksform.

Und Gott sprach: Es werde Licht, und es ward Licht.
Spirit drückte sich aus und erzeugte dadurch die Schöpfung.

Du wirst dich sowieso irgendwie zum Ausdruck bringen. Wenn du dich nicht zu einer bewussten Expressivität entscheidest, wenn du nicht tanzt, ein Buch schreibst, Musik spielst oder irgendetwas tust, womit du dich zum Ausdruck bringst, wird das dennoch geschehen. Sogar Depression ist eine Form von Expression. Dabei erfährt die Seele irgendetwas. Wut ist eine Form von Ausdruck. Ins Nichts zu gehen ist eine Form von Ausdruck, wenn auch eine seltsame – aber es ist eine Form von Expressivität.

Ich ermutige euch, etwas zu unternehmen, denn Ausdruck ist für euren Spirit ganz natürlich – Ausdrucksfähigkeit ist einer der fünf Engelsinne. Ausdruck ist alles, was du dich zu tun entschließt und was du dann fließen lässt. Wenn du in deiner Ausdruckskraft bist, zieht das sogar noch mehr Energie an, und die Energie fließt auch wieder. Grabe irgendwo im Garten etwas um. Töne, chante. Tönen ist eine wunderbare Sache. Dabei kommt Energie ins Fließen – vielleicht fangt ihr dann an zu husten, weil es eine Menge an unterdrückter Energie gibt –, aber auf jeden Fall wird sich die Energie von tief innen her wieder bewegen.

Dein Bewusstseinskörper hat ein leidenschaftliches Verlangen danach, sich auszudrücken. Wenn er in ein kleines Gefängnis eingesperrt ist, wenn er von Angst und Zweifel und Trägheit umgeben ist, *wird* er einen Weg finden, doch wieder in Bewegung zu kommen, allerdings vielleicht nicht auf eine Art und Weise, die du angenehm findest. Ausdruck könnte sich so manifestieren, dass du dich ins Auto setzt und eine Fahrt unternimmst. Auch das ist eine Form von Ausdruck.

Es gibt diese Tendenz, wenn man das spirituelle Erwachen erlebt, alles anzuhalten und aufzuhören, sich auszudrücken. Früher oder später macht sich das bemerkbar. Man wird eine Art von Zusammenbruch erleben. Irgendetwas Dramatisches oder Traumatisches geschieht im Leben. Man verliert seine Arbeit – auch das ist Ausdruckskraft. Man wird krank – erneut Ausdruck. Energie drückt sich auf ihre eigene Weise aus. Die Beziehung zerbricht – auch das ist Ausdruck.

Ich ermutige dich, den Engelsinn der Ausdruckskraft anzunehmen und zu wählen, wie du ihn ausdrücken willst. Schreibe ein Buch oder ein Theaterstück; geh in einen Musikladen und kaufe ein Instrument, bring es nach Hause und fang an zu spielen. Fang an zu kochen. Zu kochen – was für eine großartige Weise, sich auszudrücken. Wie fühlt es sich an, sich auszudrücken? Du setzt alle deine Engelsinne ein, setzt die Energie wieder in Bewegung und, nach meiner bescheidenen Ansicht, gibt es nichts, was sich besser anfühlt, als Energie bewusst zu bewegen. Ihr tut das ohnehin, aber meistens tut ihr das nicht bewusst und ihr tut nicht das, was ihr wirklich gern tun würdet.

Du fühlst dich so viel weiter, freier, glücklicher, und du wirst dich auch daran erinnern, wie es sich anfühlt, wieder mit Energie zu spielen. Viele von euch haben aufgehört, mit Energie zu spielen, aus einer Reihe von Gründen – Angst, Selbstwertmangel, alte Glaubensmuster. Dann stagniert die Energie. Sie wird schal. Sie nimmt einen schlechten Geruch an.

Atme tief ein, wie Spirit. Atme ein, und während du einatmest, lass die Fähigkeit zum Ausdruck durch dich hindurchfließen.

Ahmyo und Makyo

Ahmyo

Es gibt ein Wort für das absolute Vertrauen in das Selbst. Wir nennen das Ahmyo. Das ist mehr als ein Wort, es ist ein Klang, ein Ton. Ahhh-mmmm-yoooo. Es rollt sozusagen von der Zunge. Tönen wir das gemeinsam. Ahhhhh-mmmm-yoooo.

Ahmyo ist bedingungsloses Vertrauen – nicht in die Außenwelt, nicht auf andere Menschen, nicht in Wesenheiten oder Aliens – sondern in dich selbst. Ahmyo. Ich bin was Ich Bin. Gleich, was auch in deinem Leben passiert, erkennst du bedingungslos, dass du es selbst erschaffen hast, um deines Besten willen.

Im Moment, wenn du Ahmyo annimmst, erschließt du Potenziale, die dir vorher völlig unbekannt waren.

Ahmyo ist reine, völlig reine Erkenntnis und Verwirklichung des Ich Bin. Ahmyo ist, wenn du aufhörst, alles infrage zu stellen, was geschieht. Du erkennst, dass du selbst alles erschaffen hast, um deines Besten willen, um dich zu öffnen und auszudehnen oder damit du Freude in deinem Leben erfährst. Die Aufgestiegenen Meister haben dieses hohe Maß an Vertrauen in das Selbst während ihrer letzten Lebenszeiten auf der Erde verwirklicht. Ahmyo ist der letzte und vielleicht der freudigste Schritt.

Stell dir einen Moment lang vor, was es bedeutet, absolutes und bedingungsloses Vertrauen in dich selbst zu haben. Dazu zählt auch, deinem Körper zu vertrauen. Kannst du, selbst wenn er krank wird oder Schmerzen spürt, ihm vertrauen? Ahymo. Egal, was passiert, hast du ihn aufgrund der Liebe zum Selbst erschaffen.

Wenn du Ahmyo wirklich annimmst, hörst du auf, dir über die kleinen Dinge im Leben Sorgen zu machen. Du hörst auf, Energie für Dinge zu verschwenden, auf die es nicht wirklich ankommt, und so bist du dann im vollem Bewusstsein des Lebens an sich. Ahmyo.

Du hörst auf, dir Sorgen darüber zu machen, was als Nächstes geschieht, weil du erkennst, das es, was immer es sein mag, absolut vollkommen ist. Wenn du dich jedoch im Zustand von Ahmyo befindest, verändert das das Potenzial einer Krankheit, sodass alle gestauten und blockierten Energien sich wieder bewegen und wieder zu fließen beginnen. Der Zustand von Ahmyo öffnet das Potenzial der Dinge und Umstände, wie zum Beispiel bei einem Mangel an Fülle.

Wenn du sagst: »Ich habe das kreiert«, dann wird das wahre höchste Potenzial enthüllt anstatt der begrenzten Illusion von Mangel, Krankheit oder Armut. Dann bringst du nicht mehr das zum Tragen, was ihr vielleicht schlechte Szenarien nennt, weil man so etwas nun gar nicht mehr braucht. Deine Seele hat jetzt deine Aufmerksamkeit, und es ging nur darum, dass sie dich aufgefordert hat, dir zu vertrauen, dir selbst zu vertrauen. Was wäre die Antithese zu Ahmyo? Makyo! (Lachen) Genau, Makyo.

Makyo bedeutet unecht, täuschend, verwirrend und bezieht sich auf Störungen und Ablenkungsmanöver auf deiner spirituellen Reise.

Das Gegenteil von Ahmyo ist also Makyo. Makyo passiert jedem, den ich kennengelernt habe, der sich auf einem spirituellen Pfad befindet, auch Buddha und jedem Aufgestiegenen Meister, der mir bekannt ist. Sie gelangen auf ihrer Reise an einen Punkt von Makyo. Das geschieht kurz vor dem Ende ihrer Reise, kurz vor ihrer Selbstverwirklichung. Sie verseuchen sich mit einer Menge von Ablenkungen – mit spiritueller Rhetorik, mit spirituellen Ritualen und Routineübungen, und auch mit begrenzten Glaubensmustern, Dogmen und Selbstgerechtigkeit.

Das Makyo taucht oft auf, weil es einen Widerstand dagegen gibt, das Spiel (auf Erden) zu beenden. Anders gesagt: Du spürst, dass du kurz davor stehst, »erleuchtet« zu werden, aber du bist eigentlich noch nicht ganz bereit, aus dem Spiel auszusteigen. Du würdest lieber noch weiter suchen, anstatt zu werden. Mayko existiert auch, weil du dir das echte Thema, das geradewegs vor dir liegt, nicht anschauen willst – und das ist Ahmyo, Vertrauen.

Ich habe sehr weise, bemerkenswerte, strahlende menschliche Wesen erlebt, die spirituell sehr entwickelt waren, die bereit waren, den letzten Schritt in den Zustand des Aufstiegs zu machen, und die plötzlich ins Makyo fielen. Sie verstricken sich in Ablenkungsmanövern und Täuschungen. Sie haben regelrecht Angst, den letzten Schritt zu machen – 100 Prozent Vertrauen in sich selbst. Sie bringen es bis 99,9 Prozent, haben aber Angst, über die Ziellinie zu gehen. Das ist eine große Falle für spirituelle Arbeiter und Arbeiterinnen und besonders für spirituelle Führer und Führerinnen. Plötzlich meinen sie, sie müssten sich auf eine gewisse Weise verhalten – weise, intelligent, weißes Licht nur so von ihnen heruntertropfend, voller Segnungen und erleuchteten Sprüchen. Überhaupt nicht! Keineswegs! Der echte spirituelle Lehrer, die wahre spirituelle Lehrerin, die echten spirituellen Arbeiter und Arbeiterinnen sind sehr menschlich, weil sie davor keine Angst haben. Sie haben davor einfach keine Angst.

Alle Glaubensmuster, die ihr jetzt habt, sind Makyo. Makyo. Das ist ein alter Zenbegriff und wörtlich übersetzt bedeutet er »des Teufels Höhle« oder »das Spinnennetz der Täuschung« bzw. die »Spinne der Täuschung«. Ich würde gern eine deutlichere Sprache verwenden. Spiritueller Mist. Jedes System von Glaubensmustern, das ihr habt, ist im Grunde genommen unecht, ist falsch.

Was ist dein Makyo? Was sind einige deiner spirituellen Ablenkungsmanöver? Bist du spirituell gesehen arrogant? An welchen Glaubensmustern hängst du? Welche Überzeugungen oder Ansichten, die »Makyo« sind, hast du erst vor Kurzem in dein Leben hineingebracht?

Die Vergangenheit und die Zukunft sind Makyo. Es kommt nur auf den Augenblick jetzt an. Alle eure Glaubensmuster – spirituelle Überzeugungen, menschliche, soziale Ansichten, alle Meinungen – sollten von jetzt an in die Kategorie von Makyo gesteckt werden. Sie sind nicht wirklich wichtig, es sei denn, dass ihr sie dazu macht.

Das Ende von Dualität

Am Anfang gab es den ersten Kreis, Eins-Sein. Nennen wir es die Heimat, das Zuhause. Dein Bewusstsein hat das Zuhause verlassen, um sich auf ein großes, wunderbares Abenteuer zu begeben. Als du von zu Hause fortgegangen bist, war Dualität eines der ersten Dinge, die du erfahren hast. Dualität. Nach der Bewusstheit des Ich Bin, nach der Wahrnehmung eurer selbst als souveräne Wesen, wurde plötzlich die Dualität ein Teil eurer Realität. Nun besaß die Schöpfung anstatt Einheit zwei Elemente. Sie war dunkel und licht, plus und minus ... wie man es auch bezeichnen mag. Seither besteht die Schöpfung in Form von Dualität. Jede Dimension, jedes Teilchen in der gesamten Schöpfung hat in irgendeiner Form von Dualität bestanden.

Dualität hat viele interessante, entgegengesetzte Sichtweisen erzeugt. Sie hat männlich und weiblich erschaffen. Sie hat eure Wahrnehmungen von gut und schlecht, von Licht und Dunkel, sogar von oben und unten kreiert. Dualität stellte eine glänzende Schöpfung dar, weil sie euch erlaubt hat, euch selbst zu sehen. Ohne Dualität würdet ihr euch selbst nicht verstehen, wie ihr es jetzt tut. Ihr hättet keinen Spiegel oder kein Gegenstück, in das ihr hineinblicken könntet.

Dualität hat zur Reibung zwischen den Elementen geführt. Sie hat dabei mitgewirkt, diese Wirklichkeit zu erschaffen, in der ihr existiert. Sie hat dieses Etwas erzeugt, das Schwingungsenergie heißt. Es ist wirklich erstaunlich.

Auf der anderen Seite dieser erstaunlichen Sache, die Dualität genannt wird, befindet sich eine Menge an Schwierigkeiten, Krieg, Auseinandersetzungen – und nicht nur hier auf der Erde. Es hat Schlachten in den Engelebenen gegeben, fast so lange schon, wie es Engel gibt. Ihr könnt sie vielleicht als dunkle und lichte Mächte bezeichnen. Es sind Mächte gewesen, die sich gegenüberstanden und im Grunde Energie voneinander gestohlen haben.

Der ursprüngliche Zweck, Energie voneinander zu stehlen, bestand darin, den Treibstoff zu haben, um nach Hause zu gelangen, aber du gehst nicht nach Hause. Das tut ihr nie. Selbst wenn du es versuchen würdest, würdest du die Heimat nicht finden, weil sie sich verändert hat; sie ist nicht mehr das, was sie einmal war. Sie verändert sich mit jedem Gedanken, mit jeder Handlung und jeder Erfahrung von Engeln und Menschen.

Die gegnerischen Kräfte haben seit Äonen Kriege geführt, und solche Kriege haben nicht nur in den Engelebenen stattgefunden, sondern Schlachten der Engel wurden auch in den Bereichen der Erde ausgefochten. Viele dieser Engelschlachten der Vergangenheit richteten sich nicht gegen physische Wesen, sondern sie fanden unter Engelwesen statt. Aber diese Auseinandersetzungen kamen den Energien der Erde teilweise sehr nahe, sodass manchmal auch Menschen zu Opfern wurden – Menschen, denen noch nicht einmal bewusst war, dass es diese anderen Energien gibt, die Konflikt und Krieg in ihrem menschlichen Alltagsleben verursachten.

Diese Dualität hat zeitweise für euch alle enorme Schwierigkeiten und Härten verursacht. Ihr wart manchmal bei dem, was ihr die dunkle Seiten nennen würdet, und manchmal bei der hellen Seite. Ihr wurdet vom Schatten verführt, und ihr wurdet vom Licht verführt. Das war ein endloses Spiel, hin und her, erst hat die eine Seite der Dualität dominiert und dann die andere. Anstatt auf der Reise eurer Seele neue Lektionen zu lernen, wurde das eine endlose Wiederholung desselben alten Spiels.

Auf eine bestimmte Weise ist die Erde ein Theater, auf dessen Bühne das aufgeführt wird, was sich in anderen Ebenen ereignet hat, aber jetzt in einer sehr dichten, physischen und von Zeit kontrollierten Darstellung. Das geht schon seit Äonen so.

In den kürzer zurückliegenden Zeiten sind die meisten von euch Krieger des Lichts gewesen. An einem bestimmten Punkt in deiner Geschichte hattest du dich dem Schatten angeschlossen und dann hast du gesagt: »niemals wieder.« Du hast dich entschieden, Krieger des Lichts zu sein und gegen das Dunkel zu kämpfen. Ihr habt die meiste Zeit dieses Lebens damit verbracht, Krieger des Lichts zu sein, euch für die Rechte anderer einzusetzen, den Schatten abzuwehren, andere zu beschützen und zu verteidigen, und die Rechtschaffenheit des Lichts aufrechtzuerhalten.

Wiedervereinigung

Vor sehr wenigen Jahren, dort »hinten«, wo man den Kern der Schöpfung außerhalb der Heimat ansiedeln würde, dort im innersten Kern des Dualitätsbewusstseins, haben sich Licht und Schatten wieder vereinigt. Sie wurden eins. Der Kampf zwischen Licht und Dunkel ist vorbei. Die Dualität muss nicht mehr länger existieren.

Manche würden vielleicht sagen, dass sich das Dunkel dem Licht ergeben hat. Andere könnten sagen, dass die Schlachten so überholt und ermüdend wurden, dass beide Elemente der Dualität einfach genug davon hatten. Manche würden sagen, dass dies erfolgt ist, weil einige Menschen auf der Erde sich integriert und ihre Dunkelheit und ihr Licht zusammengebracht und auf diese Weise die Einheit der Dualität bewirkt haben.

Das ist alles sehr, sehr real. Wenn man ein Datum dafür angeben sollte, könnte man sagen, dass es spät im Jahr 2009 geschah. Daran wurde seit Zehntausenden von Erdjahren schon gearbeitet, aber Ende 2009 haben sich das Licht und der Schatten integriert.

Was bedeutet das? Es bedeutet nicht, dass mit einem Mal die ganze Schöpfung integriert wird, da die Signale dieses Geschehens lange Zeit brauchen, bevor sie in allen Ecken und Enden der Schöpfung spürbar und wirksam werden. Aber dieses Ereignis könnte eine tief greifende Wirkung auf all jene ausüben, die sich jetzt dessen bewusst werden.

Was wäre wenn ... wenn du nicht mehr länger die Dunkelheit bekämpfen müsstest? Wenn du nicht mehr das abwehren müsstest, was du als deinen Schatten betrachten würdest? Was wäre, wenn du nicht mehr der Verteidiger und Beschützer des Lichts sein müsstest? Wenn du nicht mehr vor der Dunkelheit davonrennen oder dich vor ihr verstecken müsstest? Was wäre, wenn du dich im Kern, im Innersten mit der Energie verbinden könntest, in der es keine Dualität mehr gibt? Was wäre, wenn du tatsächlich dabei helfen könntest, diese Energie hier auf der Erde zu verankern, indem du dieses Bewusstsein in dich selbst bringst?

Es wird noch eine lange Zeit dauern, bis die ganze Schöpfung wirklich das Bewusstsein hat, die Wirkung dieses Geschehens zu begreifen. Manche von euch werden sich daran erinnern, dass es am Ende des Zweiten Weltkriegs japanische Soldaten auf abgelegenen Inseln im Pazifik gab, denen man zwar sagte, dass der Krieg vorbei ist, die das aber nicht glauben wollten. Obwohl sogar die Schlagzeilen das Kriegsende verkündeten, glaubten sie, dass das eine Lüge war. Andere Leute bestätigten das Kriegsende, aber sie glaubten, dass sie getäuscht würden. Sie kämpften weiter, bis zu ihrem Tod, noch lange, nachdem der Krieg schon zu Ende war.

Das trifft hier auch in gewisser Weise zu. Es gibt Wesenheiten und Menschen, die sich selbst so sehr in die Dualität investiert haben, ob das nun Licht oder Schatten ist, dass sie die Schlacht der Dualität weiter ausfechten werden. Du jedoch, wenn du dich dafür entscheidest – *wenn du dich entscheidest* –, kannst das in deinem eigenen Leben beenden.

Ihr werdet es weiterhin um euch herum auf diesem Planeten Erde sehen, da der Planet Erde auf Dualität aufgebaut ist. Aber in eurem eigenen Leben – *in deinem eigenen Leben* – könnt ihr euch mit dieser Einheit verbinden und verstehen, dass die Dualität aufhört – *wenn ihr euch dafür entscheidet.*

Überlege einmal die Folgen in deinem eigenen Leben. Wenn du jetzt die Nachrichten hörst, die Schlagzeilen liest, anderen bei ihren Gesprächen zuhörst – wenn es um all die Tragödien geht, die gerade auf der Erde passieren, von Kriegen über Wirtschaftsprobleme bis zu Energieknappheit und Umweltzerstörung –, nimm dir einen Augenblick Zeit, um zu spüren, wohin dieser Planet geht.

Es gibt ja manche, die voraussagen, dass die Erde im Dezember 2012 zu ihrem Ende kommt. Das bezweifle ich doch sehr. Ich werde auch eine Voraussage treffen. Ich werde, falls die Erde tatsächlich enden wird, jedem, der bereit ist, die Wette anzunehmen, eine Million Dollar bezahlen! (Lachen) Es hilft ihnen dann zwar nicht viel, aber ich zahle gerne.

In Wahrheit geht die Menschheit auf ihre beste Zeit zu. Deshalb habe ich den Zuhörern vorgeschlagen, dass sie investieren sollten. Investiere zunächst einmal in dich selbst, in deine Arbeit, in deine kreativen Ideen, dein Geschäft, deine Lieder und Bücher, in deine Beratungs- und

Heilpraxisarbeit. *Investiere in deine Träume.* Bewahre sie nicht nur als Träume in irgendwelchen weit entfernten Dimensionen. Nutze die Werkzeuge, die du jetzt schon hast, um in dich selbst zu investieren. Bringe diese Träume hier herunter auf die Erde.

Investiere in die Menschheit, ob das nun Firmen sind, besonders solche, zu denen du eine Verbindung hast und die etwas herstellen oder anbieten, was dir zusagt. Investiere in die Menschheit. Millionen von Menschen sind dabei zu erwachen. Wir hören die Gebete und Tränen der Menschen in der ganzen Welt, die jetzt gerade dabei sind zu erwachen. Sie kommen vielleicht niemals zu einem Treffen wie unseren oder lesen dieses Buch, weil sie das alles für viel zu radikal halten. Aber sie kommen in *eure* Kurse, in *eure* Workshops. Sie kommen zu euch in die Beratung, weil ihr ein Vorbild für sie seid, weil ihr einen Maßstab setzt, weil ihr euch erlaubt habt, euch selbst zu lieben, weil ihr euch dafür geöffnet habt, der Gott zu sein, der ihr tatsächlich seid.

Die nächsten paar Jahre auf der Erde werden noch eine Zeit der Anpassung sein. Während dieser Zeiten wird es auch Herausforderungen geben. Das menschliche Bewusstsein vollzieht die größte Veränderung, die es bisher gegeben hat, und die Nachbeben wird man in jedem Bereich des Alltagslebens spüren. Danach jedoch, liebe Freunde, geht es auf zu neuen Höhen.

Die Tatsache, dass im Kern der Dinge Dualität aufhört zu existieren, zieht eine tief greifende Wirkung nach sich. Ich weiß nicht, wie ich das nennen soll. Ich weiß nicht, ob ihr das Einheit oder Eins-Sein nennen würdet. Ich weiß nicht, ob ihr das Kompatibilität oder Compassion, Übereinstimmung oder Mitgefühl nennen würdet – aber es ist vorhanden.

Der Krieg, die Schlachten, der Konflikt und der Gegensatz von Licht und Dunkel, oben und unten, gut und schlecht, maskulin und feminin, ist beendet. Du kannst tief einatmen und dich entspannen. Du kannst deine Abwehr runterlassen und der sein, der du wirklich bist, hier auf der Erde, jetzt.

Bitte wisse das … Alles ist gut in der gesamten Schöpfung!

Nichts

Cauldre, den ihr als Geoffrey Hoppe kennt, hat mich heute früh gefragt: »Adamus, was wird die Botschaft für die lieben Menschen hier heute Abend sein?« Und ich habe gesagt: »Lieber Cauldre, nichts.« (Lachen) Ich habe nichts mitzuteilen, denn das ist ja gerade ein Teil des Problems. Ihr denkt, ihr müsstet etwas tun, etwas lernen oder eure anderen amüsanten Übungen durchführen, das Singen und Meditieren ...

Das ist ja die Schwierigkeit für viele spirituelle Wesen heutzutage. Sie meinen, sie müssten etwas Spirituelles tun oder leisten oder erreichen, wie noch einen Workshop, einen weiteren Kurs, ein Buch mehr, noch eine Botschaft aus der langen Reihe von Channelern. Was jedoch wirklich amüsant ist: Es gibt nichts zu tun! Rein gar nichts!

Und, liebe Meister, das meine ich sehr ernst. Es gibt für euch nichts zu tun. Wie ihr das auch nennen wollt – Erwachen, Erleuchtung, Aufstieg –, es ist ein natürlicher Vorgang. Wenn ihr nur aufhören würdet, darüber nachzugrübeln, wenn ihr nur aufhören würdet, das manipulieren zu wollen und danach angestrengt zu suchen, dann würdet ihr sofort erleuchtet sein.

Wisst ihr, Erwachen ist etwas, was ihr schon vor langer Zeit gewählt habt. Lange bevor ihr jemals zur Erde gekommen seid, habt ihr gesagt: »Eines Tages werde ich den Kreislauf der Inkarnationen beenden.« Ihr habt gesagt: »Eines Tages werde ich erkennen, dass ich schon alles gewusst habe, was ich dachte, erst noch lernen zu müssen.«

Ihr seid also im Grunde genommen durch. Und als einer eurer Professoren werde ich euch jetzt bitten, die Schule zu verlassen. Ich fordere euch auf, die spirituelle Schule zu verlassen. Keine Graduiertenschule. Keine weiteren spirituellen Trainings oder Lehrgänge. Ihr habt alles, was ihr braucht. Es ist geschafft. Es gibt nichts, worüber wir heute Abend zu sprechen haben.

Nun solltet ihr eigentlich jubeln und applaudieren. Ihr sitzt aber alle auf euren Stühlen und fragt euch: »Wirklich? Ich? Adamus, du sprichst jetzt sicher gerade nicht zu mir. Vielleicht zu der Person, die neben mir sitzt. Wenn ich so erleuchtet bin, warum weiß ich denn dann nicht alles? Wenn ich so erleuchtet wäre, warum habe ich dann noch Probleme in meinem Leben? Wenn ich so erleuchtet bin, warum erlebe ich dann einen Mangel an Fülle? Und wenn ich so erleuchtet wäre, warum sollte ich denn Gesundheitsbeschwerden haben?«

Also schließt ihr daraus, dass ihr noch mehr zu lernen habt und noch nicht ganz erleuchtet seid. Diese Art von Bewusstsein hindert die Teile daran zusammenzufließen, sie verhindert, dass sich Synchronizitäten in eurem Leben ergeben, und es hält euch in einem Zustand der ständigen Suche fest.

Liebe Freunde, was wäre denn, wenn es nichts mehr für euch zu tun gibt? Wie würde das diesen Augenblick um 20 Uhr 02 an diesem Donnerstagabend verändern? Wie würde sich der Rest eures Lebens verändern? Was wäre, wenn ihr hier heute Nacht aus der Tür geht und euch selbst so sehr vertrauen würdet, so tief und liebevoll, dass ihr wüsstet, dass es nichts mehr für euch zu tun gibt?

Es sieht so aus, als ob ihr süchtig nach eurer spirituellen Suche seid. Trotz all der Gebete und Übungen und Techniken und was ihr sonst noch so unternehmt, ist es, als ob ihr eine Distanz zwischen euch und Gott aufrechterhalten wollt.

Liegt das daran, dass ihr nicht akzeptieren könnt, dass auch ihr Gott seid? Oder ist das so aufgrund eurer Wahrnehmung, dass Gott ziemlich menschgemacht und deshalb unerreichbar ist? Oder habt ihr nach dieser flüchtigen Angelegenheit vielleicht schon so lange gesucht, dass ihr etwas anderes gar nicht mehr kennt und könnt?

Erwachen ist ein natürlicher Vorgang. Man kann ihn nicht strukturieren, und man sollte nicht versuchen, ihn zu manipulieren. Er ist, was er ist. In Wahrheit habt ihr euer eigenes Erwachen kreiert, eure eigene Souveränität – vor Äonen von Zeiten. Deshalb findet es statt. Und deshalb könnt ihr nichts dazu tun, weil es tatsächlich zu einem Teil eurer Wirklichkeit wird.

Es spielt keine Rolle, wie viele Sünden ihr in diesem Leben erzeugt habt oder wie viel schlechtes Karma ihr aus anderen Leben habt. Wenn ihr nichts tut, wird dieser natürliche Prozess ganz natürlich verlaufen, wie eine Blüte im Frühling aufblüht.

Den Verstand verlieren

Wenn ihr aufhört zu versuchen, euch anzustrengen, dann passiert etwas Erstaunliches. Ihr verliert den Verstand. Ihr geht buchstäblich über euren Verstand hinaus, und das ist wunderbar, weil das ein Teil des natürlichen Vorgangs ist, sich über die mentale Programmierung hinaus zu entfalten und deren »eingebaute« Begrenzungen. Wenn ihr aufhört zu denken und zu kontrollieren, dann wird mit einem Mal diese Sache, die man *Gnost* nennt, die göttliche Intelligenz oder das, was ich das *Ich Bin* nenne, zu eurem realen Selbst.

Eure göttliche Intelligenz funktioniert überhaupt nicht so wie euer menschlicher Verstand. Zuallererst ist sie unendlich, während der Verstand begrenzt ist. Göttliche Intelligenz verbraucht keine Energie, während der Verstand das tut. Habt ihr schon bemerkt, wie ihr sehr müde werdet, wenn ihr viel denken müsst? Das passiert, weil der Verstand und das Gehirn Energie verbrauchen.

Göttliche Intelligenz ist reines Bewusstsein. Es hilft euch dabei, Energie in euer Leben zu ziehen, aber es selbst braucht keine Energie, um zu überleben. Eure göttliche Intelligenz besitzt das, was ihr Imagination nennen würdet. Es vermag Potenziale zu erkennen und zu begreifen, die euer Verstand noch nicht einmal erfassen kann. Die göttliche Intelligenz versteht die Antwort, bevor die Frage je gestellt wird, während der Verstand laufend Fragen stellt und kaum Antworten kennt.

Im Prozess des Erwachens geht ihr über den Verstand hinaus, ihr »verliert« den Verstand, und in dem Augenblick, in dem das geschieht, bekommt ihr Panik. Ihr zieht euch zurück. Ihr fallt in eure alten Gewohnheiten zurück. Ihr kehrt zu euren bequemen, aber ziemlich lästigen und beschwerlichen mentalen Gewohnheiten zurück.

In dem Moment, in dem ihr den Verlust von mentaler Kontrolle fühlt, weicht ihr zurück. Ihr erlebt Panik. Ihr meint, ihr würdet in irgendeinen großen dunklen Abgrund stürzen, in irgendein leeres Loch, wenn ihr nicht denkt, wenn ihr nicht arbeitet, wenn ihr euch nicht anstrengt. Aber das wird nicht geschehen, und ihr werdet nicht abstürzen.

Erlaube dein Erwachen

Ich fordere euch dazu heraus, nichts zu tun und diesen natürlichen Prozess des Erwachens einfach geschehen zu lassen – der von eurer Seele kommt und euch mit dem Göttlichen integriert. Manipuliert ihn nicht. Redet nicht darüber.

Sprecht darüber nicht! Fallt nicht in diesen mentalen Redemodus mit euren Freunden oder dem, was von eurer Familie übrig geblieben ist. Ruft nicht eure spirituelle Klatschrunde an, um dort über eure letzten Eskapaden voller spiritueller Dramen zu ratschen.

Tut einfach gar nichts! Seid einfach da, im Prozess. Lasst ihn geschehen. Spürt ihn. Genießt ihn. Segnet ihn.

Sobald ihr darüber redet, werdet ihr mental. In dem Moment, wenn ihr analysiert, was gerade mit euch geschehen ist, werdet ihr mental. Sobald ihr anfangt, es mit anderen Erfahrungen zu vergleichen, sobald ihr beginnt, darüber nachzudenken, wie die Sterne gestanden haben, verliert ihr es.

Seid einfach »drin«. Atmet es einfach ein. Bedankt euch einfach bei euch selbst dafür, dass ihr euch selbst liebt und vertraut. Und das, liebe, liebe, liebe Freunde, das ist Nichts.

Sie warten auf dich

Derzeit herrscht auf der Erde ein aufgestauter Druck, und es gibt viel blockierte Energie. Bewusstsein ist verstopft. Der natürliche Fluss von Bewusstsein ist gestaut, wie eine Art von spiritueller Verstopfung, weil es Menschen gibt wie ihr, die sich für das Erwachen entschieden haben. Es gibt Millionen von Menschen, die am Anfang ihrer Erfahrung des Erwachens stehen und die euch und der Arbeit, die ihr geleistet habt, auf den Fersen folgen.

Wenn ihr nicht eurem eigenen natürlichen Prozess vertraut, wenn ihr das nicht weitergebt und unterrichtet, was ihr mit anderen teilen könnt, dann gibt es Millionen und Abermillionen von Menschen, die euch folgen, die dann in ihrem eigenen Prozess des Erwachens verstopft werden. Sie warten auf euch. Sie warten auf euch, sie warten darauf, dass ihr anderen die Einfachheit des Aufstiegs beibringt, die Leichtigkeit von Souveränität. Sie warten darauf, bestätigt zu bekommen, dass sie nicht dabei sind, verrückt zu werden, dass alles in einer Göttlichen Ordnung ist und dass sie nichts weiter zu tun brauchen, als die Erfahrung des Erwachens zu genießen.

Diese nächste Gruppe wird nicht zu Channelings gehen, um »toten Köpfen« wie mir zuzuhören. Sie werden auch keine Kristalle rund um ihr Bett aufhängen, wie es manche von euch getan haben. Sie sitzen nicht in Schwitzhütten herum und meinen dabei, das sei eine »spirituelle Übung«. Sie wollen Einfachheit. Sie wollen das Erwachen ohne all die Ausschmückung, die manche von euch gehabt haben. Sie wollen Erleuchtung ohne Makyo.

Sie warten auf euch. Sie wollen wissen, »Wie funktioniert das?« Sie möchten wissen, wie lange es dauern wird. Sie wollen den schnellsten Weg kennenlernen, um dorthin zu gelangen, und sie möchten etwas über eure Reise hören. Sie möchten in die Augen eines erwachten göttlichen Menschen blicken. Sie wollen in euer Herz schauen, nicht in euren Verstand, sie wollen eure Leidenschaft spüren. Und das, liebe Freunde, ist, was wir die Maßstäbe nennen. Ihr seid das, die wahren Meister und Meisterinnen.

Ja, ihr könnt ihnen eine Geschichte nach der anderen über all die Leiden erzählen, die ihr auf dem Weg zur spirituellen Erleuchtung erduldet habt, und wie das alles zu einem raschen Ende kam – bei einem Treffen eines Abends in München, als ein eleganter erleuchteter Unerhörter Großartiger Aufgestiegener Meister euch die tiefe ewige Weisheit mitteilte: Tut nichts.

Morgen werdet ihr vom und zum Nichts herausgefordert. Ihr fallt zurück in einige eurer alten Gewohnheiten und Selbstzweifel. Um zehn Uhr morgen früh fragt ihr euch: »Was muss ich als Nächstes tun?« Wenn das passiert, atmet tief ein und aus ... und tut nichts. Bedankt euch beim natürlichen Prozess des Erwachens.

Und nun eine letzte Bemerkung, bevor ich gehe. Ich möchte, dass ihr in eurem innersten Herzen den himmlischsten Gesang von allen fühlt und hört:

ALLES IST GUT IN DER GESAMTEN SCHÖPFUNG.

Alles ist wirklich gut in der ganzen Schöpfung. Es gibt nichts, was repariert werden müsste; man muss nichts ändern; nichts ist schiefgelaufen – es ist alles nur eine Erfahrung. Und alles ist gut in all *deinen Schöpfungen*.

Deshalb Bin Ich Was Ich Bin, Adamus Saint-Germain, euch voller Freude zu Diensten.

Anhang

Glossar

Begriffe, die das Lesen dieses Buches erleichtern können.

Adamus Saint-Germain Ein Meister, ein Engel, ein Professor und ein Lehrer vom Crimson Council, der Botschaften und Lehrgänge durch Geoffrey Hoppe übermittelt.

Aspekte Das sind verschiedene Rollen oder Identitäten, die wir als schöpferische Wesen genutzt haben, um die Frage zu beantworten: Wer bin ich? Wir erzeugen Aspekte unserer selbst, um bestimmten Situationen in diesem Leben zu begegnen (zum Beispiel: das Kind, die Eltern, die Geschäftsinhaberin, der Heiler und so fort). Wir haben also viele Aspekte aus früheren Leben, aus Träumen und aus multidimensionalen Ebenen. Diese vielen Schichten und Ebenen von Aspekten können Chaos und Verwirrung verursachen, wenn sie ins Bewusstsein hineinkommen oder wieder herausgehen. Wir können jedoch vermittels bewusster Entscheidungen diese Aspekte wieder bei uns selbst »zu Hause« willkommen heißen und wieder ganz integriert werden.

Atlantis Die zweite Ära der Erde und irdischer Erfahrungen, die der Ära von Lemurien folgte. Atlanter hatten von ihrem Wesen her einen großen Gemeinschaftssinn.

Aufstieg Der Zustand, in ganzer und vollständiger Annahme und Liebe für dich selbst zu sein, wenn du alle Begrenzungen der menschlichen Existenz losgelassen hast und dich ganz mit jedem Teil des Selbst integriert hast.

Beseelte Wesen Als sich Spirit zum Ausdruck brachte, entstanden alle Seelen. Jedes beseelte Wesen enthält in sich die schöpferische Essenz und die souveräne Energie der Urquelle, die sich in ihm auf eine einzigartige und persönliche Art und Weise zeigt.

Bewusstsein Bewusstheit oder geistige Ausdehnung. Bewusstsein aktiviert die Energie und Energiepotenziale überall um dich herum.

Bewusstseinskörper Wenn der physische Körper, der Geist, die Intelligenz und der Verstand, die Bewusstheit, Gefühle und Spirit wieder ganz in einer Einheit integriert sind.

Channeling Ein Vorgang, bei dem man Informationen und Botschaften von Engelwesen oder nicht irdischen Wesen erhält, die man dann in Worte übersetzt, sodass andere Menschen sie hören oder lesen können.

Crimson Circle Die Gruppe von Menschen, die sich auf dieser spirituellen Reise befinden und für andere auf der Reise als LehrerInnen fungieren (siehe auch detailliertere Erklärung weiter unten sowie Webseite).

Crimson Council Ein himmlischer Lehrorden, dem u. a. Tobias, Kuthumi lal Singh, Adamus Saint-Germain und andere Engel angehören, die uns bei unserer Reise helfen.

Dritter Kreis Die Energie oder Essenz des vollständig souveränen Selbst, das in sich ganz ist und nichts von außen braucht. Dein eigener dritter Kreis ist dein Zustand des Aufstiegs, deine volle und vollständige Souveränität.

Ebenen nahe der Erde Ebenen, welche die Erde umgeben, auf die die nicht physischen Essenzen vieler Lebewesen zwischen den Leben gehen. Eine Bewusstseinsschicht, die der Erde eng verbunden ist.

Einheit, Eins-Sein Die ursprüngliche Heimat, Alles Das War.

Engel Ein beseeltes Wesen, das aus der ursprünglichen Einheit, aus dem Eins-Sein, geboren ist, erschaffen von der Liebe von Spirit.

Erster Kreis Die ursprüngliche Einheit, aus der die gesamte Schöpfung entstand und sich zum Ausdruck brachte. Alles Was War.

Feuerwand Die Ausdehnung von Bewusstsein oder innerem Wissen über sich selbst hinaus; eine Metapher für die Expansion aus der Heimat in die Leere. Eine metaphorische Grenzlinie zwischen Bewusstsein und der Leere.

Frucht der Rose Die Erinnerung an unsere göttliche Leidenschaft und den Zweck, warum wir hier sind, die wir in uns selbst gepflanzt haben.

Gaia Der großartige Engel, der gekommen ist und sich bereiterklärt hat, Leben in diesen Planeten zu atmen und bei ihm zu bleiben, bis die Menschen so weit sind, die Verantwortung für die Erde zu akzeptieren.

Gnost Göttliche Intelligenz, Intuition, inneres Wissen. Die Lösung oder Antwort, die in jedem Problem bzw. in jeder Frage enthalten ist.

Gott Spirit oder Quelle, aus der wir gekommen sind und die auch im Kern in uns ist; die göttliche schöpferische Essenz im Inneren.

Imagination Die Essenz von Schöpfungsenergie, der Anfang aller Manifestation.

Kuthumi lal Singh Ein Aufgestiegener Meister in den nicht physischen Ebenen, der viele Leben auf der Erde hatte und Botschaften durch Geoffrey Hoppe und viele andere übermittelt.

Leere Das Nichts außerhalb der Heimat. Nachdem sie die Heimat verlassen hatten, befanden sich die Engel in der Leere, in der nichts existierte, noch nicht einmal Dunkelheit. Indem sie Bewusstsein und Energie gebrauchten, erschufen die Engelwesen aus der Leere physische und nicht physische Bereiche.

Lemurien Die erste Ära von Erfahrungen auf der Erde, als die Engel zunächst lernten, ihre Energie herunterzubringen und in Materie zu verkörpern.

Neue Energie Die nächste Evolution von Energie. Neue Energie macht die Integration unserer göttlichen Natur in unsere menschliche Natur möglich. Während die gegenwärtige Energie Vibration ist, Schwingungsfrequenz, ist die Neue Energie expansiv und dehnt sich in alle Richtungen gleichzeitig aus. Neue Energie enthält sowohl Bewusstsein als auch Energie, während alte Energie kein Element von Bewusstsein besitzt.

Orden der Erzengel (Order of the Arc) Die große Versammlung aller 144.000 Engelsfamilien oder Orden, die geschaffen wurde, um eine Lösung für den Energiestau zu finden.

Quelle, Urquelle Spirit, die Lebensquelle in dir, die göttliche Energie.

Schatten Der Teil von dir, der liebevoll all das, was du im Hinblick auf dich selbst nicht annehmen kannst, bewahrt, bis du bereit bist, es zu akzeptieren und zu integrieren.

Shaumbra Der Name, den Tobias für die Gruppe von Menschen verwendet, die den Prozess des Erwachens durchlaufen. Der Begriff entstand in der Zeit von Yeshua ben Joseph (Jesus), als sich Menschen, darunter viele Essener, zu spirituellen Treffen versammelten. Eine ungefähre Übersetzung aus dem Althebräischen ist Heim oder Familie für den ersten Teil des Wortes, der »scha-um« ausgesprochen wird. Im zweiten Teil steckt der Begriff »ba-rah«, der Reise und Mission bedeutet. Zusammen ergibt das »Scha-um-b'ra« und weist auf eine Familie hin, die zusammen eine Reise mit gemeinsamen Erfahrungen macht. Tobias sagt, dass in biblischen Zeiten »shaumbra« auch ein Schal in einer bestimmten purpurroten Farbe war, den Männer und Frauen trugen, um sich gegenseitig zu signalisieren, dass es Zeit war, sich wieder zu treffen. Wird wie »Shoam-bra« ausgesprochen.

Spirit Wird auch Gott genannt, Quelle oder das Ewige Eine; der göttliche Funke, der in jedem beseelten Wesen enthalten ist.

Spirituelle Familien Gruppen von Engeln, die sich entschlossen haben, wegen gemeinsamer Interessen und Absichten zusammenzukommen. Zu einem gewissen Zeitpunkt hat jeder Engel einen »Eid« für eine spirituelle Familie geleistet.

Tempel von Tien Ein besonderer Platz in Atlantis, wo Shaumbra sich zum ersten Mal versammelt haben, um Energie zu erforschen. Viele Shaumbra kennen sich untereinander aus der Zeit ihrer Arbeit in den Tempeln.

Tobias Tobias ist ein Engelwesen aus der spirituellen Lehrgruppe, die man Crimson Council nennt, der Botschaften und Lehrgänge durch Geoffrey Hoppe übermittelt. Tobias hat vom 21. August 1999 bis 19. Juli 2009 öffentliche Botschaften gechannelt. Er ist inzwischen in einem physischen Körper auf der Erde inkarniert.

Yeshua ben Joseph Auch unter dem Namen Jesus bekannt; eine menschliche Manifestation des kollektiven Christusbewusstseins. Es wurde von jenen auf die Erde gebracht, die erkannten, dass es an der Zeit war, das Göttliche mit dem Menschlichen auf der Erde zu verschmelzen.

Zuhause Der erste Kreis der Schöpfung; die ursprüngliche Einheit, aus der wir gekommen sind.

Zweiter Kreis Alles, was erschaffen wurde, seit wir die Heimat verlassen haben.

Die Autoren

Geoffrey Hoppe

Geoffrey A. Hoppe wurde in Appleton, Wisconsin, als drittes von sieben Kindern einer katholischen Familie geboren. Nach Abschluss der Highschool 1973 trat er in die US-Army ein. Er gehörte der *National Aeronautical and Space Administration* an, wo er zweieinhalb Jahre als Public Information Specialist am NASA/Ames-Forschungszentrum in Mountain View, Kalifornien, arbeitete. Hier wurde sein Interesse an Spiritualität und Metaphysik geweckt, nachdem er einen Freund »zum Spaß« hypnotisiert hatte. Im Trancezustand begann der Freund von früheren Leben zu erzählen. Nach diesem Erlebnis widmete sich Geoffrey Hoppe einige Jahre lang dem Studium von Metaphysik und Religion.

Die Anforderungen seines Berufes brachten es mit sich, dass Geoffrey Hoppe seine spirituellen Studien zwanzig Jahre lang brachliegen ließ. Er arbeitete für mehrere Werbeagenturen und Produktionsfirmen im Mittleren Westen und in Texas, später auch in höheren Positionen. Im Alter von 28 Jahren baute er ein Marketing-Beratungsunternehmen mit internationalen Kunden aus Industrie und High-Tech in Dallas, Texas, auf und führte den Betrieb zwölf Jahre lang. Außerdem gründete er mit Partnern einige Unternehmen, unter anderem eine Telekommunikationsfirma für die Luftfahrt, in der er bis 2001 als stellvertretender Verkaufsleiter tätig war. Geoffrey Hoppe hält zwei US-Patente und ein internationales Patent für Telekommunikationstechnologie sowie zahlreiche eingetragene Warenzeichen und Copyrights.

Seine spirituelle Reise erfuhr 1995 eine Wiederbelebung, als ihm das Kryon-Buch *Das Zeiten-Ende* von Lee Carroll in die Hände fiel. Nach mehreren mystischen Erfahrungen nahm er Kontakt zu Lee Carroll auf. Bald darauf wurden die beiden Freunde und Geschäftspartner. Der »Aufgestiegene Meister« Tobias erschien Geoffrey Hoppe zum ersten Mal 1997 während einer Flugreise. Geoffrey hatte nie in der Bibel gelesen und war weder mit Tobias noch mit dem »Buch Tobit« im Alten Testament vertraut. Er erfuhr erst später von der biblischen Tobias-Geschichte. Tobias und Geoffrey Hoppe führten nahezu ein Jahr lang Gespräche miteinander, bevor Geoffrey Tobias auch vor anderen Personen channelte.

In den nächsten anderthalb Jahren zog Geoffrey jeweils einen Psychologen unterstützend hinzu, wenn er private Sitzungen mit Klienten abhielt, die offen für spirituelles Wachstum waren. Tobias verschaffte ihnen tiefe Einblicke in ihre vergangenen Leben und in ihre gegenwärtigen Herausforderungen. Aufgrund der Erfahrungen, die er in der Arbeit mit zahlreichen Klienten gemacht hatte, fühlte sich Geoffrey Hoppe mit der Energie und der Präsenz von Tobias zunehmend wohl.

1999 gründeten er und seine Frau Linda den Crimson Circle, der rasch eine internationale Wirkung entfaltete mit Hunderten von lokalen Studiengruppen und über 300 000 Webseiten-Besuchern pro Monat.

Foto: Wulfing von Rohr

Linda Hoppe

Schon in der Highschool lernten sich Linda Benyo und Geoffrey Hoppe kennen und lieben. Linda arbeitete nach ihrem Collegeabschluss einige Jahre als Lehrerin. Linda hat auch langjährige Erfahrung als Einkäuferin für ein internationales Textilunternehmen, für das sie vor allem im Fernen Osten tätig war. Sie heirateten 1977 und sind seither sowohl Lebens- als auch Geschäftspartner.

Sie leben in den Bergen außerhalb von Golden, Colorado, wo sie den Crimson Circle sowie ein Beratungsunternehmen für Marketing und Publikation leiten.

Was ist der Crimson Circle?

Der *Crimson Circle* ist eine globale Verbindung erwachter menschlicher Engel, die sich für die Evolution des Bewusstseins einsetzen und in wahrem Mitgefühl leben. Menschen, die sich dem Crimson Circle verbunden fühlen (gern auch als »Shaumbra« bezeichnet), haben ihre eigene Göttlichkeit erkannt und streben danach, sie in ihrem Leben zu verkörpern, indem sie als bewusste Schöpfer wirken und alle ihre Aspekte integrieren.

Der Crimson Circle ist die irdische Manifestation des *Crimson Council,* eines Engel-Lehrordens, der sich dem Wachstum und der Entfaltung *All Dessen, Was Ist* geweiht hat. Diesem Orden gehören Tobias, Adamus Saint-Germain und Kuthumi lal Singh an.

Was der Crimson Circle lehrt:

- Du bist auch Gott und der Schöpfer deiner Wirklichkeit und Erfahrungen
- Jedes Wesen ist genau dort, wo es auf seiner Reise sein soll
- Erkenntnis und Annahme, dass alles in göttlicher Ordnung ist
- Alles ist wahrhaft gut überall in der Schöpfung

Mehr Informationen auf dieser Webseite:
www.crimsoncircle.com
Dort ist auch ein Link zu einer deutschsprachigen Webseite.

Awakening Zone Radio Network

Die »Zone des Erwachens« ist ein internationales Radio-Network, das Sendungen rund um das Erwachen von Menschen anbietet. Es bietet anregende Präsentationen, Interviews, Channelings und Gespräche, auch mit Live-Anrufen aus dem Publikum über Themen, die mit dem Leben in dieser Welt der raschen und tief greifenden Veränderungen zu tun haben. Im Mittelpunkt stehen dabei Hilfen zur Selbstermächtigung, Achtung vor der Persönlichkeit und ihrem eigenen Weg und bewusste Lebensfreude. Einzelthemen sind Spiritualität, Beziehungen, Wissenschaft, Medialität, Gesundheit und Heilung, Berufsleben und vieles mehr.

Die Moderatoren und »Gastgeber« der Sendungen sind AutorInnen, HeilerInnen, Coaches, Unternehmer und inspirierende RednerInnen. Sie behandeln wichtige Themen und stellen Gäste vor, die sich durch Einsichten und Erfahrungen auszeichnen.

Man kann die Radioshows von überall aus vom Computer oder Telefon live anhören, oder nach der Sendung im Archiv anwählen und hören. Dieser Dienst ist absolut kostenfrei, sowohl beim Live-Hören als auch beim Anhören aus dem Archiv. Die gesamte Awakening Zone ist frei! Man braucht sich zum Zuhören nirgendwo einzuloggen oder zu registrieren. Das ist nur erforderlich, wenn man sich zusätzlich zum Anhören aktiv im Chat

Room beteiligen oder über künftige Radiosendungen informiert werden möchte.

Zur Zeit der Drucklegung gibt es eine wöchentliche Radiosendung auf Deutsch, die von Wulfing von Rohr, dem Übersetzer dieses Buches, moderiert wird, sowie eine weitere monatliche Sendung auf Deutsch.

Mehr Informationen auf dieser Webseite:
www.awakeningzone.com
Dort ist auch ein Link zu einer deutschsprachigen Webseite.

AWAKENING ZONE